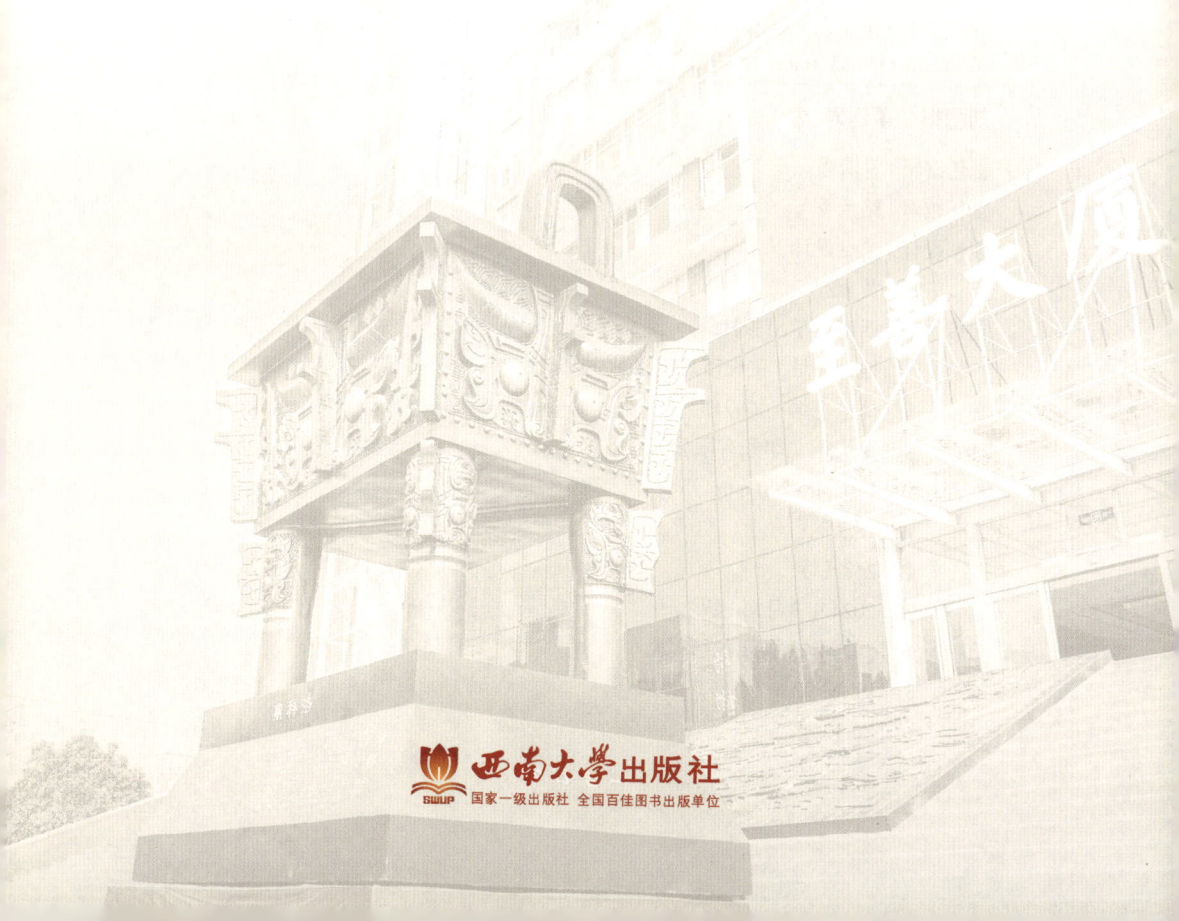

河洛文化传承
与大学校园文化建设

洛科文化体系释义

刘丽彬 董延寿 著

西南大学出版社
国家一级出版社 全国百佳图书出版单位

图书在版编目(CIP)数据

河洛文化传承与大学校园文化建设：洛科文化体系释义 / 刘丽彬, 董延寿著. -- 重庆：西南大学出版社, 2024.3
ISBN 978-7-5697-2352-6

Ⅰ.①河… Ⅱ.①刘… ②董… Ⅲ.①高等职业教育－教育改革－研究－洛阳 Ⅳ.①G719.21

中国国家版本馆CIP数据核字(2024)第077213号

河洛文化传承与大学校园文化建设
——洛科文化体系释义

HELUO WENHUA CHUANCHENG YU DAXUE XIAOYUAN WENHUA JIANSHE
——LUOKE WENHUA TIXI SHIYI

刘丽彬　董延寿　著

责任编辑｜尹清强
责任校对｜路兰香
装帧设计｜艺点设计
排　　版｜黄金红
出版发行｜西南大学出版社
　　　　地　　址｜重庆市北碚区天生路2号
　　　　邮　　编｜400715
印　　刷｜重庆正文印务有限公司
幅面尺寸｜170 mm×240 mm
印　　张｜18.5
字　　数｜248千字
版　　次｜2024年3月第1版
印　　次｜2024年3月第1次印刷
书　　号｜ISBN 978-7-5697-2352-6
定　　价｜86.00元

校长刘丽彬在"洛科这十年高质量发展大会"上的讲话

览十载春华秋实，谱职教改革新篇
——洛科这十年高质量发展报告
（代序）

弦歌不辍，薪火相传。2023年，洛阳科技职业学院（简称"洛科"）迎来了建校35周年，也是学校高职办学10周年，更是学校高质量持续发展的关键之年。在这金秋送爽、丹桂飘香的十月，为回顾发展历程，总结办学经验，展示办学成就，凝聚师生力量，展望未来发展，我们以洛科这十年高质量发展为主体内容，撰写出版了《览十载春华秋实 谱职教改革新篇——洛科这十年高质量发展记》《河洛文化传承与大学校园文化建设——洛科文化体系释义》《中国特色职教书院实践与探索》三本学术著作，以此见证这一重要的发展历史，答谢长期以来社会各界对洛科发展的热切关注与大力支持。

一、过去十年发展回顾

十八大以来，习近平总书记对职业教育工作多次作出重要指示，强调："在全面建设社会主义现代化国家新征程中，职业教育前途广阔、大有可为"，"加快构建现代职业教育体系，培养更多高素质技术技能人才、能工巧匠、大国工匠"。学校顺应时代发展要求，顺应国家发展战略，顺应职业教育改革，迎来了高质量发展的新时期。高职办学十年来学校荣获"职业教育院校卓越奖""中国特色知名院校""河南省语言文字规范化示范校""河南省深化创新创业教育示范校""河南省优质特色学校""中原十大品牌影响力典范院校""河南省最受高中生关注高职院校"等荣誉,并且连续三年荣获全国高职院校百强校称号,得到了各级领导和社会各界的高度认可。全国政协副主席朱永新,河南省委常委、洛阳市委书记江凌等国家、省市领导先后到校调研指导。

(一)这十年,我们高举旗帜凝心聚力,党建工作成绩斐然

学校深入学习贯彻落实习近平新时代中国特色社会主义思想和党的十八大、十九大、二十大精神,坚持社会主义办学方向,深入落实全国全省职业教育大会精神,紧紧围绕新时代党建"5+2"总体布局,矢志教育初心,不断加强党建机制建设,配优党建思政队伍,创新党建育人模式,注重党建社会服务,坚守为党育人、为国育才使命,以高质量党建引领学校事业高质量发展。

学校抓党建促发展得到了上级党组织和教育主管部门的充分肯定,学校党建思政工作荣获"河南省先进基层党组织""河南省样板党支部"等省级及以上荣誉200余项,学校党建工作经验做法得到了学习强国、河南省教育厅、河南日报等平台的高度关注和深度报道。

(二)这十年,我们青年友好文化育人,环境氛围迅速提升

"文化是一个国家、一个民族的灵魂。文化兴国运兴,文化强民族强。"立足高质量发展新时代,学校积极推进大学文化建设,用文化引领学校高质量发展。学校坚持"以父母之心育人,帮助学生成就梦想"的办学宗旨,践行"理实一体、知行合一"校训,树立"认同、尊重、激活"育人新理念,致力于建设青年友好型职业大学,深入推进"学院书院、双院育人""政校行企、协同育人",形成了"一体两翼"的洛科特色育人模式,围绕"建'双高',升本科,办高水平职业技术大学"战略目标,打造洛科的精神图腾洛科鼎及河图洛书、丝绸之路铜浮雕;发布

《洛科赋》、《洛科鼎铭》、校歌《匠心追梦》；建设洛科大讲堂思政育人平台，打造焦桐大道、焦裕禄广场，以文育人，以文化人。9月3日我们成功举办河洛文化传承与大学校园文化建设研讨会，传播量超十亿。

（三）这十年，我们学院书院双院育人，育人模式锐意创新

学校持续深化人才培养模式变革，用高素质人才培养牵引高质量发展。全面贯彻落实教育部高校"一站式"学生社区综合管理模式建设推进会会议精神，对照《河南省高校"一站式"学生社区综合管理模式建设工作实施方案》要求，全面推进书院制改革。洛科书院由八大书院构成，坚持以思政教育为核心，以技术技能培养为导向，以人文素养培育为基础，以主题工坊为依托，以特色活动为载体，以书院文化浸润心灵，构建"三全育人"新模式。坚持全方位育人，党组织、团组织、学生自治委员会全部进入书院，各书院有独特的院训、院徽、院旗以及核心素养目标，学生社团组织、主题工坊特色鲜明，不同学科、不同年级、不同背景的学生在各个住宿书院里，文理渗透、专业互补、思想碰撞、个性彰显，使学生跨界思维、跨专业交流、人际协调等综合素质得到全方位提升。坚持全员育人，学院有行政班主任、任课教师、学业导师和就业导师，书院有党员导师、育人导师、生活导师和朋辈导师，学工体系全面融入书院，形成了五级网格化育人体系，让全员育人落到了实处。学校坚持全过程育人，全面推进基于成果导向的OBE[①]教育模式变革，建设了应用型人才培养目标体系；依托教学管理云平台，打造线上线下混合式教学新形态，将"三全育人"理念贯穿在整个教育教学过程，培养厚德博学、内心充盈、敏行善言的高素质技术技能人才。

（四）这十年，我们政校行企协同育人，人才培养初显成效

近年来，学校顺应发展潮流，主动融入区域产业发展和经济建

[①] Outcomes-Based Education，以成果为导向的教育或以产出为本的教育。

设,按照"地方离不开,行业都认可,国际可交流"的要求,积极推进"一群对接一产业,产业学院强融合"的产教融合创新模式。对标区域发展战略,依托专业群与行业企业合作建立了9个现代产业学院,4个产教融合研究院,与中信重工、京东方、一拖集团、中软国际、北京软通动力、南京第五十五所、江苏京东金科、洛阳科创、洛阳广电、洛阳国宏等128家国际国内知名企业建立了长期合作关系,建成了25个校内实训基地和159个校外实训基地。当选了全国现代服务业职业教育集团副理事长单位,全国机械行业现代机电技术职教集团副理事长单位,河南机电设备与自动化职业教育集团副理事长单位,新一代信息技术产教融合联盟副理事长单位,高校毕业生就业协会学前教育与托育服务工作委员会副理事长单位,UK NARIC①中方理事会成员单位,全球工匠联盟(亚太区)常务理事单位,形成了产教融合、校企合作、工学交替、学工一体的人才培养模式,增强学生就业竞争力,实现教学与就业的紧密对接,为社会输送了十余万名高职人才。

(五)这十年,我们专业建设适配需求,内涵建设成果凸显

专业建设是学校教育教学工作的龙头。在专业建设方面,学校坚持多元化育人体系建设,主动对接国家、省、市及县域产业、经济、社会发展大局,适配社会发展对高职教育的要求,专业结构瞄准产业结构,专业升级紧跟产业升级,不断改革创新,与时俱进。在专业设置上既有体现当代气息的跨境电商、空中乘务、城市轨道交通运营管理、动漫制作、大数据、云计算等专业,也有改造升级重新焕发青春的传统专业,如汽车维修专业更新为新能源汽车专业,机械加工专业升级为数控技术专业等。

学校积极推进专业内涵建设,成功申报了3个省级骨干专业群,

---

① 英国国家学历学位评估认证中心。

9个品牌专业,其中国家级1个,省级8个;成为教育部中德先进职业教育合作项目(SGAVE)首批试点院校;教学成果奖、精品课程建设成果奖不断涌现;《玉雕技艺传承与创新应用人才培养》入选国家艺术基金项目,电子商务专业教师队伍获评河南省教师教学创新团队。

(六)这十年,我们坚持高质量就业是立校之本,就业工作成果突出

学校坚持高质量就业是立校之本,不断改革教学关系,以学生为中心,深化校企合作,加强实习实训,积极构建特色产教融合育人模式,专业群对接支柱产业和新兴产业,通过产业学院加强人才培养供给侧与产业需求侧紧密互融互通,促进课程内容与技术发展对接、教学过程与生产过程对接,让学生在实际生产、操作中掌握专业知识、提升专业技能。

学校多年来毕业生就业去向落实率均超过97%,连续多年毕业生就业率处于全省前列,并连续多次荣获河南省、洛阳市就业先进单位。多行业多领域均有洛科优秀学子的身影,如在经济发达、创新活跃的京津冀、长三角、珠三角地区,在吉利汽车、北京京东、比亚迪股份等世界500强,在迈为科技、隆基绿能、中信重工、北方玻璃等上市企业公司,在能源电力生产供应、智能制造设备等基础产业,在高端制造业、软件与信息服务业、建筑业、科学研究和技术服务业、金融业,等等。

(七)这十年,我们强化双师双能,师资质量快速提升

学校高度重视教职工队伍建设,坚持德才兼备、以德为先原则,顺应新时代职业教育改革新要求,制订职业教育师资素质培养提升计划,开发职业教育师资培养课程体系,开展定制化、个性化培养培训。深入实施高级人才引进、教师学历提升、双师型队伍建设等工程,设置灵活的用人机制,选聘行业企业的能工巧匠、专家名家走进课堂担任

兼职教师。加大高学历高职称人才的引进力度,目前教授、副教授等副高及以上职称教师占教师总数的30%以上,博士、硕士学位教师占教师总数的40%以上,双师型教师占专业课教师的70%,兼职教师超过30%,打造了一支师德高尚、素质优良、技艺精湛、结构科学、专兼结合的高素质专业化教师队伍,为学校的高质量发展提供了坚强有力的保障。

(八)这十年,我们助力终身教育,社会服务卓有成效

学校依托校内实训基地、国家职业技能鉴定所,充分发挥人才、资源和技术优势,持续提升区域社会服务水平,取得显著成效。助力社会发展方面,学校推动行业、企业、高校三方共同发力,依托学校中国物流学会产学研基地、河南省高校众创空间、河南省钨钼材料数字成型工程研究中心、洛阳市数控加工工程技术研究中心、"洛克8"众创空间、洛阳市5G网络空口管理研究重点实验室、洛阳市数控加工工程技术中心等,推进终身教育体系建设,多措并举助力区域社会发展。技能鉴定和培训方面,学校具备78个项目的职业技能等级认定资质,面向社会适龄青年和各类群体提供多样化服务,营造了人人皆可成才、人人尽展其才的良好社会环境,培训人数、鉴定人次在洛阳市名列前茅。服务地方经济、助力乡村振兴方面,学校与洛阳国家高新技术产业开发区等多地地方政府签订战略合作协议,共同组建跨境电商产业学院;与洛阳市洛新产业集聚区合作共建河南省智能化示范园区;与清华大学天津高端装备研究院洛阳先进制造产业研发基地进行战略合作,孵化、服务优秀企业。学校还发挥职教优势,助力乡村精准脱贫,在洛阳市委的统一领导下先后承担完成新安县和伊川县的扶贫任务。我们同新安县政府合作,在每个乡镇建立电商培训点,把乡村的手工制品、土特产、水果等通过电商销售到全国各地。

回首洛科这些年走过的历程，从几间校舍几百名学生，薪火传承，教泽绵延，到如今繁花似锦的涧水之沿高楼林立、名师荟萃，砥砺奋进之路艰难曲折而又光辉灿烂。"年年桃李，岁岁芬芳"，学校蓬勃发展取得的成绩，得益于国家新时代发展趋势，得益于职业教育大改革大发展，得益于学校坚持正确办学方向，坚守"以父母之心育人"初心。这些成绩的取得，离不开党和国家政策的重视与指引，离不开各级党委政府和社会各界的关心支持，离不开中国新高教集团的投入和赋能，离不开一代代洛科人的无私奉献和艰苦奋斗！借此机会我代表洛阳科技职业学院，向关心、支持学校改革、发展和建设的各级党委政府、社会各界人士及全体洛科人致以崇高的敬意和衷心的感谢！

二、新征程新任务新发展

习近平总书记在党的二十大报告中强调，要"健全终身职业技能培训制度"，加快建设包括大国工匠和高技能人才在内的"国家战略人才力量"。当前，新职业教育法颁布生效，全国全省教育工作会议相继召开，国家《关于深化现代职业教育体系建设改革的意见》《职业教育产教融合赋能提升行动实施方案（2023—2025年）》先后发布，党和政府对职业教育的重视提升到前所未有的高度。学校发展又站在了一个新的历史起点，进入到战略发展的关键时期。

学校将继续坚持以高质量发展为战略方向，锚定"建'双高'，升本科，办高水平职业技术大学"战略目标，以"师生体验佳，校园环境美，学生发展好，教学质量优，师资队伍强"为战略支撑，聚焦"一个加强""四个打造""五个提升"十大工程建设，着力提升高素质技术技能人才培养质量，打造特色鲜明的高职办学品牌，建成"双高"校，力争实现升格本科层次职业大学。

(一)"一个加强"引领学校高质量发展

"一个加强"即加强党的领导。充分发挥党组织政治核心作用,持续强化党建引领。贯彻党的教育方针,坚持社会主义办学方向,践行立德树人初心和为党育人、为国育才使命,把党的领导落实到办学治校、立德树人全过程。同时大力夯实基层党组织建设,加强思想政治教育和德育工作。

(二)"四个打造"引领学校高质量发展

一是打造以建设"青年友好型职业大学"为主体,"学院-书院双院育人""政-校-行-企协同育人"为两翼的"一体两翼"发展模式。积极探索中国特色职教书院改革之路。全面推进学分制和习分制建设,确立"学院+书院"管理融合及基本运行机制,实现"三全育人"新格局。深化"政-校-行-企协同育人"新机制,探索"产教融合"新路径,将"政-校-行-企协同育人"模式融入国家战略、融入区域发展、融入行业进步。

二是打造产教融合、服务创新平台。构建"一群对接一产业,产业学院强融合"的产教融合模式。面向市场,围绕行业、产业发展,以"专业对接产业、人才服务区域"为中心,充分发挥产教融合、校企合作在高素质技术技能人才培养,高水平专业群规划与建设,学生创新创业能力塑造与终身发展方面的引领作用。强化创新创业及就业服务平台建设,打造学校双创实施新路径。

三是打造高水平专业群。围绕区域产业发展组建高水平专业群。结合区域地方经济和产业特色,瞄准职业岗位和需求,准确把握市场对各类人才的需求情况,做实八大专业群。坚持OBE理念,推动"三教"改革。持续推进OBE理念下的"三教"改革,全面实施"强一线行动",让一线教师干扰更小、支持更多、流程更优、激励更大、能力更强、发展更好;掀起课堂革命,提升教师教研教改能力;"升级"教材、"激活"教法,提高人才培养质量。创新专业管理,构建"产业-专业-就业"三位一体的人才培养模式。

四是打造高水平师资队伍。构建专兼结合、结构合理的师资队伍,完善学校人才引进体系,不断优化学校师资队伍结构。健全教师研修体系,促进教师职业发展。以进一步提高教师学历层次为目标,建立多元人才发展通道,鼓励教师攻读硕士、博士学位,改善师资队伍的学历结构。完善人才激励机制,激发人才内在活力。

(三)"五个提升"引领学校高质量发展

一是提升校企合作水平。服务区域发展战略,精准对接区域产业体系。瞄准河南省"456"战略性新兴产业和未来产业体系,以及洛阳市"'1+10'+7+'5+5'"的产业布局体系前景目标,学校八大专业群建设精准对接区域产业体系转型升级需求,服务区域产业发展战略。创新政校行企合作机制,聚焦产业学院、职教集团建设,提升校企合作层次和质量。

二是提升服务发展水平。围绕"人人持证、技能河南",大力提升社会培训能力,助力"技能河南"目标实现。拓宽社会服务范围,提高社会服务层次,实现经营效益。提升横向课题研究能力,强化课题成果应用。

三是提升学校治理水平。健全学术治理架构,完善学校学术委员会、教学委员会建设。强化院校二级管理体制,完善考核评价机制。

四是提升校园建设与管理水平。持续推进校园基础建设,为学校高质量发展奠定坚实基础。加快智慧校园建设,促进信息化教学和服务能力提升。创新教育教学模式,提升校园文化生活品质。

五是提升国际化水平。要坚定不移在联合、引进、消化、吸收、创新和扩大上下功夫。参与职业教育国际标准制定，推动专业国际认证。服务"一带一路"建设，提升国际化技术技能培训能力。主动对接国家战略，推动与"一带一路"共建国家高校职业教育方面的双向合作与交流。不断提高国际化合作办学层次和水平。在办学理念国际化、教学组织国际化、学生国际化、教师国际化、课程国际化和中外合作办学等方面找到契合点，重点突破，做出成效。

征程万里云鹏举，风正帆悬正可期。

新起点，新目标，新征程，让我们始终秉承"以父母之心育人，帮助学生成就梦想"的办学宗旨，坚持"以学生为中心，以贡献者为本，组织利益至上"的核心价值观，积极践行"理实一体、知行合一"的校训，坚持高质量就业是立校之本的发展策略，紧紧围绕"建'双高'，升本科，办高水平职业技术大学"的战略目标，努力成为扎根中原大地的高水平职业技术大学，为服务地区经济社会发展再添新力。

最后，感谢社会各界对洛科的厚爱，祝愿洛科蒸蒸日上、越办越好！

2023年10月15日于洛阳科技职业学院

引 言

河洛文化传承与大学校园文化建设

"中国文化源远流长，中华文明博大精深。只有全面深入了解中华文明的历史，才能更有效地推动中华优秀传统文化创造性转化、创新性发展，更有力地推进中国特色社会主义文化建设，建设中华民族现代文明。"2023年6月2日，习近平总书记在文化传承发展座谈会上这样强调。

习近平总书记在黄河流域生态保护和高质量发展座谈会上的讲话中指出："在我国5000多年文明史上，黄河流域有3000多年是全国政治、经济、文化中心，孕育了河湟文化、河洛文化、关中文化、齐鲁文化等，分布有郑州、西安、洛阳、开封等古都，诞生了'四大发明'和《诗经》《老子》《史记》等经典著作。"这里指出了河洛文化在黄河文化中的重要地位，所列举的古都、科技、典籍，均与河洛文化密切相关。

河洛文化是中华民族的根文化和中国传统文化的源头，儒学在这里奠基，道学在这里产生，佛学在这里传播，理学在这里萌发，玄学在这里开启。河洛文化的开放性使其在发展进程中不断吸收其他地域文化的长处，使其源远流长而又历久弥新。我们要以守正创新的正气和锐气，守好中华优秀传统文化的"根"和"魂"，推动优秀传统文化创造性转化、创新性发展，赓续历史文脉，谱写当代华章。

河洛文化是华夏文化的根脉文化,根深干壮才能枝繁叶茂,洛科唯有深度扎根传统文化,以创新激发文化活力,才能走出洛科特色的发展之路,成为扎根中原的高水平职业技术大学。学校充分发掘中华优秀传统文化和洛阳地域文化的丰富资源,铸造本校精神图腾洛科鼎,以此打造大学校园文化建设的精神高地,坚持守正创新,以时代精神激活优秀传统文化生命力。2022年10月22日,学校召开河洛文化研讨会,深化对河洛文化中的重头戏——青铜器文化的借鉴与理解。2023年9月3日,学校举办"河洛文化传承与大学校园文化建设研讨会",邀请河洛文化知名专家与政府领导、校师生等,探讨河洛文化传承与大学校园文化建设的关系。此类研讨会在全国是第一次举办,是我们对优秀传统文化创造性转化、创新性发展的尝试,收到了良好效果。弘扬河洛文化,探究河洛文化在高校文化中的引领及育人作用,是我们孜孜以求的宏伟目标。

2020年11月,学校开始构建以河洛文化为底色的洛科文化并形成发展目标,经过制定工作方针与探索实现路径,形成文化理念体系、打造视觉形象、打造洛科精神图腾、构建"力量大厦"、建设焦桐大道、制定书院文化等,创新性地提出并形成了洛科独特的文化理念,按照"理实一体"的原则,成熟一个,实施一个,积少成多,由零到整,取得了丰硕的成果。

学校从大学的本质、区域的文化价值、学校的精神三个角度出发,打造了独一无二的洛科专属品牌形象,提升了洛科的品牌影响力。学校以继承、创新、引领为基本原则,铸造洛科鼎,并将洛科鼎打造成洛科的精神图腾,让一代代洛科人能够对洛科精神代代传承,生生不息。学校以人文与科技为主题,为河东河西两个校区的道路、建筑命名,将环境育人和文化传播融为一体。学校设计建设焦桐大道,打造焦裕禄广场,创新思政教育教学,践行工匠精神育人。学校积极推进全员书院制改革,构建"三全育人"新模式,发展书院文化,努力成为扎根中原大地的职教书院典范。学校重视校园活动,积极举办洛科大讲堂、"六个一"系列教师节庆祝活动、开学典礼、毕业典礼、迎新晚会、电音节、校园文化艺术节等活动。通过校园活动,提升了师生对学校的认同感和自豪感,传播了校园文化。

  党的十八大以来,习近平总书记以坚定的文化自觉、宏阔的历史视野、深远的战略考量,就文化建设提出了一系列新理念新思想新战略,引领中华优秀传统文化创造性转化、创新性发展,推动中华文明历久弥新。学校认真落实党的二十大精神,以实现中华民族伟大复兴为己任,秉承文化铸魂的理念,汲取河洛文化中优秀成果并加以转化,以成为扎根中原大地的高水平职业技术大学为愿景,更加自觉、更加主动地融入地方社会发展、文化建设、经济建设当中,为党育人,为国育才。后面部分是我们继承弘扬河洛文化的一些优秀成果,及在立德树人、以文化人中的一些实践与探索。

目 录

第一章　文化理念

一、洛科文化理念诞生　/2

二、洛科文化理念解读　/7

第二章　精神图腾

一、为什么要做洛科鼎　/14

二、什么是洛科鼎　/14

三、洛科鼎文化解读　/15

四、洛科鼎纹样设计　/18

五、浮雕设计　/22

六、洛科鼎铭文　/24

七、洛科鼎创意延展　/25

八、洛科鼎系列活动　/27

第三章　校名　校徽

一、校名题写　/36

二、校徽　/37

第四章　校赋　校歌

一、校赋　/45

二、校歌　/53

第五章　"力量大厦"

一、构筑"力量大厦" /59

二、"力量大厦"内容及解读 /60

三、"力量大厦"在发展中的作用 /62

第六章　书院文化

一、洛科书院 /67

二、洛科书院做法 /68

三、洛科书院特色 /74

四、洛科书院院徽、院旗 /80

第七章　焦裕禄思政文化

一、赴兰考悟精神 /98

二、建设焦桐大道 /101

三、打造焦裕禄广场 /102

四、传承焦裕禄精神 /103

第八章　文化活动

一、仪式与典礼 /112

二、教师节活动 /124

三、新生军训 /130

四、文体活动 /136

五、社团活动 /148

六、洛科大讲堂 /156

第九章　特色景观

一、建筑物命名　/168
二、学校东大门　/177
三、青春玫瑰园　/180
四、河畔办学愿景标牌　/182
五、河西长廊　/183
六、日新书院活动中心　/185
七、三棵树广场　/187

校长讲话稿选集

篇一　/191
篇二　/198
篇三　/204
篇四　/212
篇五　/219

附件

附件1　/223
附件2　/226
附件3　/229
附件4　/248

后记　/271

第一章
文化理念

　　洛阳是华夏文明的发祥地之一、丝绸之路的东方起点,有5000多年文明史、4000多年城市史,历史上先后有十三个王朝在此建都。洛阳科技职业学院地处文化古都,通过塑造独具特色的职业大学文化,积极探索特色职业大学办学之路,扎根中原大地办百年大学。

　　学校扎中原文化之根、扎区域产业之根,以"立德树人、德技并修"为育人目标,塑洛科文化之形;以思政文化、中华优秀传统文化以及工匠文化为核心内容,铸洛科文化之魂;探索"一体两翼"办学模式,革故鼎新,聚洛科文化之气;用洛科文化引领学校高质量发展,实现学校"成为扎根中原大地的高水平职业技术大学"的愿景。

一、洛科文化理念诞生

大学文化，是指大学在长期发展过程中形成的学术传统、文化精神和基本理念，反映了历届师生对大学的总体认知、理想追求和实践探索，是凝聚大学师生力量的精神纽带。大学文化理念是人们在对大学发展规律认识的基础上所形成的关于大学本质、使命、目标、职能，及大学与社会、政府关系等一系列基本问题的理性认识。

大学文化理念系统是大学文化的核心，对校园文化建设意义重大。为适应洛科新的发展要求，凝聚发展共识，构建符合洛科"十四五"战略规划发展要求的文化理念系统，学校特成立文化理念工作小组，多维度调研了国内外知名高等本科院校、民办高等职业院校、行业标杆院校等175所院校的文化理念系统，对其内容结构与内涵逻辑进行了梳理与借鉴。

根据调研内容，我们分析发现，职业院校文化理念系统主要包含以下内容。

(一)愿景

《现代汉语词典》(第7版)将"愿景"解释为"所向往的前景"。学校发展愿景是学校对发展理想和长远战略目标所描绘的纲领性蓝图，是学校的发展目标，也是全体师生的共同愿望。

(二)使命

一般来说，高校有四个使命：人才培养、科学研究、服务社会、文化传承。

高等学校在实现中华民族伟大复兴的进程中，担负着重要而特殊的责任和使命。我们要进一步增强责任意识和担当精神，认真履行职责使命，团结带领全体师生员工谱写高等教育新篇章。

(三)定位

定位是高等学校的根本,它决定了高等学校生存的立体空间,牵引着高等学校发展的走向趋势,更关乎整个高等教育系统的有序运行。

(四)办学宗旨

大学的宗旨在于弘扬光明正大的品德,在于使人弃旧图新,在于使人达到最完善的境界。

(五)教育理念

教育理念是教育主体在教学实践及教育思维活动中形成的对"教育应然"的理性认识和主观要求,包括教育宗旨、教育使命、教育目的、教育理想、教育目标、教育要求、教育原则等内容。教育理念不是教育现实,但源于对教育现实的思考,是教育主体对教育现实的自觉反映。

(六)办学特色

高校办学特色反映本校特有或优于他校的独特优质风貌,其形成和发展受先进教育思想观念、时代和社会发展需求等多方面因素影响,需要在长期办学实践中积累丰富,对于高校保证教育质量、丰富和提升教育内涵、树立高等教育品牌都具有积极作用。

(七)学院精神

"学院精神"是学校自身存在和发展中形成的具有独特气质的精神形式的文明成果。面临知识经济的机遇和挑战,建设"学院精神"不仅是高等教育自身发展的需要,同时也是社会进步的需要。"学院精神"的本质特征可概括为创造精神、批判精神和社会关怀精神。

(八)校训

校训是一所学校的灵魂。校训体现了一所学校的办学传统,代表着校园文化和教育理念,是人文精神的高度凝练,是学校历史和文化的积淀。

(九)校风

校风即学校的风气。它体现在学校各类人员的精神面貌上,体现在学生的学风、教师的教风、学校干部的作风、各班级的班风上,还存在于学校的各种事物和环境之中。良好的校风既是教育和管理的成果之一,又在教育和管理上具有特殊的作用,它有一股巨大的同化力、促进力和约束力,是一种精神力量和优良传统。

(十)教风

教风是指教育机构在教学精神、教学态度和教学方法等方面形成的长期的、稳定的教育教学风气。主要是针对学校,有时也针对某一教育者。教风是一个教育群体的德与才的统一性表现,是该教育群体整体素质的核心,是教师队伍在道德、才学、作风、素养、治教等方面的集中反映。

教风是校风的重要组成部分。从某种意义上讲,好的教风也是一面学校崇高的精神旗帜,对学生可以起到熏陶、激励和潜移默化的教育作用。教风好,可以提高学校的知名度,可以提高学校的社会声誉和社会可信度。

教风是凝聚在教与学过程中的精神动力、态度作风、方法措施等,它依不同学校的不同特点表现出独有的特色和丰富的内涵,并通过学校全体成员的意志与行动,逐步地形成和固化,成为一种传统和风格。这些传统和风格对学生的成长起着重要的作用,对学校的发展和建设有深远的影响。

(十一)学风

学风是一所学校的灵魂,这个灵魂的建设需要所有人共同努力。《现代汉语词典》(第7版)的解释是:学风即学校、学术界或一般学习方面的风气。毛泽东同志提出:所谓学风,不但是学校的学风,而且是全党的学风。可见,可以从两个层面来理解学风,一方面是外显的风气,另一方面是内蕴的思想方法。

学风建设是高等学校永恒的主题,是高等学校全面贯彻党的教育方针、实现培养目标的重要条件,是衡量办学水平的重要标志。良好的学风是一种潜移默化的巨大而无形的精神力量,时时刻刻都在对学生产生着强烈的熏陶和感染作用,激励学生奋发努力,健康成长。

(十二)洛科文化理念系统设置标准

根据对高校文化理念系统调研内容的统计分析,可知职业院校文化理念系统主要包含愿景、使命、定位、办学宗旨、教育理念、办学特色、学院精神、校训、校风、教风、学风等内容。调研对象包括民办院校70所,其中职业类学校46所,应用型学校24所,基本上与洛科属于同层次学校,所以有较大的参考价值。进一步分析可知:有校训的学校占92.16%,有校训、校风的学校占22.55%,有办学理念的学校占13.73%。调研统计资料显示校训大部分出自古典书籍,如《周易》《汉书》《诗经》《礼记》《论语》《大学》等。

结合洛科发展实际,以传承集团文化、结合区域文化、突显学校特色为制定原则,洛科文化理念系统聚焦宗旨、愿景、校训、核心价值观、培养目标和育人模式六个方面。

1. 传承集团文化

洛科作为新高教集团在中原地区高等教育业务的重要战略布局点,应传承集团优秀文化。

2. 体现洛科定位与特点

洛科发展的战略目标是:"建'双高',升本科,办高水平职业技术大学",其文化理念系统也应紧紧围绕这一重大战略目标而迭代升级,凝聚发展共识,体现洛科的定位与特点。

3. 有创新性和引领性

洛科地处中原,在中原深厚的文化底蕴引领下,在洛阳副中心城市经济飞速发展的带动下,作为洛阳市唯一一所民办高等职业院校,在发展中应有自身的创新。

为适应洛科发展新阶段,凝聚发展共识,提炼构建符合洛科"十四五"战略规划发展要求的文化理念系统,学校发展规划处精心调研、深入分析,并在以刘丽彬校长为组长的专项工作小组多轮研讨的基础上初步形成了《洛科文化理念系统分析及建议报告》。洛科文化理念系统全校征集活动和专项研讨会的意见可概括为三个方面:第一,校训中"理实一体"释义仅解释文化渊源而对职业教育的特性未做阐述,建议对释义内容进行补充;第二,文化理念系统培养目标释义应多体现办社会主义大学、为党育人的政治思想;第三,文化理念系统应更多落到执行层面,学生的主体地位要有所反映,体现理念系统为学生带来的积极向好的教育影响。

结合以上意见反馈,文化理念系统工作小组再次进行专项研讨、综合梳理、深入分析,并形成研讨结果及修改意见。

二、洛科文化理念解读

(一)洛科文化理念系统

(1)宗旨：以父母之心育人 帮助学生成就梦想

(2)愿景：成为扎根中原大地的高水平职业技术大学

(3)校训：理实一体、知行合一

(4)核心价值观：以学生为中心，以贡献者为本，组织利益至上

(5)培养目标：培养厚德博学、内心充盈、敏行善言的高素质技术技能人才

(6)育人模式：学院－书院双院育人 政－校－行－企协同育人

(二)文化理念系统释义

1. 办学宗旨

我们的教育对象是传统教育理念下中、高考的"失意者、中低分数者"，唯分数论的评价导向给他们贴上了负面标签，使得他们的自信心受到了冲击与打击。但是他们仍是父母的希望、家庭的未来。德国哲学家雅斯贝尔斯说过一段广为流传的话："教育的本质意味着：一棵树摇动另一棵树，一朵云推动另一朵云，一个灵魂唤醒另一个灵魂。"我们的教育者必须以父母无私的心境去关爱学生，帮助学生重燃自信，形成健全丰富的人格、独立面对社会自信生活的能力，成就人生梦想。

2. 愿景

习近平总书记在 2018 年五四青年节到北京大学考察时强调要"扎根中国大地办大学"。应用型大学的特性决定了学校的发展必须服务经济社会，依托区域产业资源优势，研究人才需求，助力区域产业转型升级。洛科地处中原大地，只有扎根中原才能茁壮成长，枝繁叶茂，进而发展成为高水平职业技术大学。

洛阳地处中原,中原文化是中华文化之根,加之中原崛起、自贸区等战略建设的叠加效应,未来中原经济必将快速发展,产业必将转型升级,对洛科而言,未来的发展就要扎文化之根、扎经济社会发展之根,立足中原、辐射全国、影响世界,成为培养高素质、高层次人才的摇篮。

3. 校训

"理实一体","理"即理论,"实"即实践。"理实一体"就是突破以往理论与实践相脱节的现象,达到理中有实,实中有理,让学生从"做中学、学中做"。现阶段,职业教育发展的产教融合、工学交替、校企合作、双元制都是理实一体的体现。

"知行合一",是由明朝思想家王守仁提出来的。即认识事物的道理与实践其事,是密不可分的。内有良知则外有良行,如果没有致良知,就不会有实际的善行。中国古代哲学家认为,人的外在行为是受内在意识支配的,由衷向善("知")的人,才有外在自发的善行,所以我们要知行合一。

党的十八大以来,习近平总书记多次强调知行合一。我们期待学生能够知行合一,遇到困难,能够向内归因、追求卓越、超越自我,赢得事业及人生更大的成功。同时,知行合一也将牵引我们育人理念及育人模式的变革。

4. 核心价值观

(1)"以学生为中心"是现代教育的基本理念。

(2)教育的客户、对象是学生,洛科就是要为学生提供最优质的服务,满足学生的需求。

(3)学校的一切工作都要从学生的需要出发、从促进学生的发展出发。这是评判教育、教学、管理、资源配置、成果评价等一切工作的唯一标准。

（4）以贡献者为本强调以学生为中心,给予贡献者最大的工作支持、最好的发展通道、最大的工作激励。

5. 培养目标

在社会对应用型大学人才培养目标的总体牵引下,通过厚德博学的发展路径,完善学生内心充盈的独立人格,培育敏行善言的外显行为方式,以适应社会发展对人才的要求。

洛科将不忘立德树人初心,牢记为党育人、为国育才使命,积极探索新时代教育教学方法,为培养德智体美劳全面发展的社会主义建设者和接班人做出新的更大贡献。

6. 育人模式

洛科作为洛阳市唯一一所民办高等职业院校,依托区域资源,充分发挥灵活机制的作用,深入推行政校行企四方联动的协同育人模式,培养适合区域经济社会发展及产业升级的优秀人才。

大学文化理念系统是大学文化的核心,对校园文化建设意义重大。具有洛科特色的文化理念体系将在洛科"建'双高',升本科,办高水平职业技术大学"的发展征程中发挥润物细无声的号召、引领作用。

(三)校训书写侧记

学校在育人过程中,希望用优秀文化内涵来凝聚师生的力量,而校训不仅凝结了学校的历史与发展,还凝聚了管理者、教育者、受教育者以及关注学校发展人士的诸多智慧,是办学理念、治学目标、师生风貌以及学校特色的一种集中表达,是校园文化建设的重要组成部分。学校围绕"一体两翼"育人模式,深入推进双院制改革,通过学院、书院深入落实立德树人、三全育人。学校通过校训,让师生感受学校的文化,增强学生对校园文化的认同感及归属感。

近年来,为促进中华优秀传统文化全方位融入学校教育,从以

《大学》为依据的河东校园建筑命名到书院礼射、古琴工坊的开设,从学校精神图腾洛科鼎的铸造到把吟唱了九千年的贾湖骨笛声融入新的校歌中,学校一直在用不同的形式传承弘扬中华优秀传统文化。而书法是中华民族的国粹,被誉为"无言的诗,无形的舞,无图的画,无声的乐",它是中华文化最有标志性的符号,是中华传统文化的审美表象,因此用书法来展示、推广学校的校训、书院的院训无疑是最为适当的方式。

2023年11月30日,学校邀请著名学者型书法家李鑫华教授到我校讲学。李鑫华教授,1956年1月出生,北京人。中国教育科学研究院教授、研究员,中国书法家协会资深会员,当代成就突出的书法家、篆刻家,卓有贡献的书法艺术教育家、汉字文化学者。自1973年始,师从当代书法大家虞山归质忱先生,学习北魏碑体书法,兼习篆刻,曾为许多书画艺术家、国际友人治印。1985年李鑫华教授与北京文化艺术界的王蒙、吴作人、李可染、靳尚谊、曹禺等,共同受到中共北京市委、市政府的表彰。1995年以来,出版书法教育类著作、教材50余册。李鑫华教授书法功底扎实,深谙魏碑精髓,他书写的文字端庄有力,美观大方,在继承与创新上独树一帜,在书法界、文化界影响颇大。书法界认为他的书风具有雄浑凝重古拙之壮美,又不失纤巧细润之典雅,浑厚、凝重、不浮躁,遒健苍润,高度契合学校河东、河西两个校区的人文、科技理念,又能展现出学校扎根中原办高水平职业技术大学的愿景。

李鑫华教授曾应北京市文物局之邀,为多处重点文物保护单位题写标识,如社稷坛、太庙、正阳门、圆明园遗址、孔庙、京师大学堂早期建筑、清华大学早期建筑、北京大学未名湖区、牛街礼拜寺、红螺寺、定慧寺、银山塔林等,被称为"北京中轴线上的书法家"。

此次,李鑫华教授专门为学校创作了校训"理实一体　知行合一"、书院院训"扎根中原　光耀四方"、"洛科书院"等书法作品,深受学校广大师生和校友赞誉。李鑫华教授对笔画方圆的处理,对墨色枯润的运用,对书写结构疏密的安排,对章法布局和谐的经营,皆是中国传统书法艺术的体现。

　　李鑫华教授将学校的精神文化内核用优秀传统文化的方式呈现出来,让艺术之美和科学之美完美融合,不仅丰富学生的精神生活,也提升学生的人文素养,以书言志,以文聚力,以美育培根铸魂、启智润心,实现校园文化精髓与传统文化艺术的双向奔赴、相互成就,从而加深了校训、院训的文化影响力。这几幅书法作品作为学校校训、院训及对外展示的唯一标识,能增强师生员工归属感,传播学校形象,推进文化育人,促进高质量发展。

洛科院校训1(李鑫华教授题写)

洛科院校训2(李鑫华教授题写)

洛科书院(李鑫华教授题写)

扎根中原

洛科书院院训1（李鑫华教授题写）

光耀四方

洛科书院院训2（李鑫华教授题写）

第二章

精神图腾

　　文化是一个国家、一个民族的灵魂。文化兴国运兴,文化强民族强。没有高度的文化自信,没有文化的繁荣兴盛,就没有中华民族伟大复兴。立足新时代,我们思索如何更好地把中华优秀传统文化中具有当代价值、世界意义的文化精髓提炼出来、展示出来。在教育兴国、教育强国的大背景下,洛阳科技职业学院地处中原大地、文化古都洛阳,就要走出一条"洛科模式"的特色职业大学之路,实现为党育人、为国育才,服务社会的远大目标,成为扎根中原大地的高水平职业技术大学。因此,洛科需要打造一个具有深厚文化内涵及独特办学释义的标识物,发挥精神图腾功能,激励一代代洛科人拼搏奋斗,砥砺前行。

　　中华文化博大精深,辉煌灿烂,对人类文明发展做出了巨大贡献。"鼎"是中华传统文化中的代表性器物,是深厚的人文底蕴与精湛的工匠精神之集大成者,深度契合洛科"人文+科技"的校园文化理念。在古代,"鼎"被视为立国重器。如今,教育是兴国之重器。大学精神文化是大学文化的核心,是大学文化育人的重要组成部分,学校积极探索特色职业大学办学之路,弘扬中华优秀传统文化,推动传统文化的创造性转化、创新性发展。学校于2021年开始计划打造洛科精神图腾——洛科鼎,以"鼎"喻教育之重,以"鼎"喻教师之尊,以此激励一代代洛科人踔厉奋发、砥砺前行。为此,学校成立了洛科鼎建设专班,筹划洛科鼎文化建设项目。

洛科鼎建设专班与校内外专家学者、设计团队等先后召开了五次专题汇报会、十余次交流探讨会,几易其稿,历时半年,共绘制方案草图50余张,浮雕草图30余张,IP草图20余张,建立研究模型、思维模型、概念模型等15个,对洛科鼎的文化理念、核心元素、视觉呈现等方面,进行了多轮优化修改。

一、为什么要做洛科鼎

鼎作为华夏民族的文化瑰宝,是深厚的人文底蕴与精湛的工匠精神之集大成者,深度契合洛科"人文+科技"的校园文化理念,洛科鼎对内将成为激励和引领一代代洛科人开拓进取、奋斗不息的精神图腾;对外将彰显洛科服务于国家战略,为党育人、为国育才的教育使命,助力学校培养更多的大国工匠、能工巧匠。

二、什么是洛科鼎

洛科鼎由"1+1+1"三个部分组成,包含一鼎(洛科鼎)二浮雕(河图洛书浮雕与丝绸之路浮雕)。

河图洛书浮雕体现的"传承文化",是为天,在上;洛科鼎体现的

"育人育才",是为人,在中;丝绸之路浮雕体现的"服务社会",是为地,在下。三个板块在理念内涵和空间结构上,既相互独立,又相互呼应,达到了"三位一体"的高度。既是天时地利人和,也是尊天敬地爱人,更是"鼎"天立地育人。

在理念上的"三位一体"(传承文化、育人育才、服务社会),在实践上的"三足鼎立"("鼎"天立地、鼎立中原、鼎新革故),两者一"理"一"实",深度诠释了"理实一体、知行合一"的洛科校训。

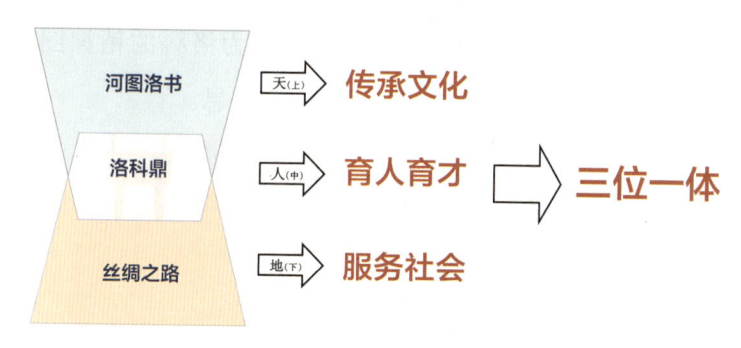

洛科鼎设计理念展示图1

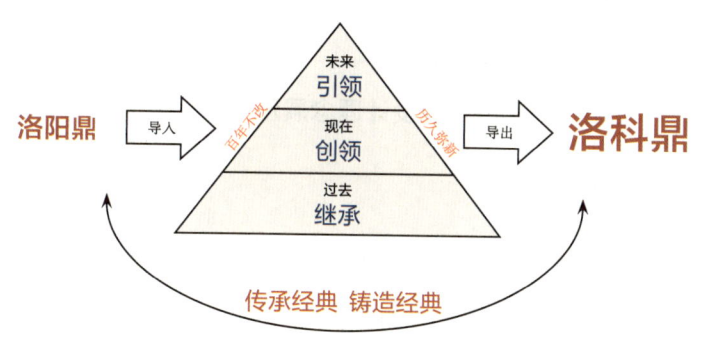

洛科鼎设计理念展示图2

三、洛科鼎文化解读

洛科鼎以洛阳鼎为文化母体。一是因为洛阳鼎出土于洛阳,是洛阳当之无愧的文化标志,具有专属性;二是因为洛阳鼎鼎身庄重威严,传达出了"雄都定鼎地,势据万国尊"的气势,是西周铜鼎中极为难得的上乘之作,具有经典性;其三是因为洛阳鼎独特的兽面纹形态,具有独树一帜的视觉美感与历史地位,具有艺术性。洛科鼎的设计以引领、创新、继承为基本原则,传承经典,铸造经典。

(一)洛科鼎的双重属性

洛科鼎具有物理和情感双重属性。在作为实际物体的物理属性上,洛科鼎要能够百年传承,做到大历史观下的历史铭记与一脉相承;在作为象征意义的情感属性上,洛科鼎要成为洛科的精神图腾,让一代代洛科人能够对洛科精神代际传承,生生不息。

洛科鼎设计理念展示图3

(二)洛科鼎形态

在整体形态结构上,洛科鼎继承于洛阳鼎,并根据洛科鼎"鼎心、双耳、四足、八棱"的形态赋予洛科专属的文化解读。

1. 鼎心:赤诚之心

赤诚之心,至诚至真,洛科以父母之心育人,帮助学生成就梦想;洛科学子身具浩然正气,心怀家国情怀,是赤子之心。

2. 双耳:科技、人文

科技精神和人文精神是洛科长久发展的两翼,以人文滋养科技,以科技护佑人文,只有二者共同发展,才能带来人才的发展、时代的发

一心 / 赤诚之心

双耳 / 科技+人文

四足 / 厚德 博学 敏行 善言

八棱 / 逐梦八方

洛科鼎形态示意图

展,才能真正推动社会的发展。

3. 四足:厚德、博学、敏行、善言

厚德博学为知,敏行善言为行,知行合一,才能成为高素质的技术技能人才。

4. 八棱:逐梦八方

八卦之数,无穷无尽,寓意从洛科走出的万千学子,走向祖国四面八方,并在社会的各个行业、在国家的各个地方贡献青春力量,奉献技能才学。

洛科鼎3D效果图

（三）洛科鼎规格

在尺寸数据上，洛科鼎恪守洛阳鼎原始比例，根据学校放置实际环境等比例放大。

恪守洛阳鼎之比例，等比放大

(洛阳鼎尺寸)36:33:25=(洛科鼎尺寸)3990:3660:2770

高　　　长　　　宽
3990mm : 3660mm : 2770mm

洛科鼎尺寸图

四、洛科鼎纹样设计

洛科之角　　　洛科之耳

华夏之龙　　洛科之眼　　　洛科之翼

洛科鼎纹样示意图

鼎身纹样继承西周兽面纹方鼎经典的艺术价值与历史意义，同时在兽面纹中隐藏"洛科"二字，赋予洛科鼎新生之"灵"性。"洛科"两字欲动未动，酝酿着一股蓬勃欲发的洛科精神，这种"不动之动，万象之象"的特质，具有深刻的视觉感染力，是代代洛科人精气神的象征，彰显了洛科锐意进取、憧憬百年的雄心壮志。

(一)纹样解读

纹样特征与洛科育人理念,给洛科鼎纹样赋予了更深层次的含义。

1. 洛科之眼——格物致知,志存高远

格物致知:洛科之眼既可仰观于天,也可俯察于地,寓意洛科学子实事求是,从实践中学习,从社会中学习,有追根问底的研究精神和学以致用的务实之心。

志存高远:志不立,天下无可成之事,虽百工技艺,未有不本于志者。作为一国之青年,要树立浩然长存的恢宏志气,能够立大志、成大才、担大任。

2. 洛科之耳——博闻慎思,兼听明辨

博闻慎思:在当前多元开放、信息过量的时代,洛科学子要保持独立思考的能力,不被时代裹挟,要博闻慎思,发挥主体作用,去探索、去思考,真正做到不忘初心、坚守自我。

兼听明辨:洛科学子要坚持唯物史观,牢记唯物辩证法,明辨是非,追寻真理,树立正确的世界观、人生观、价值观,以明辨指导行为,在实干中成就一番事业。

3. 洛科之角——自强不息,砥砺前行

自强不息:洛科学子要有无所畏惧、自强不息的进取精神,要无畏生活的压力、学习的困难和一时的挫折,传承君子自强之风,傲然挺立,知难而进。

砥砺前行:洛科学子要继承孺子牛、老黄牛的精神,以不怕苦、能吃苦的牛劲牛力,不用扬鞭自奋蹄,继续为中华民族伟大复兴辛勤耕耘、勇往直前,与时代同行,与祖国共进。

4. 洛科之翼——德技并修，奋发向上

德技并修：洛科之翼双翼齐展，既象征着洛科"学院+书院"双院制育人、"政-校-行-企"协同育人的办学模式，也体现了科技与人文交相辉映、深度融合的办学特色。德技并修是洛科校训"理实一体、知行合一"的深度诠释，也体现了职业教育的本质内核，即培养高素质技术技能人才，助力社会发展，服务国家战略。

奋发向上：洛科学子要有拼搏奋进、昂扬进取的精神，要勇担重任，坚定信心，将自身发展融入实现国家发展战略的宏伟事业之中，为社会进步、国家富强做出杰出贡献。

5. 华夏之龙——扎根中原，光耀四方

扎根中原：中原是龙的故里，有独特的历史、独特的文化，洛科要成为百年大学，就要深扎根，扎深根，走出一条具有洛科特色，成就百年大学的洛科之路。

光耀四方：龙是中华民族的文化图腾，腾万里，上九天，朝气蓬勃，威武不屈；洛科学子是龙的传人，要有龙的进取精神，成为如龙之才，人人出彩，技能强国，在祖国大地上光耀四方。

（二）侧面纹样

洛科鼎两侧含有洛科之花与乳钉纹融合的专属纹样，按照"7+1+7"的方式排列，借用了洛书九宫格的数字规律，深邃玄妙。同时，新生的乳钉纹一是寓意洛科鼎永久长存，百年不改；二是呼应洛科以父母之心育人的办学宗旨。

侧视图

洛科鼎侧面设计图

(三)放置位置

　　洛科鼎及浮雕放置于至善大厦阶梯处,坐北朝南。底座正面上刻鼎名洛科鼎,下刻《洛科赋》;东西两面底座雕刻校训,西面雕刻"理实一体",对应科技校区,东面雕刻"知行合一",对应人文校区。

洛科鼎(至善大厦前)

五、浮雕设计

浮雕元素选用河图洛书与丝绸之路,代表了洛科的文化传承与服务社会的理念。

河图洛书是中华文明的源头,河洛文化是洛阳的文化根脉。根深干壮才能枝繁叶茂,洛科要成为百年大学,唯有扎根传统文化,以创新激发文化活力,走出洛科特色的发展之路,成为扎根中原的高水平职业技术大学。

洛阳是丝绸之路的东方起点,丝绸之路是一条具有深远历史意义的国际通道,是意义重大的中华文化符号,在此基础上诞生的"一带一路"倡议,蕴含着实现中华民族伟大复兴的强国之梦。浮雕中的丝绸之路元素意在激励洛科学子要服务国家"一带一路"倡议,成为堪当民族复兴重任的时代新人,为国家富强、民族复兴做出杰出贡献。

(一)河图洛书浮雕

浮雕·河图洛书

浮雕河图洛书的画面元素均取自经典资料,其中河图洛书排列图形源自陈抟;龙马、神龟形象根据"龙马负图献伏羲""神龟驮书献大禹"的传说结合民间常用形象艺术化塑造;伏羲形象取自伏羲陵庙太昊陵,大禹形象取自其陵寝之地大禹陵。

浮雕布局容纳了太极文化,神龟在海,龙马在云,契合阴阳天地之说,也暗合洛科东西校区之布局;曲线内是伏羲创八卦,大禹治水患的神话传说,代表着学以致用、知行合一的古人智慧,意在引导洛科学子做到工学结合、知行合一,以实干之姿服务社会、报效祖国。

(二)丝绸之路浮雕

丝绸之路元素也取自经典资料,其中"张骞出塞"取自敦煌莫高窟壁画;丝绸之路路线图取自洛阳博物馆;定鼎门与汉函谷关均取自相关遗址考证形象。

浮雕·丝绸之路

浮雕中丝绸之路看似有限,实则仿佛从历史中来,向未来而去,无限衍生。左下是张骞出塞场景,容纳了古人之开创精神,旨在让洛科学子们能够肩负国家历史使命,勇于在行业中开拓创新;右上的定鼎门与汉函谷关,是洛阳文化的代表,同时作为三国联合申遗、入选世界遗产名录的文化遗址,更蕴含有"一带一路"国际合作,服务未来的深刻内涵。

上下两块浮雕相连的河流图案,亦指代了从洛科东西校区蜿蜒而过的涧河。

六、洛科鼎铭文

铭文又称金文、钟鼎文,指铸刻在青铜器物上的文字,古人往往将国家或宗族的大事铭刻在青铜器上。它是华夏文明的瑰宝,因为具有极其丰富而确凿可信的史料价值,显得更加珍贵。

中国古代的早期文字多以阴刻方法呈现,如甲骨文、石刻文、陶文等。商代到春秋时期的青铜器铭文一般为铸造成型,战国秦汉时期的青铜器铭文,大都为錾刻制成。考古出土资料表明,青铜器铭文产生于商代早期,在商代中期逐渐兴盛起来,至西周时期达到鼎盛,出现了大量铸铭青铜器,铭文内容丰富,鸿篇巨制屡见不鲜。因此,西周青铜器的珍贵价值,除了它造型艺术和装饰艺术上的成就外,更突出地表现在大量长篇铭文上。

下文为洛科鼎铭文:

洛科鼎铭

洛科卅五,吉金天呈,兹仿周制,安鼎勒铭。
黄帝肇始,九州禹定,金纳九牧,尊铸九鼎。
三代重器,国之象征,瑞兽相佑,万物通灵。
洛科宝鼎,古今并融,以物载志,化人有恒。
因材施教,主旨琅琅,百秋学宫,华实盈盈。
黄河悠悠,涧水清清,鼎立庠序,光耀寰中。

七、洛科鼎创意延展

洛科鼎的文化延展以洛科鼎为核心,进行了多态研发,如纹样运用、IP形象、仪式活动、主题展览等,使洛科鼎成为学校内外宣传的一张名片。

(一)纹样应用及文创延展

洛科鼎纹样延展图

洛科鼎文创作品展示图

从洛科鼎中提取核心纹样,对核心纹样进行开发衍生,进行产业赋能,根据艺术形式对纹样进行肌理化延展、色彩化延展等多种形式设计延展,在应用载体上可选用帆布包、帽子、杯子、手机壳、包装等多种文创品。

(二)IP形象

以洛科鼎为核心形象,塑造具科技感的IP——洛小科(LOKE),具人文感的IP——洛小文(LOWE),科技与人文交相辉映,打造双IP组合,以更亲和的形象将洛科鼎的文化意义传播到千千万万的洛科学子心中。

洛科IP形象——洛小科

洛科IP形象——洛小文

(三)表情包

以洛小文、洛小科为原型,延展开发专属系列表情包,在内容上年轻化、创意化、网络化,让每一个洛科人喜欢用、经常用,增强其与学校的情感链接。

洛科鼎系列表情包

> ### 八、洛科鼎系列活动

> #### （一）洛科鼎制作学术研讨会

弘扬优秀传统文化，打造洛科精神图腾。2022年10月22日，洛科鼎制作学术研讨会在新民学堂举行。在严格落实疫情防控要求的基础上，来自河洛文化研究领域、青铜文化研究领域、青铜制作工艺领域的20余位专家学者，200余名学校中层及以上干部、教师代表、学生代表现场参加会议，4000余名师生及社会各界人士在线上同步参加。学校邀请了董延寿教授、蔡运章教授、高西省教授、刘余力教授进行主题讲座，就洛科鼎的文化内涵、图样纹饰、形态结构、制作工艺、传承创新等一系列问题展开深入探讨。

学校发展顾问董延寿教授在《洛科鼎文化内涵与纹样设计》的主题讲座中，从为什么要做洛科鼎、洛科鼎是什么、洛科鼎如何做和洛科鼎的延展四个方面，解读了洛科鼎及浮雕的文化内涵、精神内涵、纹饰图样、形态结构，令与会专家学者、广大师生更为全面深入地理解了洛科鼎所蕴含的洛科精神，让职业教育更有温度、热度和广度。

董延寿教授在洛科鼎制作学术研讨会上发表讲话

蔡运章教授在《禹铸九鼎与三代王权》的讲座中，分别从"铜鼎起源""王朝更替与九鼎迁徙""九鼎形制与考古发现"等角度，全面阐述了青铜鼎的考古发现，以及围绕着九鼎迁徙而演绎出来的许多有趣故事。作为全国知名的考古学家，蔡运章教授的学术成果让大家受益匪浅，为研讨会提供了坚实的学术支撑和较高的视野高度。

蔡运章教授在洛科鼎制作学术研讨会上发表讲话

高西省教授在《方鼎的铸造工艺及其文化内涵》的讲座中指出，"鼎，是中华民族沿用了几千年的生活用器，更是身份、地位、国家、权威和民族的象征，是中国文明的象征。其演变过程不仅是一种器皿的变化，更是一种民族文化精神的传承"。高西省教授以图文并茂的方式，生动详细地向全校师生讲解了青铜鼎"制模、制范、浇铸、修整"等一系列的铸造工艺。

高西省教授在洛科鼎制作学术研讨会上发表讲话

刘余力教授在《传承与创新——洛阳鼎与洛科鼎》的讲座中，研讨了洛阳鼎的器形、铸造技术、文化内涵、发展应用，并从传承与突破、继承与发展这两个方面进行了深入的分析。刘余力教授指出：铸造一件好的青铜鼎，有很多道工序，耗时费力，需要长时间的冶铸和打磨，需要精益求精的精神。这种精神与洛科践行的工匠精神相一致。洛科以洛科鼎打造精神图腾，在洛科鼎所代表的先进文化指引下，必将早日实现"建'双高'，升本科，办高水平职业技术大学"的战略目标。

刘余力教授在洛科鼎制作学术研讨会上发表讲话

洛科鼎制作学术研讨会,为洛科鼎的铸造和制作提供了有力的学术保障。学校聚焦学习宣传贯彻党的二十大精神,落实立德树人根本任务,弘扬优秀传统文化,打造洛科精神图腾,传承大国工匠精神,为党育人为国育才。

(二)洛科鼎寻根溯源活动

"寻根溯源铸经典,扎根中原耀四方。"2023年6月3日,洛科鼎铸造启动仪式暨寻根溯源活动在灵宝市荆山黄帝铸鼎原遗址举行。洛阳科技职业学院校领导、中层干部、师生代表等一百余人与青铜器制作专家等齐聚黄帝铸鼎原遗址,礼拜人文始祖、激扬家国情怀,共同见证这一历史性时刻。荆山黄帝铸鼎原遗址是黄帝铸鼎之处,它是轩辕黄帝铸鼎祭天、奠定邦国的地方,也是海内外华夏子孙寻根祭祖、缅怀圣德、领略黄帝文化、追溯华夏文明起源的圣地。在此,洛科人共同缅怀先圣、领悟黄帝文化,传承民族记忆、构建和谐中华。

洛科鼎铸鼎启动仪式暨寻根溯源活动现场

在黄帝雕塑前，洛科师生代表百人方阵齐唱洛科校歌、齐诵《洛科赋》、齐读洛科鼎铭文，领导嘉宾敬献花篮，全体师生沐手祭拜，集体合影。在寻根溯源活动中，学校与洛科鼎制作方在黄帝陵前庭四个方位共同采集土壤。土壤分别被送往洛科校园和洛科鼎泥塑制作车间，融入洛科大地和雕塑泥料，链接人文始祖荆山铸鼎之精神，传承中华铸鼎苍苍之文脉。

(三)洛科鼎浇铸仪式

洛科鼎浇铸现场

"依天工而开物，法自然以为师。"2023年8月19日，学校组织管理干部、师生代表及专家学者，前往洛科鼎制作车间，举办洛科鼎铸鼎浇铸仪式。千度淬炼,炉火纯青。1200 ℃的铜水出炉,沿浇铸孔缓缓注入洛科鼎模具……随着最后一炉铜水的浇铸到位,在全体人员的共同见证下,本次浇铸仪式圆满礼成。

(四)洛科鼎置鼎仪式

洛科鼎置鼎仪式活动现场师生同诵《洛科赋》

2023年9月3日,学校举行洛科鼎置鼎仪式暨2023级新生开学典礼以及河洛文化传承与大学校园文化建设研讨会。河南省委,洛阳市人大常委会,洛阳市人民政府,洛阳市政协,新安县委、县政府,中国民办教育协会,中国新高教集团相关领导,校党委书记刘茂钦,党委副书记、校长刘丽彬以及近百名专家学者光临现场,与14000余名身着汉服的洛科师生共同出席活动。

"正位凝命 如鼎之镇。"此次14000余名领导嘉宾及洛科师生齐穿汉服,见证洛科鼎的揭幕,是洛阳科技职业学院办学史上的重要事件。洛科鼎精神图腾将鞭策全体洛科教职工不忘立德树人初心,勇担为党育人、为国育才教育使命。激励所有洛科学子不懈奋斗,充分成长,成为最好的自己。

(五)河洛文化传承与大学校园文化建设研讨会

"昔三代之居,皆在河洛之间。"为贯彻落实习近平总书记2023年6月2日在文化传承发展座谈会上提出的"赓续历史文脉,谱写当代华章"要求,切实担当起推动中华文化传承发展的使命,学校于2023年9月3日举办河洛文化传承与大学校园文化建设研讨会。

河洛文化传承与大学校园文化建设研讨会在学校的新民学堂举办,邀请青铜器研究资深专家高西省教授做题为《鼎与河洛文化》的主题分享,探究河洛文化中的鼎文化,谈学校精神图腾——洛科鼎的创新与传承;邀请中国河洛文化研究会常务理事、洛阳理工学院人文与社会科学学院院长扈耕田教授做题为《河洛文化与校园文化建设》的主题分享,讲如何汲取河洛文化中的优秀文化,营造校园河洛文化氛围,对地方优秀传统文化进行引导、宣传,增强学生服务地方的意识,提升高校服务地方的能力,尤其是促进文化产业、旅游的发展。此外,学校校长刘丽彬博士做题为《大学校园文化建设与人才培养》的主题分享,聚焦河洛文化的现实价值,展示学校如何以文育人、以文化人,如何用认同、尊重、激活的育人理念引领学校的发展,建设青年友好型职业大学。洛科校园文化是具有强大引导功能的教育资源,通过文化建设,有效提高了学校师生的人文道德素养,帮助学生构筑健康的人格,营造了奋发、创新的校园精神氛围,促进了学校各项事业的不断发展。

本次活动受到多家媒体关注,人民网、新华网、央视网、央广网、中国网、中国日报等百余家权威媒体平台纷纷报道,全网展现量过10亿,向全国人民展现了洛科人践行工匠精神、勇担时代重任的精神风貌。

第三章

校名　校徽

中华文化，历史悠久。大部分高校校名都会选择书法名家、文化名家、专业名家或领导人等来题写，而由谁题写以及采用何种方式呈现，往往能够反映出一所高校的历史底蕴和文化品位。

校徽是一所学校的灵魂，是校园文化最直接的体现，更是校园文化、行为理念以及精神追求的高度统一，能够增强学校师生的凝聚力、自信心和归属感，有利于传播学校形象、推进文化育人工程。

校名校徽是学校的招牌，往往以最简单的方式向学生展示学校的底蕴、内涵、文化导向等。学校在2021年初启动了校名题写更新项目，多次拜访名师名家，研讨洛科校名题写该以何种方式呈现。校徽设计项目也在2021年启动，聚焦提炼学校的文化内涵以及发展方向、育人目标等等,将学校的内涵建设目标用简练深刻的文字符号呈现出来。

一、校名题写

高校是最能代表其所在城市文化品位和文化地位的标志之一,而其校名的题写又是这所高校校园文化的重要组成部分。作为世界上唯一拥有成熟多样书法艺术的国家,每一所高校的校名题写都有一个属于自己的故事,更有着独特的文化内涵。

为加快推进洛科校园文化建设,提升学校品牌形象,满足东大门建设、师生配备校徽及诸多文化建设需要,学校在充分研究的基础上,拿出三套较为详尽的方案,经过广泛征求师生意见,报党委会、校委会研究通过,又经过新高教集团李孝轩董事长及集团其他领导审批认可,决定采用资深书法家郭朝卿先生精心萃集的"毛体"字方案。郭朝卿是中国书法家协会会员,洛阳书协副主席,书法教育家、书法理论家,在书坛影响很大。

研习毛主席的字作为招牌并非一件简单的事。一是毛主席各个时期的书法虽风格大体一致,但用笔都有不同的地方,他的题词、书信、批注,包括书法作品用笔都很随性,集在一起既要保证用笔及风格的基本一致,又要照顾到气息的流贯和作为招牌的受众性。二是大家太熟悉的字不一定适合,例如,《洛阳日报》中"洛阳"两个字就不太适合,这两个字用在洛阳日报很经典,用在校名上就不够奔放。

郭朝卿先生承担这项任务后,用三周多的时间,遍查毛主席书法,反复推敲这八个字,既考虑到单字的效果,又考虑到整体配伍的效果,最终圆满集成。

此次所集校名从毛主席各个时期、各种版本的手迹中寻找、配伍,"洛"字几个草书都很狂放,取较工稳的一个。"院"字一行一草,取草书与"洛"字照应。"职"字唯见一个繁体"職",好在与其他字字体一致。其他各字都选取大家不常见的字形，格调高雅一致，有奇逸之气，左右章法贯通，基本看不出"集字之嫌"，展现了主席的领袖风度和书法奇崛洒脱之韵致。

洛阳科技职业学院校名1

洛阳科技职业学院校名2

2021年是中国共产党建党100周年，用毛体符合党史学习教育精神，彰显了时代特色。用毛体书法书写校名不仅辉煌大气、光彩照人、气韵生动，而且有强烈的识别性、向上力。

二、校徽

洛阳科技职业学院校徽

为了实现"建'双高'，升本科，办高水平职业技术大学"的战略目标，2021年学校启动了新校徽的设计研发工作。对学校主要形象要素进行符号化凝练、设计和规范,形象体现学校的历史文化和理念精神。

新时代,新征程,坚持高质量应用型人才培养,打造专属的高校品牌,共创百年老校辉煌。

本次校徽分别从大学的本质、区域的文化价值、洛科的学校精神三个角度出发,打造独一无二的洛科专属文化符号。

(一)文化传承、知识创造、时代创新

洛阳科技职业学院校徽设计理念图之文字

传承与创新,是自古以来人类最重要的社会活动,也是人类文明生生不息的精神内核。通过大量的调研与分析,我们发现在中华文化发展嬗变的历史长河中,文字是最具代表性的表现之一。

仓颉造字是河洛文化的重要内容,"天雨粟,鬼夜哭"。相比于现代抽象的图像,文字带给我们更多历史波澜、生命发展的文化触动。洛科校徽以字为主,意在秉承文化本质,不忘教育之本。

"洛科"两字以现代简笔字的笔画,进行现代化、艺术化的创意变形,再现了东方文化韵味,跨越千年的古今融合、脉络交织,令人难以忘怀,既传承又创新,彰显了洛科继往开来、创新超越的精神风采。

千年之字,百年之校,"洛科"两字隐现其间,具有广大深远的联想空间,同时也展现出洛科深厚的文化底蕴。

（二）文化力打造视觉力，洛科的专属品牌

一切无形的文化力，都是有形的视觉力。洛科地处5000多年文明史、4000多年城市史、1500多年建都史的华夏文明发源地——洛阳。如何打造自己的品牌专属力，彰显自己独特的地域属性，也是洛科校徽设计考虑的一大要点。

河图洛书是中国古代流传下来的两幅神秘图案，是中华民族的一个文化符号。

现代应用科技中电子元件、芯片的抽象符号，与河图洛书不谋而合，不仅展现洛科的科技属性，贴合洛科应用型科技人才培养的学校特色，更是表达出洛科传递传统智慧，赋能现代教育的深层理念。

牡丹，乃花中之王，而洛阳牡丹，更有"甲天下"的美誉。一数理、一人文，融会贯通，寓意学究天下。在校徽中融入洛阳著名的文化基因，不仅呈现出强烈的地域属性，更增强了校徽至善至美的人文情感。

标志以方鼎之形融入图形，通过鼎立来诠释学校"理实一体、知行合一"的校训，也借鼎立中原的寓意，来体现洛科"成为扎根中原大地的高水平职业技术大学"的愿景。

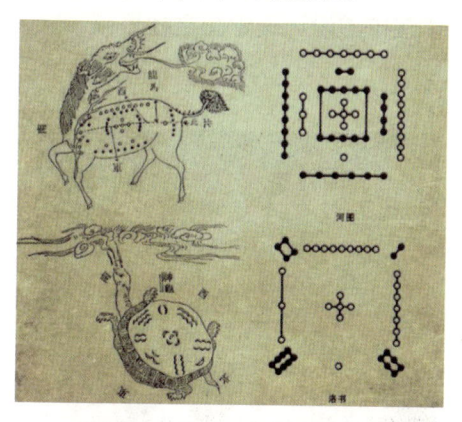

洛阳科技职业学院校徽设计理念图之河图洛书

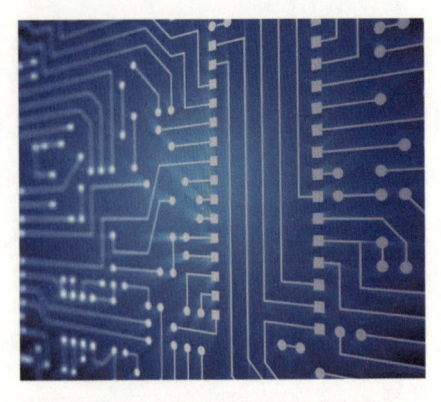

洛阳科技职业学院校徽设计理念图之科技之芯

洛阳科技职业学院校徽设计理念图之牡丹花

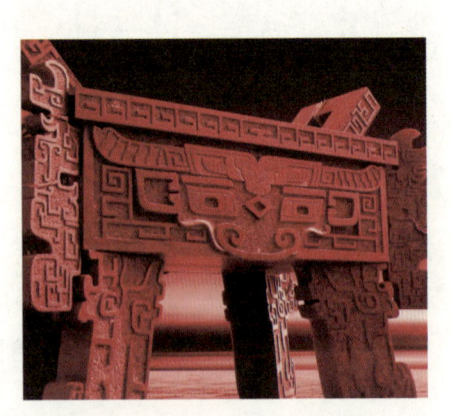

洛阳科技职业学院校徽设计理念图之青铜鼎

（三）理实一体、知行合一

教育，教的是知识，培育的是人才。一所大学，倘若学而无用，实乃教育之末也。洛科秉承"理实一体、知行合一"的校训，讲究学以致用。

因此在校徽中，提取"太极"阴阳相生、顺逆相融的内核，阴阳分别代表"理论"与"实践"，彰显出洛科"传承+创新、理论+实践、人文+科技"的包容精神，是洛科校训理念的最佳体现。

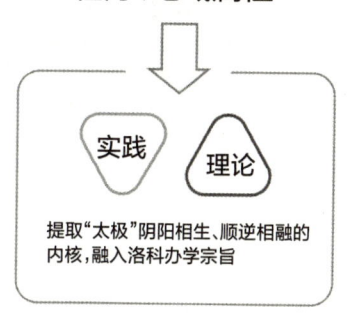

学校坚持"以学生为中心"的核心价值，秉承"帮助学生成就梦想"的办学宗旨，时刻将千万名在洛科求学的莘莘学子放在心中；时刻以帮助孜孜求学的学子实现心中梦想、成就美好未来为己任。

牡丹、地域属性

提取"太极"阴阳相生、顺逆相融的内核，融入洛科办学宗旨

洛阳科技职业学院校徽设计理念图

洛阳科技职业学院校徽

师者，父母心，洛科，亦父母心也。所以校徽将"洛科"两字作为花蕊，寓意着洛科学子如同牡丹花一样争相竞放，绽放美丽华光，以及洛科朝气蓬勃、欣欣向荣的未来发展愿景。这朵"花"是人文之花、科

技之花、未来之花,这所学,是人文之学、科技之学、未来之学。

(四)延伸应用

校徽延展应用

洛阳科技职业学院校旗

洛阳科技职业学院校徽徽章

洛阳科技职业学院视觉设计系统示意图(部分)

新设计的校徽,诠释着学校实现"建'双高',升本科,办高水平职业技术大学"战略目标的决心,也是学校高质量发展,探索多元、开放、融合的办学新模式的体现。

第四章

校赋 校歌

一、校赋

　　中华上下五千年,恢宏的文化史诗中,诗、词、赋三种文体各领风骚。其中赋的格局最为宏大,最适宜铺排记事。"赋"是中国传统文化中一种特色鲜明的文学体裁,它讲究文采韵律,铺采摛文、体物写志,通常用于隆重盛大的庆典、重要之事,具有极高的人文艺术价值。

　　赋根据汉字的形体、音义、语法特点而精心组织,具有鲜明的中国特色。传统赋体文学对于韵律、对偶、典故的追求,使其成为中国古代最高雅的文体之一。赋的文体在全世界具有唯一性,其他任何国家的语言文字中均没有与赋这个文体相对应的单词,赋在中国文学史上具有极其辉煌的不可替代的地位。

校赋是学校的灵魂，是对学校的地理、概况、历史、荣誉、人物的集中表述，是学校精神传统、办学传统和文化传统的展示，也是对学校文化个性、精神追求、师生综合素质、办学方向、办学理念、治校精神，以及人才培养、师生道德、职业理想、教学文化、学术追求、精神状态等的综合展演和体现。一篇好的校赋，可以提升学校软实力，增强师生凝聚力、自信心、自豪感，提升学校的社会知名度，丰厚学校的文化内涵。

（一）《洛科赋》的创作

2023年，是洛阳科技职业学院职业教育办学35周年和高职办学10周年的重要时间节点，为凝练学校办学历史与弘扬办学理念，传承优秀传统文化，学校提前启动校赋征集工作，面向社会各界公开征集洛阳科技职业学院校赋。

2021年12月7日至2022年4月30日，在历时4个多月的征集活动中，共收到校内外投稿8篇。2022年2月，学校建立校赋资料库，为校赋的创作人员提供材料支撑。2023年4月至2023年5月，学校邀请辞赋界专家学者多次来校，共同探讨校赋的创作修改及文化内涵等。2023年5月，面向全体师生、校友征集意见及建议，共同打造洛科校赋。2023年6月13日下午，在学校新民学堂召开《洛科赋》发布会，学校领导、管理干部、全体教职工和学生代表近千人参加，反响热烈。

《洛科赋》创作历时一年半，由辞赋专家李新建主笔，经辞赋专家孙继纲、谭杰、扈耕田及校内领导、专家等共同研讨、创作、打磨而成。

李新建，洛阳理工学院兼职教授、洛阳辞赋研究院常务副院长，系中国诗歌春晚全国"十佳辞赋家"，多篇辞赋作品发表在《中华辞赋》等杂志，先后创作《龙门山色赋》《龙潭大峡谷赋》《万隆会议赋》等赋作，并应邀为北京大学人民医院、河南科技大学以及省内外景区作赋。

孙继纲，中国赋学会原副会长、中国社会艺术协会常务理事、洛阳大学辞赋研究所原所长、洛阳辞赋研究院院长，先后创作发表《白云山赋》《龙门赋》《牡丹赋》《与友论花赋》《赋都赋》等赋作，并分别在第一届国际辞赋创作研讨会、第六届和第七届国际辞赋学学术研讨会及相关媒体发表。

谭杰，洛阳大学原副校长兼师范学院院长、中国辞赋家协会副主席、中国诗赋协会副会长，出版辞赋、诗词、小说、书法专著12部，其创作的《洛阳赋》在《光明日报》"百城赋"栏目发表，《关公赋》《老君山赋》等十余篇辞赋镌刻于石照壁、铜鼎和泰山石。

扈耕田，教授，中国赋学会理事、中国河洛文化研究会常务理事、洛阳理工学院人文与社会科学学院院长，先后创作发表《龙门书院赋》等数篇赋作，并出版相关专著，精于赋作理论的研究、解读和赋作创作。

《洛科赋》文思巧妙、规整达意，引经据典、形神一体，是洛科精神的直观体现，深度诠释了学校地域环境、办学特色、育人理念、发展愿景等，是洛科精神的集大成者。《洛科赋》篇幅虽短小，内容却广博，在"音韵""对偶""用典""声律""词藻"等方面用心雕琢，既适宜于朗诵，更适宜于勒石。《洛科赋》现已在校内外广泛传诵，得到了广大师生、校友的高度认可。

(二)《洛科赋》的内容

西襟函谷[1]，东枕神都[2]。绾依丝路[3]，蟠踞名区。结楼阁于神阙[4]，嵌胶黉之明珠[5]。涧水璧流，唤采芹之骥子；学堂高矗，迎入泮之凤雏[6]。两院相依，形如太极；三桥互望，状似云衢[7]。承三合图之地脉，列八书院之星枢[8]。沐焦桐之晖光，修身求学；纵青要以极目，励志读书[9]。赫赫乎名驰八表，桓桓兮秀出九隅[10]。赖崤函之王气，呈盛世之宏图[11]。

若夫兴校理念,达远寄深[12]。实用为先,俾理实于一体;知行合一,育梁栋以千寻[13]。情钟桃李,意寄学林。以圆学生之梦,以遂父母之心[14]。立操则惟诚是务,设教则非用不歆[15]。慧眼识珠,唯才是适;精心造化,至教成金[16]。爰乃映肝胆兮玉壶,下帷谆诲;育椒兰兮瑶圃,入室敬钦[17]。怀三春之晖,树人必先立德;振百年之业,行教当自披襟[18]。洵乃三绝韦编,勉人师以謇謇;一覆进篑,励学子而骎骎[19]。

至乃定鼎立纲,建标设矩[20]。筑学校之图腾,构精神之栋宇。旨在育俊才,舒逸羽。飞凤鸾,腾龙虎。强识博闻,勤思精悟。才情兼备,以学子为中心;德技并修,以人才为要务。效君子而善言,合时代之期许[21]。自强不息,使内心之充盈;勤勉有为,向长天而翔翥[22]。是乃育人之道,必尊鸿硕之良师;兴国之功,当推卓然之学府[23]。

嗟乎！兴骏业之千秋,期于教育;谋中华之万代,寄以鸿庠[24]。方今欣逢盛世,正值荣昌。不负使命,会须担当。幸有随车之雨,宁无叱驭之骧[25]。既逢天赐,岂负众望。擎大业复兴之帜,启青年友好之航。继而谋良策,计妙方。铭金鼎,赋华章。以至于炳焕鸿猷[26],立中原而勃发;昭垂燕翼[27],向四海以蜚扬。

第一段:概括地描写洛科的地理地貌、环境气象。

1.函谷:指汉函谷关,在新安县东。襟,指襟带,有贴近、控制之意。

2.枕:靠近、临。《汉书·严助传》:南近诸越,北枕大江。

神都:指洛阳,唐代洛阳官称神都。

3.绾(wǎn):系结、贯通。

4.神阙:阙指宫门。洛阳唐代称神都,此神阙指神都的西大门。

5.胶黉(jiāo hóng):古代泛指学校。胶,古代大学;黉,古代的学校。

6.璧流:璧池流水,借指施行教化。出自南朝·梁·江淹《刘太祖高皇帝诔》:"胄业既树,璧流方启。"

采芹、入泮：古时学宫有泮水，入学则可采水中之芹以为菜，故称入学为"采芹""入泮"。出自《诗经·鲁颂·泮水》："思乐泮水，薄采其芹。"

骥子：良马，比喻英俊的人才。

凤雏：幼凤，比喻俊杰。

7. 两院：学校以涧河为界，分河东、河西两大校区，两校区互相依偎，宛如太极图一样，是一个有机整体。

三桥：指学校已建和计划修建的三座桥，即洛桥、涧桥、康桥。

云衢：云中的道路、天街。

8. 三合：指阴气、阳气和天气相合。出自《穀梁传·庄公三年》："独阴不生，独阳不生，独天不生，三合然后生。"唐·杨士勋疏："阴能成物，阳能生物，天能养物，而总云生者，凡万物初生，必须三气合，四时和，然后得生。"此处借喻合山、合水、合人，天地人三合；也有"一生二、二生三、三生万物"之意。

图：图像，舆图，喻风水图。

地脉：指地理位置。

星枢：星星的枢纽，意为辉煌夺目、多才多艺。

9. 青要：指青要山，位于洛阳新安县西北部，是上古时期黄帝建都立国之处，史称"黄帝密都"。

10. 八表：指八方之外，极远的地方。出自三国·魏明帝《苦寒行》："遗化布四海，八表以肃清。"

桓桓（huán）：高大、宽广、坦然貌。

秀出：美好、特出。

九隅：九州。出自《楚辞·九怀·匡机》："弥览兮九隅，彷徨兮兰宫。"

11. 崤函（xiáo hán）：指崤山与函谷关。

王气：皇家之气象。出自西晋·左思《三都赋》："崤函有帝皇之宅，河洛为王者之里。"

第二段：描写办学理念，主要包括理实一体，知行合一；父母之心和成就梦想；立德树人与因材施教。

12.寄深：寄托重大的责任。

13.千寻：古代以八尺为一寻，形容极高或极长。

14.此句化用学校办学宗旨：以父母之心育人，帮助学生成就梦想。

15.立操：建立操行，建立操行以诚信为根本。

歆(xīn)：贪图、羡慕，此句意为设计教育方案非实用不采纳、不攀比。

16.至教：指最好的教育，也指因材施教。出自明·何景明《杂器铭》："盖道本无垠，物各有理，故粗迹有至教，末器有鸿法。"

17.玉壶：指高洁的胸怀。出自唐·王昌龄《芙蓉楼送辛渐》："洛阳亲友如相问，一片冰心在玉壶。"

下帷：放下室内悬挂的帷幕，指专心教书。出自《史记·儒林列传》："下帷讲诵，弟子传以久次相授业，或莫见其面，盖三年董仲舒不观于舍园，其精如此。"

谆诲：教诲不倦。出自宋·陆游《若耶村老人》：" 曩事一一言，多闻杂谆诲。"

椒兰：椒与兰，皆芳香之物，故以并称，喻美好贤德者，借指莘莘学子。

瑶圃：指仙境，借指美好的校园。

入室：比喻学问或技艺得到师传，造诣高深。语出《论语·先进》："由也升堂矣，未入于室也。"

敬钦：仰慕，尊敬，佩服。

18.三春之晖：化用唐代诗人孟郊的《游子吟》"谁言寸草心，报得三春晖"，指都是怀着三春之光晖对待学生。

披襟：指敞开衣襟推诚相与，借指和谐的师生关系。

19.三绝韦编：本指孔子勤读《易经》，致使编联竹简的皮绳多次断裂，此处借指老师们背课、查阅资料认真。

蹇蹇(jiǎn jiǎn)：忠直。

一覆进篑：覆篑，倒一筐土，比喻积小成大，积少成多。出自《论语·子罕》："虽覆一篑，进，吾往也"，比喻学习要坚持不懈，积土成山。

骎骎(qīn qīn)：指马跑得快，比喻进步得很快。

第三段:描写办学实践,定鼎立纲,构建时代图腾与精神大厦;以学生为中心,德技并修;培养学生使其内心充盈、敏行善言。争创高规格的学府。

20.建标设矩:建立标准、法则和规矩。

21.君子而善言:《荀子·非相》称君子自己是善于发表自己意见的,这是君子的美德,是其不同于腐儒的地方。此句也出于学校文化理念:"培养厚德博学、内心充盈、敏行善言的高素质技术技能人才。"

期许:期望、称许。此处指培养符合国家期望的人才。

22.翔翥:飞翔。出自三国·魏·曹植《神龟赋》:"感白龙之翔翥,卒不免乎豫且。"

23.鸿硕:指常识渊博;常识渊博的人;宏富的学术流派。

第四段:描写洛科的愿景、使命与责任担当,向着既定目标勇往直前。

24.鸿庠:著名的学府。庠,古代指学校。

25.随车之雨:也称"随车雨""随车甘雨",谓时雨跟着车子而降。比喻政府施行仁政及时为民解忧。出自南朝·梁·庾肩吾《从驾喜雨诗》:"复此随车雨,民天知可安。"

叱驭(chì yù):指叱责驭者驱车强力通过。后比喻不畏艰难险阻,勇往直前。

骧:指良马。

26.炳焕:显著。鸿猷(yóu):深远的谋划。出自明·张居正《答楚抚院王见峰书》:"顷者,陵工告竣,仰仗鸿猷,费省工坚,功高赏薄,尚当有待也。"

27.昭垂:昭示、垂示。燕翼:善为子孙后代谋划。出自《诗经·大雅·文王有声》:"武王岂不仕,诒厥孙谋,以燕翼子。"

(三)《洛科赋》的艺术特点

1. 篇幅短小,句式多样

《洛科赋》正文不含标点501字,文章越短,难度越大,每句每字的含义越广。这就要求创作者要具有超强的文字驾驭能力。虽然采用的是骈赋形式,但就"对偶""用典""声律""词藻"方面接近于律赋。律赋一般字数在四百至六百字之间,该赋五百字,与律赋特征完全吻合,区别是没有限韵字。所以该赋形式为骈赋,实则以更高的律赋标准创作而成。

2. 章法严谨,文脉流畅

《洛科赋》共分四段,首段概括地描写了洛科的地理地貌及环境气象,通过铺陈手法勾勒出一幅生机勃勃的校园图画。第二段则重点指出洛科"理实一体,知行合一""以父母之心育人,帮助学生成就梦想""立德树人与因材施教"的办学理念和教师的情怀。第三段通过对办学实践的描述,重点突显了以学生为中心、德技并修、厚德博学、内心充盈、敏行善言。末段是感慨和议论,重点描写了洛科的愿景、使命与担当。该赋巧妙地使用壮、紧、长、隔、漫、发、送等各种句式,使得赋文在篇章体制上呈现错综多变的姿彩。全文结构严谨,层次分明,对偶工整,用典自然,音韵流畅,文脉一气贯通。

3. 音韵和谐,骈俪工整

《洛科赋》押韵采用"词林正韵",四段选用三个平声韵、一个仄声韵,一段一韵,平声韵悠扬高亢,音色流畅,仄声韵低沉有力,音色浑厚。整篇赋文朗诵起来起伏有序,抑扬顿挫,节奏分明。此韵法的安排接近律赋所具备的特点。

《洛科赋》最大的特点是对偶,即骈俪工整。这点与汉大赋和骚体赋有着本质上的区别。因为汉大赋在兴盛时期采用的是"上古音"

韵,与我们现在使用的"中古音"系和"近古音"及"现代音"系差别很远,其形式类似古体散文,篇幅宏大,恣意铺陈。而《洛科赋》所使用的"词林正韵"属于"中古音"系。《洛科赋》在形式上又与"骚体赋"有着较大的差别,因为骚体赋源于离骚,其特点是赋句中用"兮"字作调节,或用在句尾,或用在句中,而《洛科赋》则属于骈体赋,基本不用"兮"字。

二、校歌

高校校歌是大学文化精神的重要象征,是学校办学理念、校园精神、办学特色的集中呈现,校歌在激励师生、增强学校群体观念、培育学生勤奋学习优良品质方面具有不可替代的作用。校歌的每一字词、每一旋律,都将成为无形的情感纽带,赋予师生高度的自豪感和归属感。

学校于2022年8月—10月开展校歌征集活动,面向全体师生、校友及社会各界人士公开征集校歌,共征集210首(篇),其中歌词96篇,曲谱47首,伴奏小样41首,演唱小样26首。投稿者来自全国各地,其中不乏各级音乐协会、高校的专业人员以及各行各业的音乐爱好者。

经校歌工作小组多轮次筛选及对词曲的二次创作,选定《匠心追梦》为候选校歌,面向全体教职工、学生以及部分校友广泛征集意见建议,同时学校邀请北京、河南该领域的知名专家教授审听候选校歌,他们对歌曲提出了专业的评审意见。最终,专家认为该歌曲体现了我校的办学精神和师生风貌,适合作为校歌广泛传唱。

校歌创作历时17个月,历经前期调研、风格研讨、征集词曲、创作编曲、乐团配器、录音混音等多个环节,最终完成,并于2023年8月25日举办校歌《匠心追梦》发布会,面向社会各界隆重发布合唱、男女独唱等六个版本的校歌。

《匠心追梦》

作词：洛小文　　作曲：洛小科

（1）

洛阳古都，涧水泱泱。

文明沃土，蓬勃希望。

成长摇篮，青春向往。

厚德博学，锻造大国工匠。

千锤百炼淬成钢，

自强不息铸辉煌。

春也奋发，冬也昂扬。

匠心追梦，胸怀万里山高水长。

（2）

牡丹花开，焦桐绽放。

中原学府，光耀四方。

华夏骄子，家国栋梁。

奋发有为，彰显时代担当。

赤子之心闯天下，

砥砺前行耀中华。

理实一体，知行合一，

匠心追梦，放眼世界天高地广。

（一）词曲创作概述

歌词萃取洛阳科技职业学院自然地理和历史文化精髓，紧扣学校特色，融合地域文化，突出职教特色、职业素养、校风校训，反映了学校办学理念、核心价值、培养目标和愿景追求，展现了学校创新发展、追求卓越的精神风貌。其蕴含的洛科精神对师生可起到深刻内省、自信自强、催人奋进的育人作用。

歌词共分两部分四个段落,歌词内涵交相辉映,兼顾文字传唱和文采文风。第一部分侧重学生在校成长和追梦过程,第二部分侧重学生从学校走向社会,在大有可为的新时代有所作为,担当使命。其中,第二部分的"华夏骄子"呼应第一部分的"成长摇篮","奋发有为,彰显时代担当"呼应第一部分的"厚德博学,锻造大国工匠","赤子之心闯天下"呼应第一部分的"千锤百炼淬成钢",同时引出"砥砺前行耀中华",从而使歌词立意高远、主题鲜明,规整大气、喻义丰富。

(二)词曲署名

《匠心追梦》作者署名为洛小文、洛小科,原因如下:

1.校歌词曲是结合广大师生意见后,经校歌工作小组多人、多轮次的修改及二次创作后诞生的作品,是全校师生集体智慧的结晶。

2.洛小文、洛小科的人物形象及文化寓意在校内外已广泛应用并深得师生的喜爱与认可,他们既是洛科的文化符号,也是联结师生和校友情感的纽带,更是学校对外交流与合作的形象大使,在校歌的传播、传唱中相辅相成,有助于学校品牌宣传。

（三）曲谱

匠心追梦

洛小文 词
洛小科 曲

$1=\flat E$ 4/4
♩=120 青春 自豪 朝气蓬勃地

洛阳古都，涧水泱泱。文明沃土，
牡丹花开，焦桐绽放。中原学府，

蓬勃希望。成长摇篮，青春向往。厚德博学，
光耀四方。华夏骄子，家国栋梁。奋发有为，

锻造大国工匠。千锤百炼淬成钢，
彰显时代担当。赤子之心闯天下，

自强不息铸辉煌。春也奋发，冬也昂
砥砺前行耀中华。理实一体，知行合

1.
扬。匠心追梦，胸怀万里 山高水长。
一，匠心追梦，放眼世界 天高地

2. 3.结束句
广。 广。 匠心追梦，

放眼世界，天高地广。

洛阳科技职业学院校歌曲谱

第五章
"力量大厦"

随着我国经济的高速发展,技能型人才成为经济进一步发展的强烈需求,职业教育也进入新的发展阶段,肩负着培养技术技能人才、促进就业创业的重要职责。在市场需求和政策激励双向驱动下,新职业教育正在成为未来强国战略的基础。职业教育是同普通教育并行的另外一条人才培养轨道,同时还嵌于一定的社会经济结构中,与不同时期的经济增长模式和产业结构密切相关。

但目前普遍存在的状况是一提及职业教育,人们的印象就是学生毕业后在流水线上做一份简单重复、枯燥乏味的工作,收入微薄、技能有限,更谈不上职业成长。实际上,随着社会经济的发展,制造业转型升级,高端服务业也逐渐繁荣,职业教育并不像传统认为的那样,职教生也不再是传统观念中学业竞争的失败者。在新的教育政策下,职教生也可以拥有闪耀发光的人生。校长刘丽彬博士坚信,只要给予他们足够的关注和尊重,他们不仅能学习到安身立命的技能,也能逆风翻盘。因此学校致力于创办青年友好型职业大学,勇于打破传统观念,以学生为中心,认同、尊重、激活每一个与众不同的个体,使职教生能重塑自信,突破自我。

城市发展与技术技能人才之间存在着这样的必然联系,即建设青年友好型城市,需要有集人才培养、文化传承、社会服务、科学研究于一体的青年友好型职业大学的支撑,以实现城市"应用型"人才与"研究型"人才"均衡发展、相互渗透"。刘丽彬校长认为职业教育被打上低质量的标签,很大程度上并不是职业教育内部因素导致的,而与传统教育观念和教育资源的分配不均衡息息相关。

由于社会对高学历的偏好,职业教育毕业生在人文素养方面不足的普遍认知导致社会对他们的认可度较低。但如今实体经济转型升级,高素质技术人才的缺口越来越大,从前不重视职业教育和技能人才培养的企业把目光投向职业教育。职业教育与普通教育的培养方式不一样,尤其是高质量的职业教育必须与企业的真实需求匹配。

从全球经验来讲,"产教融合"是学生获得与未来工作相关的学习经验的重要渠道。一方面,学校优化专业建设,以学生就业为导向,结合洛阳当前区域产业发展战略,践行产教融合的人才培养方式,积极建设产业学院,在人才培养、专业建设、校企合作、实训基地等方面与企业进行深入探索,解决企业人才需求及学生的就业问题,提高学生就业率。另一方面,学校坚持以学生为中心,积极探索高校书院制改革,从创新内部治理机制、构建科学有效的外部质量保障体系入手,加快学校书院制改革,推动办学事业迈上新台阶。刘丽彬认为,职业教育前途广阔,大有可为;人人皆可成才,人人尽展其才。

如今,经济发展和社会进步,给了人们更多接受职业教育的机会,让更多的青年学生通过自己的努力成为职业能手,成为财富的创造者。这既是职业教育的期待和憧憬,又是职业教育努力的目标。

当前社会已深刻意识到职业教育的重要性,着力发展多元化、特色化的职业教育,进一步提升人才培养质量,提高社会认可度,让每个人都有人生出彩的机会。而对一个国家而言,当大量劳动力拥有了专业技能,经济发展就有了坚实的基础。教育的本质是立德树人,职业院校要以就业为导向,改进教学模式、育人模式,按照职业教育、应用型人才培养的规律办好学校。中国高等职业教育变革的核心是结构性的转型以及高技能的人才培养,洛科始终秉承"以父母之心育人,帮助学生成就梦想"的办学宗旨,培养厚德博学、内心充盈、敏行善言的高素质技术技能人才。学校在"双高"院校的建设、应用型职业技术大学转型、现代产业学院的发展等方面持续发力,以新时代、新格局、新机遇为契机,以"成为扎根中原大地的高水平职业技术大学"为愿景,坚持学院－书院双院育人,政－校－行－企协同育人,努力创办青年友好型职业大学。

一、构筑"力量大厦"

学校自2020年11月起,建设洛科文化体系并形成战略目标。经过制定工作方针与实现路径、形成文化理念体系、打造视觉形象、打造洛科精神图腾、构建"力量大厦"、建设焦桐大道、建设书院文化等,创新性地提出并形成了自己独特的文化理念,取得了丰硕的成果。历经两年多发展,洛科形成了自己独特的校园文化,如认同、尊重、激活、质量、效率、协同等这些词已经成为洛科的标签,贯穿在教学育人的各个方面,悄无声息地影响和改变着学校的环境与生态,影响着洛科人的思维、行为与气质,并不断地推动着学校的创新、优化、迭代和持续发展。

"十四五"是我国推进经济社会高质量发展的重要阶段,也是国家产业转型升级、人才结构调整的关键时期。自"职教20条"的提出为职业教育打开新的大门之后,2021年4月的全国职业教育大会又创造性地提出了建设"技能型社会"的理念,"技能型社会"的形成需构建面向全体人民、贯穿全生命周期、服务全产业链的职业教育体系。

当今时代,是一个全社会拥抱职业教育的时代,也是职业教育面临全社会考验的时代。职业教育在当今时代承载了更多的责任与担当,机遇与挑战并存,困难与希望同在。

作为高等职业院校,洛阳科技职业学院面对学生肩负责任,面对社会勇挑担当,在2021年"十四五"开局之年,同步开启学校高质量发展的新时期。这一年,学校发布了洛阳科技职业学院文化理念系统,为学校的文化积淀撒下第一铲泥土;这一年,学校引入BLM模型[①],运用科学方法编制学校"十四五"规划,并在此基础上提出了学校未来发展的愿景与战略目标、内涵建设及特色发展模式等重大方向性战略。上下同欲者,胜;同舟共济者,赢。为达成共识,凝聚人心,面向全体教职工、面向全社会发出洛科声音,营造洛科效应,学校特编制设计了洛阳科技职业学院"力量大厦"战略发展模型图示。通过构筑学校"力量大厦"发展模型,结构化地呈现了学校的发展愿景、战略目标、发展模式、关键路径、战略支撑、重点工程,面向全社会发出洛科声音,营造洛科大文化效应。

二、"力量大厦"内容及解读

洛阳科技职业学院"力量大厦"外形为大厦形状,自上而下分为顶、梁、枋、柱、台、基。

顶——为洛阳科技职业学院发展愿景,即"成为扎根中原大地的高水平职业技术大学"。

梁——为洛阳科技职业学院发展战略目标,即"建'双高',升本

[①]业务领先模型(Business Leadership Model),是一种用于帮助企业进行战略规划和执行的框架。

科,办高水平职业技术大学"。

枋——为洛阳科技职业学院"一体两翼"发展模式。"一体"即建设青年友好型大学,"两翼"即学院-书院双院育人、政-校-行-企协同育人。

柱——为洛阳科技职业学院六大发展关键路径,即对学生要认同、尊重、激活,对组织要注重质量、效率、协同。

台——为洛阳科技职业学院"十四五"时期的五大战略支撑,即以新高教集团赋能来建设"生师体验佳、校园环境美、学生发展好、教学质量优、师资队伍强"的五好大学。

基——为洛阳科技职业学院"十四五"时期"一个加强、四个打造、五个提升"十大重点工程的具体内容。"一个加强"即加强党的建设;"四个打造"即打造技术技能人才高地,打造产教融合、服务创新平台,打造高水平专业群,打造高水平师资队伍;"五个提升"即提升校企合作水平,提升服务发展水平,提升学校治理水平,提升校园建设水平,提升国际化水平。

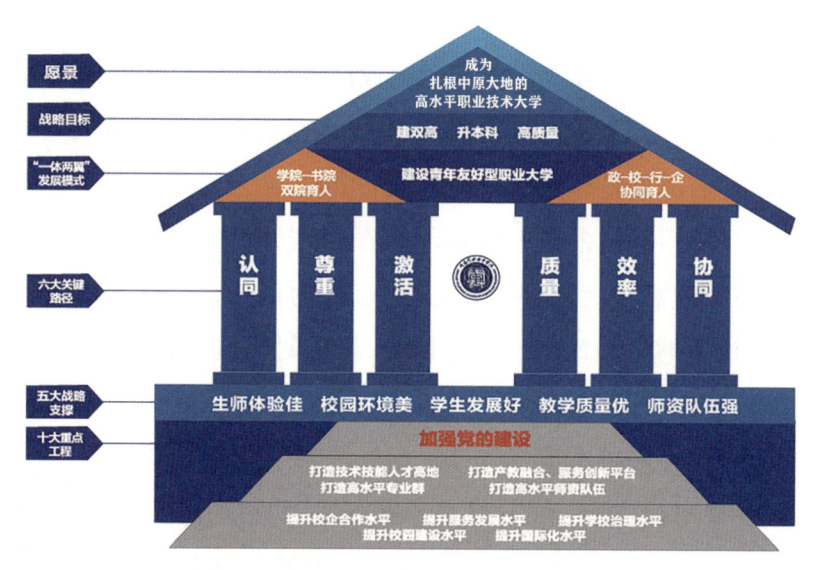

洛阳科技职业学院"力量大厦"模型图

三、"力量大厦"在发展中的作用

如今,中国特色社会主义进入新时代,我国正在统筹推进"五位一体"总体布局,协调推进"四个全面"战略布局,贯彻新发展理念,实现经济从高速增长转向高质量发展,转变发展方式、优化经济结构、转换增长动力,建设现代化经济体系。各行各业对技术技能人才的需求越来越紧迫,职业教育的重要地位和作用越来越凸显。现代职业教育体系框架全面建成,具备了基本实现现代化的诸多有利条件和良好工作基础。但与建设现代化经济体系、建设教育强国的要求相比,职业教育还存在诸多困难和问题,仍然是整个教育中的薄弱环节。

不谋万世者,不足谋一时;不谋全局者,不足谋一域。规划构筑以及完善洛科"力量大厦"的过程,也正是全校上下统一思想、凝聚共识、汇聚智慧、共谋发展的过程,在全体师生中形成了众志成城开好局,奋力爬坡起好步的浓郁氛围。学校立足当下、着眼未来,将"十四五"规划的战略布局始终贯穿于学校发展之中,在科学谋划目标的同时,更注重贯彻落实。

与此同时,学校紧扣"高水平职业院校、高质量发展"主题,坚持奋发有为、求真务实的工作基调,把"建'双高',升本科,办高水平职业技术大学"的战略目标始终贯穿于发展全过程,通过构建新发展格局,奋力实现"成为扎根中原大地的高水平职业技术大学"的美好愿景。

在发展过程中,洛科将以"力量大厦"为依托,学习国内外先进办学经验、传承博大精深河洛文化精神,抢抓时代机遇、蓄势积能、革故鼎新、先行先试、准确识变、科学应变、主动求变。既仰望星空,心怀"国之大者",又脚踏实地,立足岗位,争做职业教育领跑先锋。在这波澜壮阔的新时代,洛科将以"功成不必在我"的格局与胸怀,"功成必定有我"的担当与情怀,在高水平职业教育发展之路上,留下新时代"洛科人"劈波斩浪的奋进足迹。

"以父母之心育人,帮助学生成就梦想"是学校一贯秉承的办学宗旨,而中国高等职业教育变革的核心是结构性的转型以及高技能人才的培养,学校将以新时代、新格局、新机遇为契机,建设青年友好型职业大学,培养一大批厚德博学、内心充盈、敏行善言的高素质技术技能人才,支撑和服务区域经济发展。

第六章

书院文化

　　历史上书院曾是民间教育组织,起于唐,盛于宋。著名的书院有应天书院、岳麓书院、白鹿洞书院、嵩阳书院等。而现代书院制是实现通识教育(素质教育)和专才教育相结合,力图达成均衡教育目标的一种学生教育管理制度。

　　近年来,实施书院制教育成为我国高校教育改革的一种积极探索和有效尝试。2018年,教育部等六部门下发的《关于实施基础学科拔尖学生培养计划2.0的意见》提出:深入探索书院制模式,建设学习生活社区,注重环境浸润熏陶,加强师生心灵沟通,促进拔尖学生的价值塑造和人格养成。2019年,教育部下发了《教育部关于深化本科教育教学改革全面提高人才培养质量的意见》,明确指出:积极推动高校建立书院制学生管理模式,开展"一站式"学生社区综合管理模式建设试点工作,配齐配强学业导师、心理辅导教师、校医等,建设师生交流活动专门场所。2020年,《教育部等八部门关于加快构建高校思想政治工作体系的意见》要求:推动"一站式"学生社区建设。依托书院、宿舍等学生生活园区,探索学生组织形式、管理模式、服务机制改革……将园区打造成为集学生思想教育、师生交流、文化活动、生活服务于一体的教育生活园地。

从理论研究上讲,欧美如牛津大学、剑桥大学的住宿学院是最早探索打破学科专业界限、拓展学生交叉学科意识、实施博雅教育理念的住宿教育社区。美国哈佛大学、耶鲁大学等继承并发扬了全人教育理念。从探索实践上看,我国最早做出尝试的是香港中文大学的书院与学院并行模式,复旦大学书院制"1+X"的通识与专业双赢模式,南方科技大学学工、团委和书院三方共理"1+3"或"2+2"模式等。我国至少有159所高校实施书院制,有377家书院,它们最重要的区别在于书院与专业学院的协作方式不同,大致可分为:大众和精英模式、实体和虚体模式、全程和分阶段模式、全员和非全员模式等。这些模式均以宿舍为中心构建生师共享生活社区,通过第二课堂开展学生思想品德教育、行为养成教育、心理健康教育、就业指导与服务等,同时与专业学院建立协商机制,实现师生信息共享,为学生全面发展提供强有力的支撑和保障。

在构建世界高等教育强国、进一步促进我国高等教育对外开放的大背景下,如何为学校培养出更多有良好品质、创新精神、思考能力、高雅品位的高素质人才,如何真正体现学校办高水平职业技术大学的优势和办学特色,实现"提质增效",已成为学校关注的焦点之一。

为积极探索人才培养新路径,全面推进学校书院制育人模式改革,促进学生全面发展以及深入贯彻落实《河南省"十四五"时期深化教育综合改革指导意见》和《河南省高等学校探索书院制育人模式改革的指导意见(试行)》精神,2021年9月14日,第十三期"洛科大讲堂"邀请学校书院院长、博士张兰花教授,针对洛科书院制改革作题为《聚力先行:洛科书院制改革策议》专题报告。报告会由校长刘丽彬博士主持,学校600余名教职工参会聆听了该报告。至此,学校积极探索与建设有职教特色的书院,正式拉开序幕。

一、洛科书院

书院制教育在中国教育史上延续千年,培育了大批鸿儒硕学,是民族教育史上一笔宝贵的精神文化财富。而洛阳得天独厚,是中国书院的发源地,中国最早的官办书院"丽正书院"就诞生于洛阳。发扬中国古代书院文化的精髓和精神,进一步传承和弘扬中华优秀传统文化是现代高校书院建设的应有之义。

洛科的书院制教育改革是在借鉴西方国家传统书院制办学和治学理念的基础上,基于我国古代书院制的理念发展演化而来,具有典型的"中外融合、兼容并蓄"特征。洛科书院制改革通过学院(专业教育)、书院(通识教育)协同育人机制,通过让不同专业不同年级的学生一起学习生活,融合彼此分析问题的思维方式,促进创新型人才的培养、素质教育的实现、学生人际交往能力的提升,实现学生的全面发展。

学校围绕"一体两翼"育人模式,深入推进书院制改革,通过学院、书院落实立德树人、三全育人。

学校实行书院、学院双院并行制,书院与学院齐头并进,积极推进全员书院制改革。同时,搭建师生交流桥梁,开拓第二课堂育人平台,丰富完善书院活动。围绕学生的核心素养发展,培养人的完整性,促进人的全面发展。学校目前已做到贴合政策、发展政策,同时注重创新,积极推进发展。

洛科致力于成为扎根中原大地的职教书院典范。就目前的发展形势看来,洛科的理念,包括底层认知、站位等已经超越了很多民办本科高校。洛科书院已形成了初步的规模,各书院的执行院长参与书院管理的各个环节、各个方面,在管理方面越来越有信心,工作亦愈来愈得心应手。

洛科书院不断凝聚改革共识和力量,强化担当作为,加强书院育人理念和文化建设,推动书院制育人工作取得扎实成效。洛科书院站在开放性、发散性、创新性思维的视角,走出舒适区,走出了一条洛科的书院之路。学校积极探索人才培养新路径,全面推进书院制育人模式改革,促进学生全面发展,把全员育人、全程育人、全方位育人不断推向纵深。

二、洛科书院做法

为更好地推动书院制的全面覆盖,学校多次召开书院建设专题会,决定书院制改革不能一蹴而就,需分时期、分阶段,循序渐进完成。经校委会决议,书院制改革分三个阶段完成。

第一阶段,启动两个书院试点:2021年9月至2022年7月以鲁班书院和慈涧书院为试点,实施双院制协同育人模式。探索推行学分制、书院六大核心素养培育、职教特色工坊、职业能力锤炼等,完善双院制各项配套制度。

第二阶段,深入研究与全员覆盖阶段:2022年7至2022年12月,在前期试点运行经验基础上,构建适应洛科职教特色的书院制下"双院"协同运行模式,将学术研究与实践探索活动上升到理论高度,建立一整套更完善、更能适应高职院校学生综合素养与职业技能提升的育人模式。

第三阶段,洛科职教书院模式成熟普推阶段:从2023年1月开始,专业学院与书院"双院"协同育人模式成熟定型,学生公寓社区全部实行书院制管理。洛科八大书院不同特色教育主题提炼定位清晰,书院建设特色文化研究基地条件成熟,文化大师工作坊实验室品牌效应初显,相关学术研究成果陆续出版面世。

学校提出建设青年友好型职业大学,大力推进"学院+书院"双院育人模式。书院以成为扎根中原大地的职教书院典范为愿景,以扎根中原、光耀四方为院训,以厚德博学、内心充盈、敏行善言为主题特色。

书院制管理是改进传统公寓管理的一个重要模式,学校在自上而下的育人理念引领下稳步推进书院制改革,以期探索出适合中国高等职业教育发展和管理的新路径、新模式。

学校按照总体规划及学生公寓楼的地理区域位置、专业融合、学生人数与性别相对均衡的原则,共设立八个书院。学校以涧河为界,河东以《大学》为据萃取名称,设日新书院、慎德书院、忠信书院、慈涧书院共四个书院,重点开展大学生人文素养养成教育;河西以古代科学技术大师命名,设鲁班书院、张衡书院、仲景书院和文远书院共四个书院,重点开展大学生科学精神和工匠精神养成教育。

(一)书院定位

2021年底洛阳市委、市政府出台《洛阳市建设青年友好型城市行动方案》,指出:要把建设青年友好型城市放在洛阳打造聚合创新资源平台城市的基础性、先导性、战略性位置。并在"十四五"期间,实施建设青年友好型城市五大工程,着力提升洛阳城市功能品质与青年的契合度,让城市更好地吸引青年、集聚青年、成就青年,以青春活力不断激发创新活力,为建强副中心、形成增长极汇聚强大青春力量。

基于青年友好型城市发展的时代背景和职业学校当前的发展使命和迫切需要,学校勇于创新,首先提出了建设青年友好型职业大学的理念。青年友好型职业大学是国家技能型人才储备的摇篮,在青年友好型城市发展的过程中,青年友好型职业大学将重塑职业大学的社会服务和人才培养功能,大力提升青年人才对城市的贡献力、创新力和创造力,从而促进并实现青年发展、职业大学发展、城市发展的有机融合和良性互动。

2021年底,在洛阳市委市政府主办的建设青年友好型城市主题论坛上,校长刘丽彬围绕洛阳建设青年友好型城市作了题为《认同、尊重、激活——努力创办青年友好型职业大学》的主题演讲,首次提出了建设"青年友好型职业大学"的办学理念和"认同、尊重、激活"的育人理念。

学校在提出青年友好型职业大学建设的同时,大力推进青年友好型职业大学书院建设。"十四五"时期,学校积极推进全员书院制改革,成立洛阳科技职业学院书院总院,并下设日新书院、忠信书院、慎德书院、慈涧书院、文远书院、张衡书院、仲景书院、鲁班书院等八大书院。各书院明确了特色定位,研究提出了清晰的核心素养与文化内涵。

洛阳科技职业学院书院总院及八大书院文化符号

（二）书院指导思想

洛科书院以习近平新时代中国特色社会主义思想为指导，全面贯彻党的教育方针，落实立德树人根本任务，坚守为党育人、为国育才使命担当，探索实践双院制学生管理模式改革，构建双院制模式下高等职教书院育人机制，建立"双导师制"（学业导师、育人导师）学生培养机制，使专业学院能更好地落实专业人才培养方案，把握学生学业状况，使书院能集中精力做好学生的思想政治教育和课外日常管理，使学生感到专业归属感和团队归属感。借此实现素质教育、专业教育和全人教育相融合，形成思想引领、知识传授、素质养成、能力提升、人格塑造、创业就业为一体的协同育人模式，努力培养厚德博学、内心充盈、敏行善言的高素质技术技能人才。

（三）书院育人目标

书院的育人目标是秉承文化育人与环境育人相结合的理念，推行"三全育人"，将育人工作贯通学科体系、教学体系、课程体系、管理体系，形成全员全过程全方位育人格局。通过全员五类导师培养与社区五级网格化生活服务，激发学生主观能动性，促使学生自我教育、自我管理、自我服务。

（四）书院育人模式

职业技能创新工坊和特色社团文化的建设，对促进校园文化创新，增强校园文化吸引力，形成具有中原文化特色和职教生机活力的校园文化具有重大意义。

学校全面推行书院制育人模式改革，让不同专业和学科的学生交叉融合居住在社区里，通过多元文化的交流碰撞、文理渗透、专业互补、思想撞击，大幅提升跨界思维交流及其综合素养，把学生培养为社会急需的富有创新能力的综合型应用型人才。

(五)书院实施载体

书院制是以学生公寓为教育空间,将学生的日常管理教育、主题教育和核心素质养成教育、思政教育、学生自治、理想信念有效结合起来,营造社会文化环境,提供学生个性发展平台,建立各具特色的文化之"家",以素质养成教育和主题文化熏陶、创新创意创业项目、人文与科技系列讲座、学科拓展、文体娱乐、心理健康教育、职业生涯规划辅导、特色工坊实验实训等形式开展教育活动,营造独具一格的书院文化。

(六)书院组织管理架构

书院创新"全员育人、全程育人和全方位育人"人才培养的新模式,协调各二级学院与洛科书院"双院"协同育人关系,实现专业学科教育、人文素养教育和社会公民教育的有机融合,构建学科专业学院制、学生社区书院制的现代大学"双院"管理制度,以打造"中国特色职教书院"、形成"学院-书院"双院育人模式为目标,深入推进书院的组织管理变革和优化。

学校于2021年9月组建了洛科书院总院,并启动书院制改革。2022年11月召开洛科书院发布会,汇报了洛科书院理念推广与实践探索的成就。2023年4月学校再次扩大洛科书院制改革规模,发布《洛科书院"三定"方案》,确定由校级领导干部担任书院总院院长,将各二级学院分管学生工作副院长、学生发展中心副主任(团学)及辅导员全部划归书院,加大书院改革推进力度。由此,书院开启全员、全过程、全方位书院制管理阶段,学校"双院育人"模式全面落地实施。2023年7月,书院成立职业素养发展中心、公共艺术教育中心,聚焦学生的职业综合素质和行动能力培养,书院制进入内涵建设新阶段。

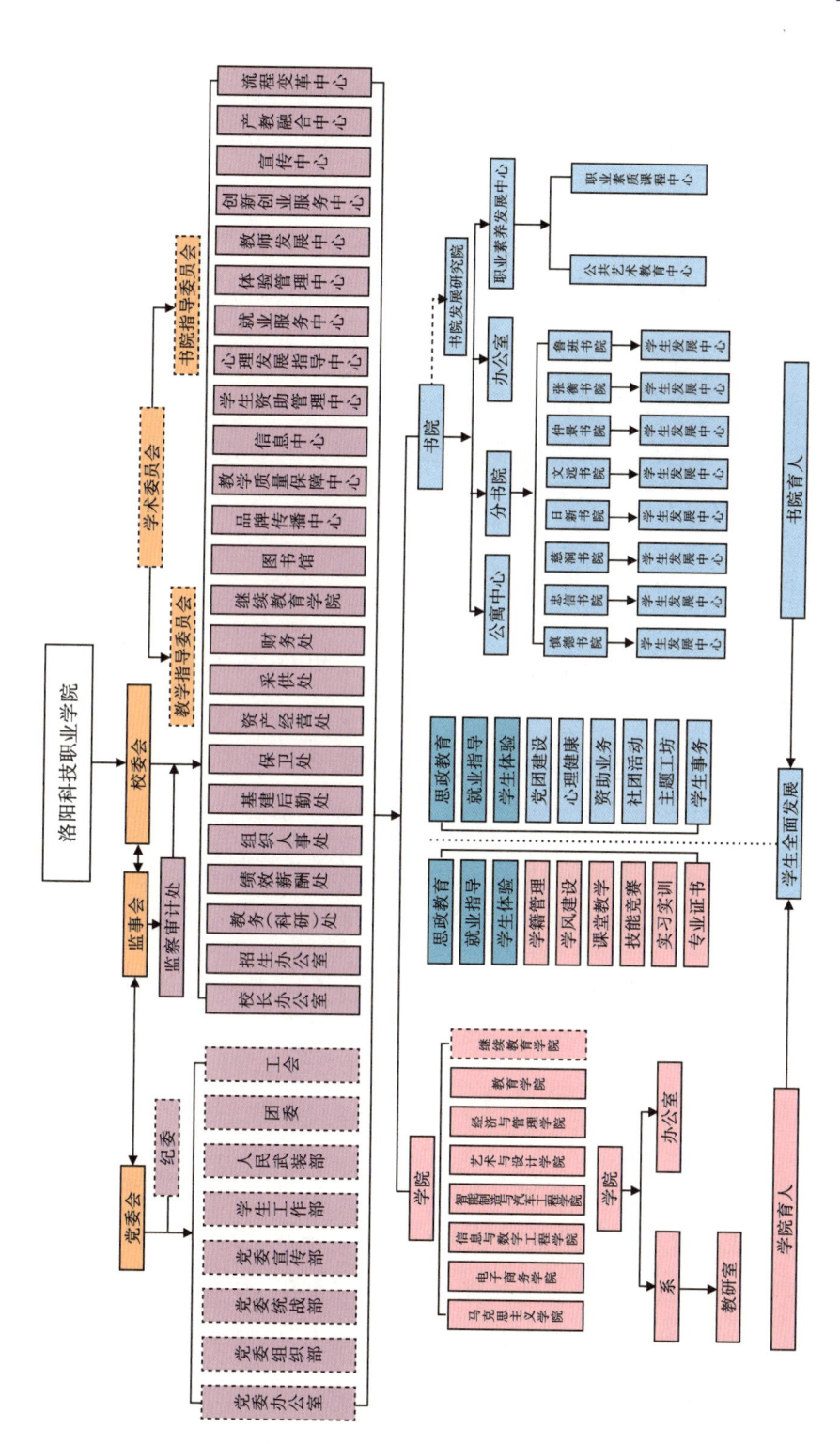

双院育人组织架构图

三、洛科书院特色

洛科书院坚持全面贯彻党的教育方针,落实"立德树人、德技并修"育人目标。秉承"以父母之心育人,帮助学生成就梦想"的办学宗旨,践行"理实一体、知行合一"的校训,坚持"认同、尊重、激活"的育人理念,以思政教育为核心,以技术技能培养为导向,以人文素养培育为基础,以主题工坊为依托,以特色活动为载体,以书院文化浸润学生心灵,建设青年友好型大学,构建"三全育人"新模式,培养厚德博学、内心充盈、敏行善言的高素质技术技能人才,致力成为扎根中原大地的职教书院典范。

(一)书院地理与核心素养教育

书院以核心素养培育为事业灵魂,坚守初心、铸魂濯心、匠心创新,塑造高素质职业技能型人才。

依据学生公寓楼的区域位置,以专业融合和学生人数与性别相对均衡等为原则,以涧河为界,共设八个书院。书院具有独特的教育理念、培养目标、主题定位、创新设想,制定有《书院制管理暂行办法》《学生公寓网格化管理实施方案》等相关制度,书院社区促使学生文理渗透、专业互补、互相交流,承担学生生活指导、学业规划、习惯养成、文明礼仪教育、综合素质拓展、心理健康辅导与奖学资助等任务。

(二)书院与学院双院制育人模式

学校"双院育人"是学院专业知识教育、职业技能教育与书院核心素养养成教育相融互通的双轨并行机制。其中,学院重在"教",让学生获得专业知识、提升职业技能水平;书院重在"育"学生人格,进行思政引领,潜移默化地塑造品德。以"双院育人"确保学生具备工匠精神的同时,提升人文精神。

第六章 | 书院文化

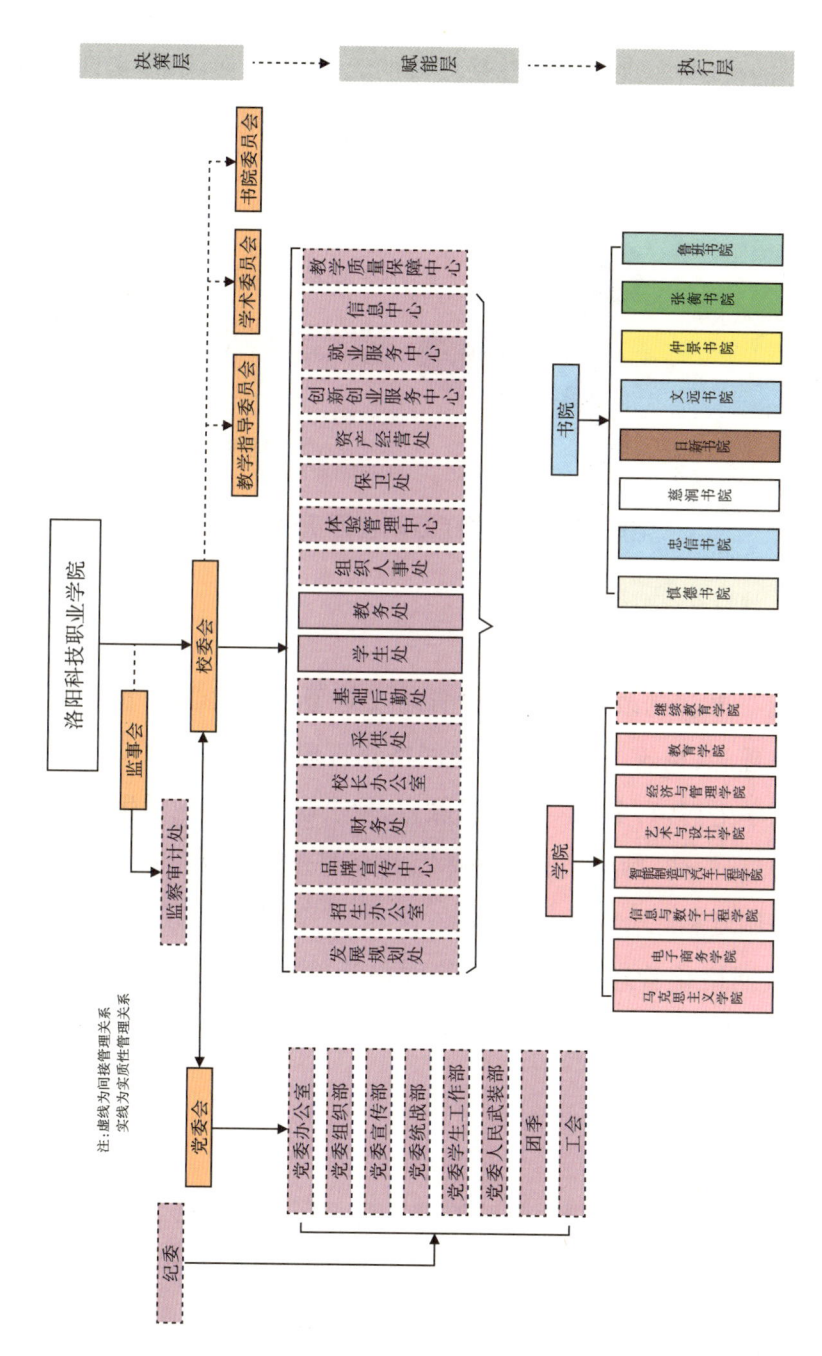

洛阳科技职业学院双院制业务结构图

75

学校创新"双导师"人才培养模式,明确学院学业导师负责教学、实习实训及学生学业相关工作,书院育人导师负责学生学业之外所有管理工作的机制,实现学生在校受教育的无缝衔接,使课堂、实训教学阵地与书院文化浸润相互承接,课内课外全程无间断衔接。

育人导师核心工作
- 思想理论教育与价值引领
- 书院社区党团建设
- 学生综合素养养成教育
- 学生日常事务管理
- 心理健康教育与咨询工作
- 网络思想政治教育
- 校园危机事件应对
- 职业规划与就业创业指导

班主任核心工作
- 学生思想教育,专业认知和学习方法指导
- 指导学生制定职业生涯规划
- 学生与任课教师之间的沟通与交流
- 指导学生开展专业实践活动
- 学风建设
- 协助育人导师做好毕业生就业创业指导,就业率统计和服务工作

洛阳科技职业学院双院管理责任图

(三)书院社区实施五级网格化管理

学校将书院制改革视为建设青年友好型职业大学的重要内容,创新办院理念,构筑书院社区五级网格化管理机制,促使行政服务部门下沉到学生宿舍,全面实施全员教育,使书院真正实现学生跨学科、跨专业混编,构建"师生成长共同体",共享配套制度治理体系,完善学分制管理制度和综合素养评价体系,探索"三全育人"新模式。

五级网格化管理机制,即一级网格为决策层,二级网格为管理层,三级网格为执行层,四级网格为督劝层(督促劝勉),五级网格为信息层。

1. 决策层

在校党委指导下,成立书院管理委员会(简称"书管委"),统筹领导书院工作。书管委下设书院管理办公室(简称"书管办"),落实书管委的规划。书管委是书院工作的决策层,负责统筹、规划、协调、督导书院工作;讨论、拟定书院重大改革措施和重要规章制度;了解和研讨学生教育管理各项工作情况、动向和需求，提出解决办法和途径；研究解决书院工作中出现的新情况、新问题，探讨书院发展新思路、新措施、新办法。书管委实行不定期专题例会制度，主要提出或审议书院发展的重大事项，并提交校委会审议决定。根据工作需要，书管办及时组织发起专题研讨会议。

书管办在书管委的领导下，策划实施洛科书院特色文化品牌建设工作，规范并促进各书院文化活动健康有序开展。书院管理办公室根据工作需要，定期或不定期组织召开书院管理工作会议，解决书院工作中的各种问题，提高书院管理效率。

2. 管理层

书院总院设立院长1名，副院长或副书记1名，下设八个书院。八大书院均在本书院设立院长1名（主持工作），副院长1名或副书记1名，学生发展中心主任1名，团学副主任1名，就业副主任1名。

在书院管理委员会的领导下，洛科书院设立书院管理办公室，开展各项综合协调指导工作，具体落实书院各项工作目标和任务，督促目标任务按节点实施，并根据学校总体规划布局及时跟进各项任务动态管理指标，做到上传下达，确保书院各项规划任务按期完成。各书院各司其职、各负其责、目标一致，凝心聚力共同完成各项工作，从而达成总的发展目标。

洛科书院管理层由书院总院院长加八个书院院长组成中层干部管理层，是书院管理网格的二级网格管理层。

书院实行院长负责制，书院总院院长统筹书院发展的各项事宜。各书院院长为本书院第一责任人，主持书院全面工作。副院长/副书记协助院长工作，具体负责书院学生日常行政管理、学生管理、素质教育和文化建设活动等相关工作。

3. 执行层

双院制育人模式下建立"五级导师制"(育人导师、社会导师、学业导师、生活导师、朋辈导师)的学生培养体制。专业学院建立行政班,配备班主任,把握学生学业状况,指导学生顺利完成学业,落实专业人才培养方案。洛科特有的"五级导师制"和行政班班主任制度,使学生充分感受到归属感,有利于书院集中精力做好学生的思想政治教育和课外日常管理。

"五级导师制"中,各级导师通过主题讲座、素质教育、工坊实验与社团活动等,使学生在思想成长、习惯养成、人生规划、学业发展、学术培养、创新创业、国际视野、校园生活等多层面多角度获得有效的教育引导,充分发挥各级导师在学生"成才+成长"方面双重引路人的作用。

班主任制度是为贯彻落实《普通高等学校辅导员队伍建设规定》和《高等学校辅导员职业能力标准(暂行)》,充分实现专业学院与书院的协作沟通,结合学校书院制改革而推行的管理制度。学业导师即班主任,聘期为2年,是以学生专业班级为单位来开展学生学业辅导的老师。任课教师负责本学科教学,而学业导师则全面负责管理班级学生的所有学业辅导工作。工作中,班主任定期召开主题班会,开展学生学业进展、心理健康及学风考风教育等方面的指导工作,分批开展对学生的定期约谈、问题回访跟踪等工作,同时班主任与书院共同组建学生工作协同小组,形成学生体验问题定期通报、重大事项问题及时反馈解决、难点问题双院协同解决的管理沟通机制,进一步推进双院育人形成工作合力,充分发挥双院育人优势。学业导师是学校教师队伍的重要组成部分,是学校开展学生学业指导、职业规划的中坚力量。

4. 督劝层（督促劝勉）

由书院各社区的学生宿管会成员和学生干部等组成，是书院管理网格的第四层。

各书院成立以学生主管为负责人的学生事务协调组，负责本书院和专业学院在学生事务中具体工作的对接、协调和协商。"双院"与职能部门采取定期召开联席会、协商会或OA信息沟通等办法，协商解决学生出现的新情况、新问题，实现学生信息的共通互享，努力为学生构建适宜、科学的成长环境。

5. 信息层

信息层，由书院各宿舍寝室长组成，是书院管理网格的第五层。书院制定信息管理机制，使基础信息可以为学校的各项决策提供有效的、重要的数据。

信息只有传递给需要的地方才会发挥应有的价值。由书院各宿舍寝室长组成一线信息层，可以提升信息的传递效率和信息的准确性，为相关决策提供依据，是学生信息管理的一项重要工具。

（四）书院工坊"四位一体"创新教育模式

书院与特色工坊一同设立，既是对书院制的良好发展打下坚实的基础，同时给工坊的发展做一个力量支撑。工坊的发展围绕书院的"四位一体"目标推进，各种课程不断扩充、更新发展，以学生为中心，对学生专业之外的技能进行相应的提升。学生在书院生活，在工坊学习，提升能力，开拓视野，提高综合素养，为将来步入社会、展示自我提供了坚实的保障。特色工坊的设置在教育模式上充分借鉴了古代书院传统，重视传统文化的传承与延伸。

书院以河东人文精神养成教育和河西科学精神养成教育为引领，以礼射表演与汉弓制作、古琴表演与琴研制作、剧本创作与微视频制作、汉服设计与制作、故事演讲与连环画绘制、皮影表演与制作、茶艺表演与中原壶技艺、礼乐文化与舞蹈等众多技艺工坊实验室为锤炼载体，采用"理论传授+技艺实践+文创作品+创业能力"的"四位一体"产业链激活模式，知行合一，创新性搭建环境、生活、课程、能力等多维度融合的职教特色创新型书院教育模式。

在书院社区内，不同学科、不同年级、不同背景的学生通过多元文化的交流碰撞，相异专业交叉融合，职业技能创新工坊和特色社团文化的训练，实现文理渗透、专业互补、思想碰撞、个性彰显及综合素质提升，成长为德智体美劳全面发展、具有未来眼光和国际视野的技能型建设者。

2021年建设至今，特色工坊的教育模式已初具雏形，通过工坊内部的实践课程来为学生提供多种未来的选择。接下来，学校要完善书院内部的教育模式和体制，一切以学生为中心，从学生的自身特点出发来打造更符合书院特质的教育模式。

四、洛科书院院徽、院旗

（一）洛科书院文化发布

为进一步深化教育教学改革，创新职业教育高校育人新路径，落实"立德树人、德技并修"的育人目标，学校对洛科书院文化进行了定位与解读。这对洛科书院积极探索"三全育人"新模式，彰显书院阶段性成果，传递和推广书院育人特色，具有重要意义。2022年11月10日，洛科书院文化发布会在新民学堂举行。会议采用线上线下相结合的方式进行，学校中层及以上管理干部、全体辅导员、各书院学生代表现场参加会议，8000余名师生在线上同步参加。总院院长张兰花与八大书院执行院长就书院名称、院徽院旗、书院文化内涵一一进行解读。

第六章 | 书院文化

洛阳科技职业学院书院文化发布会现场

洛阳科技职业学院书院总院院徽

洛阳科技职业学院书院总院院旗

81

(二)洛科书院院徽、院旗

洛科书院以"成为扎根中原大地的职教书院典范"为愿景,这是对学校发展愿景"成为扎根中原大地的高水平职业技术大学"的一脉传承。因此,总院的院训便是"扎根中原,光耀四方",而书院"厚德博学、敏行善言、内心充盈"的主题特色是对学校培养目标的承接。学校的校园是人文与科技相结合的,东校区打造人文校园,西校区打造科技校园。东校区的四大书院传承自洛科鼎,院徽院旗分别围绕洛科之眼、洛科之耳、洛科之翼、洛科之角进行设计;西校区的四大书院围绕大国工匠打造,凸显工匠精神、科技精神。每个书院打造各自的内涵体系与院训,以核心素养为方向,打造思政文化、社团文化、工坊课程文化。洛阳科技职业学院书院与二级学院交相呼应,为"学生全面发展,高质量就业,做一个对社会有贡献的人"服务。

院徽:以学术红为主色调,象征庄严、吉祥、沉稳、权威,又代表阳刚、热烈、浓郁和美好。双色同心圆三重叠加,核心主图是洛科鼎精神图腾纹样,鼎纹完整一色。洛科书院总院院名与院训,依中环环绕四周,寓意书院总院应肩负起洛科教育品牌和书院精神象征的重任,具备多元融通的领导力、凝聚力和执行力。

院旗:庄严的学术红底色图案,展现了洛科书院厚重的仪容,适合于仪式感较强的文化场景;而白色明快底色的院旗,则更适合于风格各异的青春活力赛场。

(三)八大书院成型

提及书院,人们往往想到的是白墙黛瓦的古建筑和传统博雅的育人方式,而如今在人杰地灵的十三朝古都洛阳,涧河之畔,坐落着这样一个朝气蓬勃的书院群落,那就是洛科书院。书院制教育在中国教育史上延续千年,是民族教育史上一笔宝贵的精神文化财富。洛科书院基于古代书院制的理念发展演化而来,具有典型的中外融合兼容并蓄的特征。

学校将河洛文化、中国传统文化通过书院逐一呈现,让各大书院凝聚文化元素,传递地方精神,并将文化与书院育人理念、活动主题等紧密联系,使书院成为河洛文化的重要载体。洛科书院由1个总院+8个分院组成。总院下设八个分院,号称八大书院,分别是日新书院、忠信书院、慎德书院、慈涧书院、文远书院、张衡书院、仲景书院、鲁班书院。书院以"成为扎根中原大地的职教书院典范"为愿景,这是对于学校发展愿景"成为扎根中原大地的高水平职业技术大学"的一脉传承。

八大书院在功能上各有差异、互相补充,打破专业和年级界限,实现学生多学科、多年级的广泛交融,全面促进学生成长成才。与此同时,通过书院这种小而紧密的群体,更好地维持师生和同学间的亲密关系,从而达到弥补现代大学以学科和专业为中心培养学生的缺陷,满足学生个性化成长需求。

在硬件功能空间构成上,书院有多功能剧场、社团活动室、健身中心、思政教育等文化活动场所,项目工作坊、创意生活馆、影音剧本工作室等项目孵化基地。作为社区化、交互性、共享性的育人平台,书院不仅是生活的场所,还是文化活动的空间。

生活中,学生们可以在各类社团活动场所施展才能,可以在各类文化工作室展示创意,可以在健身房里释放压力,可以在绿茵场奋力拼搏,可以在活动室、工作坊等学习舞蹈礼射,可以在非遗项目工作室了解我国的非物质文化,可以体验草坪音乐节带来的快乐,时刻保持向上的激情,获得身心的愉悦。学习时,大家可以与他人交流学习经验,可以向学长学姐取经,可以沉浸在图书室里奋笔疾书,可以与育人导师共话未来。书院生活真正实现了教育与生活的相互融合,也凸显了书院的开放性、有机性和融合性。

1. 慎德书院

慎德二字,出自《礼记·中庸》。"博学之,审问之,慎思之,明辨之,笃行之。"寓意做学问必须广泛地学习、反复地推敲、缜密地思考、明晰地分辨。

①书院文化解读

书院核心素养:谨言慎行

书院院训:博闻慎思　兼听明辨

在当前时代,慎德学子要保持独立思考的能力,不被时代裹挟,要博闻慎思,发挥主体作用,去探索、去思考,真正做到不忘初心、坚守自我。同时,兼听明辨,慎德学子要坚持唯物历史观,牢记唯物辩证法,明辨是非,追寻真理,树立正确的世界观、人生观、价值观,以明辨指导行为,在实干中成就一番事业。

主题特色:学问思辨　三思而行　履践致远

慎德学子要在学习中不断钻研、反复推敲,培养思辨能力,在实践中坚持唯物历史观,牢记唯物辩证法,通过缜密的思考、明晰的分辨来指导行为,在实干中成就一番事业。

三思方举步,百折不回头。慎德学子应万事考虑周全后再行动,一旦行动不管遇到什么样的困难都不要退缩,敢于去面对和解决所遇到的问题,要富有政治之思、本领之思、创新之思,又要思而并行,行而向远!

青衿之志,履践致远。年少的读书人,要有志向,只有脚踏实地把根基打好了,才能走得更远。寓意慎德学子要在实践中不断地提升自身的素养和能力,乐于帮助他人,并且注重实践,知行合一,理论联系实际,言行一致,进而实现远大抱负和志向。

②院旗院徽展示

院徽中心图案为洛科鼎文化图腾的局部,重点突出"洛科之耳"。以活力橙为主色调,象征凝聚青年之力量,激发青春之活力。彰显慎德学子需严谨其言论,审慎其行为。

洛阳科技职业学院慎德书院院徽、院旗

2. 忠信书院

忠信二字,出自《大学》:"是故君子有大道,必忠信以得之,骄泰以失之。"自己能够尽己所能,尽心尽力为大众,没有自私自利,这叫忠。顺着物,不违反事物的规律,也不违背人心,要有诚意才能做到,这称为信。有了忠信,就能够得到大道。骄傲自大,目空一切,就会失去大道。

① 书院文化解读

书院核心素养:诚实笃行

"诚者,天之道也,诚之者,人之道也。""博学之,审问之,慎思之,明辨之,笃行之。"

书院院训:德技并修　奋发向上

洛科之翼双翼齐展,既象征着洛科政-校-行-企协同育人和学院-书院双院育人的办学模式,也体现了科技与人文交相辉映、深度融合的办学特色;德技并修是洛科校训理实一体、知行合一的深度诠释,体现了职业教育的本质内核,即培养高素质技术技能人才,助力社会发展,服务国家战略。

忠信学子要有拼搏奋进、昂扬进取的精神,要勇担重任,坚定信心,将自身发展融入实现国家发展战略的宏伟事业之中,为社会进步、国家富强做出杰出贡献。

主题特色:忠诚信仰 坚定信心 奋斗青春

忠诚,代表着诚信、完成本职任务;信仰,就是为全面建设社会主义现代化国家而努力奋斗;"忠诚信仰"就是同学们要对党、国家、人民绝对忠诚、绝对纯洁、绝对可靠。

坚定,指意志坚强,不动摇;信心,指确信自己的愿望、预料一定能够实现的心理。

习近平总书记在庆祝中国共产主义青年团成立100周年大会上说"奋斗是青春最亮丽的底色,行动是青年最有效的磨砺"。有责任有担当,青春才会闪光。青年是社会中最有生气、最有闯劲、最具创新热情、最具创新动力的群体,要勇做新时代的弄潮儿。

②院旗院徽展示

院徽中心图案为洛科鼎文化图腾的局部,重点突出"洛科之翼"。以黄色为主色调,象征阳光活力健康。彰显忠信书院学子忠诚信仰、坚定信心、奋斗青春的新时代中国大学生面貌。

洛阳科技职业学院忠信书院院徽、院旗

3. 慈涧书院

"慈涧"二字,出自《山海经》《水经注》。"瞻诸之山,其阳多金,其阴多文石,少水出于其阴。控引众溪,积以成川,东流注于谷,世谓之慈涧也。""谷水又东,俞随之水注之……世谓之孝水也。"

慈涧乃磁涧曾用名,沿用两千年;新安人杰地灵,西有慈水,东有孝水,长慈幼孝,以河喻世,老幼互及,慈文化浓厚。

①书院文化解读

书院核心素养:慈爱奉献

"吾有三宝,持而保之:一曰慈,二曰俭,三曰不敢为天下先。慈故能勇……夫慈,以战则胜,以守则固。天将救之,以慈卫之。""大道之行也,天下为公。"

老子有三宝极为珍视,首为慈爱,慈爱涵养浩然之气,慈爱所以能勇武,用于作战可取胜,用于守卫可坚固,天将建立之事,则以慈爱去守护;"天下为公"涵养奉献精神,提倡克己奉公,天下兴亡、匹夫有责。

书院院训:自强不息　砥砺前行

无所畏惧、自强不息的进取精神。慈涧书院的学生要无畏生活的压力、学习的困难、一时的挫折,传承君子自强之风,傲然挺立,知难而进。要继承孺子牛、敢为人先的精神。以不怕苦、能吃苦的牛劲牛力,不用扬鞭自奋蹄,为中华民族伟大复兴辛勤耕耘、勇往直前,与时代同行,与祖国共进。

主题特色:至真至善　至美至诚　至行至远

"大学之道,在明明德,在亲民,在止于至善。""千教万教,教人求真;千学万学,学做真人。"

学理在于求真,事理在于求善。"至真至善"是做学问与做人的最高境界。它既是一种价值追求,又是一种行为规范。

慈涧学子只有达至真我、证悟真理,才能见天地,知敬畏;见众生,懂怜悯;见自己,明星辰在手,不负韶华。

"夫得是,至美至乐也,得至美而游乎至乐,谓之至人。""唯天下至诚,为能经纶天下之大经,立天下之大本,知天地之化育。"学生只有体察到"至美",才能遨游于"至乐",达到"至人"。辨美稀珍,心纯净行至美,感知自然美、人性美,则充盈,则和谐。纯净无妄至诚,才能通经世之道,天地之中见小我,知不足而后勇。

慈涧学子要拥有感受美的心灵、辨别美的眼睛、创造美的能力，以至诚之心认识本我、追求真我，必能精诚所至、金石为开。

"路虽迩，不行不至。事虽小，不为不成。""道阻且长，行则将至；行而不辍，未来可期。"路途漫长充满险阻，坚持不懈，美好的未来就值得期待。至真至善至美至诚的卓越品行，将助力人生行稳致远。慈涧学子须心怀大爱，让理想在奉献中成长，拓展生命的长度、宽度，提升生命的密度与温度。

②院旗院徽展示

院徽中心图案为洛科鼎文化图腾的局部，重点突出"洛科之角"。以初心红为主色调，象征乐观奉献、奋发进取的精神面貌，彰显慈涧学子自强不息、砥砺前行，在奋斗中不断塑造自我，追求完美人生。

洛阳科技职业学院慈涧书院院徽、院旗

4. 文远书院

"文远"二字源于南北朝时期著名的数学家、天文学家——祖冲之（字文远）。其主要贡献在数学、天文历法和机械制造三方面。

①书院文化解读

核心素养：数字思维

数字思维是借助数字技术求解问题的意识、能力和方法，是数字时代解决问题的重要方式之一。

书院院训：目尽毫厘　心穷筹策

目尽毫厘,心穷筹策,出自《南齐书·祖冲之传》,意为观察的时候用尽眼力,不放过毫厘之微;计算推演的时候用尽心力。

主题特色: 数智融通　科创融合　德技并达

加强数字化和智能化的融合,要支撑"数智革新"的高端技能人才培育,要增强职业教育适应性,就必须把数字化转型作为职业教育整体性、系统性变革的内生变量。以书院制为依托,文远书院的学生能够根据个人兴趣与知识能力进行双向选择。

加强科技与创新的融合,是新形势下职业教育发展的必然趋势,文远书院注重对学生科创兴趣的培养和潜力的挖掘。基于文远书院的大学生培养模式,以人才培养为目标,以立体式培养为主线,改革学生培养体系,完善学生职业生涯规划,科学规划科创实践。

追求刻苦钻研、精益求精的工作精神,体现的是职业道德精神品质,是职业教育发展的必要内质。把知识用于实践,在能力、品质培养过程中,目之所及、心之所向,通过自我参与、自我分析,构建一个相对兼顾的知识结构体系,完成自我认同、自我革新,并向同行、虽远必达,最终实现道德素养和知识技能的双提升。

②院旗院徽展示

院徽中心图案为"π"的变形。以紫色为主色调,主要体现文远学子逻辑思路清晰,善于运用数学思维思考问题和解决问题。

洛阳科技职业学院文远书院院徽、院旗

5. 仲景书院

张机(约150—219),字仲景,南阳人,东汉伟大的医学家,汉灵帝时举孝廉,官至长沙太守。

张仲景天资聪颖,勤奋好学,拜同郡名医张伯祖为师,尽得其传,加之为人诚恳,不论贫贱,有求必应,因而南阳老少尊卑,对他都很钦佩、敬重,青年时期已经闻名于全郡。汉灵帝在位时,张仲景被举为南阳郡的孝廉而开始为官,后官至长沙太守。

张仲景所著《伤寒杂病论》熔理、法、方、药为一炉,开辨证论治之先河,为中医药发展奠定了基础,其著作与《黄帝内经》《神农本草经》《难经》并称为祖国医学的四大经典,他也被后世尊称为"医圣"。

①书院文化解读

核心素养:健全自我

所谓"学生发展核心素养",主要是指学生应具备的,能够适应终身发展和社会发展所需的必备品格和关键能力。不断健全自我,尽可能掌握世界变化发展的规律;尽可能了解自己的优势和劣势;尽可能发挥自己的优势,弥补自己的劣势;尽可能以一己之力立于时代洪流中;尽可能壮大,为爱你的人和你爱的人打造安稳的避风港。

书院院训:勤求古训　博采众方

汲取古训之精髓,对优秀的传统文化进行吸收和借鉴,使优秀传统文化在新的社会发展形势下焕发出新的生机与活力。帮助仲景学子树立正确的人生观及价值观,形成良好的风气,进而带动整个社会形成良好的风气。

博采众方的"方",原意是药方的意思,在这里,我们解读为方法、智慧、经验、长处。成为一个优秀的人,除了靠自己的努力外,借助它山之石、博采众长为我所用也是必不可少的。

主题特色:规划人生　健全人格　发展身心

规划人生是一个长期健全自我的过程,希望仲景学生能在学会独立、学会做人、学会合作、学会学习、学会修身、学会感恩的基础上，为自己的人生作打算、作规划。

健全人格的培养不是学校教育阶段所独有，而是伴随着一个人的终身。从现实的角度来说，我们应当注重个性培养与责任感培养的统一，以培养出具有良好身心素质、高尚道德情操和完美人格的人。

发展身心是指人的体力和脑力的协调发展，按照人的身心发展的差异性，仲景书院要做的就是因材施教、长善救失，最大限度地促进每个学生的发展。通过打造不同类型的学生活动，多方面激活学生潜在长处。

②院徽院旗展示

院徽图案提取学校校徽"洛科之花"，盛开象征着人文之花、未来之花。以白色为主色调，体现仲景学子遵循自然规律，合理规划人生，身心健康发展。

洛阳科技职业学院仲景书院院徽、院旗

6. 张衡书院

张衡（78—139），字平子，东汉时期杰出的天文学家、数学家、发明家、地理学家、文学家。张衡自小刻苦向学，少年时便会做文章，16岁以后曾离开家乡到外地游学。他先到了当时的学术文化中心三辅（今陕西省西安市一带）地区，在这里他进过当时的最高学府太学，结识了著名的学者崔瑗，与他结为挚友。张衡兴趣广泛，自学五经，贯通六艺的道理,而且还喜欢研究算学、天文、地理和机械制造等。

张衡为中国天文学、机械技术、地震学的发展做出了杰出的贡献,发明了浑天仪、地动仪,是东汉中期浑天说的代表人物之一,被后人誉为"科圣"。由于他的贡献突出,联合国天文组织将月球背面的一个环形山命名为"张衡环形山",太阳系中的1802号小行星命名为"张衡星"。后人为纪念张衡,在南阳修建了张衡博物馆。

郭沫若先生曾评价张衡:"如此全面发展之人物,在世界史中亦所罕见,万祀千龄,令人景仰。"

①书院文化解读

核心素养:未来思维

"粤若稽古,圣人之在天地间也,为众生之先。"一个先字写明了普通众生和圣人之间的根本性区别,只有具备前瞻的思维,把握未来的趋势为自己助力,才能从芸芸众生中脱颖而出。

未来思维是一种关于未来的前瞻性的思维方式,借用未来为现在提供动力。换言之,关于未来的想象、判断和信念会塑造今天自己的状态。不是每个基于未来思考的人都会成功,但成功的人一定是基于未来思考的。

书院院训:人生在勤　不索何获

"人生在勤,不索何获"出自《张衡列传》,意思是人一辈子要勤奋努力,倘不积极地探索研究,哪会有收获和成就。《左传·宣公十二年》提到"民生在勤,勤则不匮",《宋史·辛弃疾传》说到"人生在勤,当以力田为先"。从古人凝练的智慧中我们不难发现,勤劳是立足之本,勤劳是创造之源。在这个喧嚣时代,我们不要被世俗牵绊,要心无旁骛,保持热爱,勤学、勤思、勤问、勤练。在这个智能信息化时代,我们更要不忘初心,积极探索,勇于创新。

主题特色:探寻未来　设计未来　创造未来

"探寻源流,志逸肥遁。"路漫漫其修远兮,吾将上下而求索,不登高山,不知天之高也,不临深谷,不知地之厚也。张衡学子要在学习和生活中无所畏惧,不断探索,要有不达目的誓不罢休的精神。

"运筹设计,让之张良;点将出师,属之韩信。"设计就是把一种设想通过合理的规划、周密的计划,通过各种方式表达出来的过程。

艺术是生活的升华,设计是艺术的呈现,生活里处处离不开精美的设计,以此为主题特色旨在告诫张衡书院的全体学生要持之以恒地学习,用心感受生活,热爱生活,在生活中追求美、发现美、感受美、设计美。

"至于秦汉,其制无闻,后汉张衡始复创造。"创造就是生产的过程,是一种典型的人类自主行为。因此,创造的一个最大特点是有意识地对世界进行探索性劳动。

张衡学子要不断丰富阅历,勤学好问,学以致用。在学习中寻找适合自己的目标,用知识的力量创造生活,创造价值,创造未来。

②院徽院旗展示

院徽画面自上而下以学校"力量大厦"为主体结构,依据中式建筑对称理念,以"衡"字为创作原型,维持整体结构的稳定性。以智慧青为主色调,寄语书院莘莘学子在生活和学习中不断思考,积极探索,敢于突破,敢于创造。

洛阳科技职业学院张衡书院院徽、院旗

7. 鲁班书院

鲁班是春秋战国之交颇负盛名的能工巧匠,是职业教育的先行者。鲁班的职业教育思想至今深深地影响着后人。鲁班文化作为一种职业精神,是高素质技术技能人才职业行为和职业价值取向的体现,是中国百业能工巧匠们的精神价值的代表,并在实践中不断丰富和发展。鲁班文化的内涵在于鲁班精神,一是勤奋、二是精湛,三是创新。

①书院文化解读

核心素养:实证探索

实证,即将所获知识通过在实践中观察和实验,对应校训的"理实一体"。

探索,即基于实证中所获得的经验不断探索求新,对应校训中的"知行合一"。

鲁班精神的实质就是科学精神,实证精神、探索精神都是科学精神的重要组成部分。

书院院训:匠心至臻　德技双馨

匠心:指工巧的心思;臻:达到。至臻:谓极好,达到极点。典出《大学》:"大学之道,在明明德,在亲民,在止于至善。"鲁班书院的学子从中得到的启发是:任何事物都不是一蹴而就的,都需要不断探索才能发现真理,达到前所未有的新境界。

德:品德,职业道德;技:技术技能;双馨:两个方面都具有很好的声誉。《国语·周语》:"其德足以昭其馨香。"鲁班书院学子从中得到的启示为:要想成为高技术技能人才,一定要德技并修,德技双馨。

主题特色:勤于求证　善于制作　敢于创造

勤是中华民族传统美德。《礼记·玉藻》中提到"勤者,有事则收之",意思是勤奋的人,遇到有用的事情则转化为自己的经验。

善:指擅长、专长、独特出群;体现精益求精、追求卓越的"工匠精神"。

科学精神其中一个维度是创新精神,鲁班书院学子要敢于创新,勇于创新。

②院徽院旗展示

院徽整体与"书"字的繁体形式相似,轮廓为古建筑样式,是"鲁班"的变形,上方是榫卯斗拱结构的特征展示,中间部分借鉴鲁班锁的样式,是上海世博会中国国家馆的缩影。以科技蓝为主色调,体现鲁班学子勤奋传承规矩、刻苦钻研技术、巧妙创新工具的优秀品格。

洛阳科技职业学院鲁班书院院徽、院旗

8. 日新书院

日新二字,出自《礼记·大学》:"苟日新,日日新,又日新。"寓意每天都在更新,发展进步迅速,不断出现新事物、新气象。

①书院文化解读

书院核心素养: 国际视野

书院院训: 格物致知　志存高远

格物致知:既可仰观于天,也可俯察于地,寓意日新学子实事求是,从实践中学习,从社会中学习,有追根问底的研究精神和学以致用的务实之心。

志存高远:志不立,天下无可成之事,虽百工技艺,未有不本于志者。作为一国之青年,要树立浩然长存的恢宏志气,能够立大志、成大才、担大任。

主题特色：国际理解　交流交往　合作共赢

从思想、行动、结果三个层面，引导学生开阔视野，提升素养。国际素养包括全球视野、交流沟通、跨文化生存能力、价值创造等内涵。因此，日新书院主题特色，即培养学生国际思维，并在此基础上，进一步发掘一切与多元化文化交流的行动力，最终通过协同运筹、多方合作等方式达到最佳合作共赢效果。

②院旗院徽展示

院徽中心为洛科鼎文化图腾的局部，重点突出"洛科之眼"。以绿色为主色调，象征青春生命，彰显日新书院学子胸怀祖国、放眼世界、海纳百川、目标高远、勇立潮头的朝阳形象。

洛阳科技职业学院日新书院院旗、院徽

第七章

焦裕禄思政文化

　　洛阳是焦裕禄精神的重要发源地。1953年6月,党组织派焦裕禄同志来到洛阳矿山机器厂(简称洛矿,现属中信重工)参加工业建设,直到1962年6月调往尉氏、兰考,其间他在洛矿整整工作、生活了9年,先后任工程科科长、车间主任和生产调度科科长等职。焦裕禄为建好工厂、干好工业,艰苦创业、刻苦钻研、迎难而上、无私奉献、科学求实、亲民爱民,塑造了一个优秀党员干部形象,形成了宝贵的"焦裕禄精神"。

　　一个人的精神不是一朝一夕形成的,焦裕禄在洛矿的9年,是焦裕禄精神形成的重要时期。焦裕禄精神孕育形成在洛矿,弘扬光大在兰考。我们都是在焦裕禄精神影响下成长的。

2022年3月16日，洛阳人力资源和公共就业服务中心副主任宋磊、中信重工负责人等一行到洛科洽谈政校企合作事宜。他们对学校和企业开展产业学院共同培养人才的产教融合模式高度认可，认为点对点合作、订单式培养有利于产业学院长远可持续发展，与洛科达成了更深层次的合作模式。通过与中信重工的校企合作项目，学生提升了自己的就业竞争力，提高了职业素养，就业渠道也拓宽了。洛科2022届、2023届部分毕业生在焦裕禄精神孕育形成地且有着得天独厚红色基因的中信重工找到了适合自己的岗位，用自己的方式继续传承焦裕禄精神。

中信重工的企业骨干到洛科兼职任教，参与专业建设、课程开发、技能培训、实习指导、科技创新等，这也是产教融合、校企合作、协同育人的一个重要途径。这些企业骨干用他们的方式传承和弘扬"亲民爱民、艰苦奋斗、科学求实、迎难而上、无私奉献"的焦裕禄精神，带动洛科学子深化对焦裕禄精神的思想认同、情感认同、行为认同，使其成为强大精神力量和自觉行为规范。

2022年，是党的二十大胜利召开之年，也是焦裕禄同志诞辰100周年，为推动党史学习教育常态化长效化，传承弘扬焦裕禄精神，学校积极构建特色鲜明的"大思政"体系，拓宽"三全育人"格局，计划以洛涧大道为主线打造焦桐大道、焦裕禄广场，引导师生从焦裕禄精神中，感悟思想伟力、传承革命精神，让红色基因、革命薪火在洛科代代传承。学校用焦裕禄精神筑牢洛科学子信仰之基、砥砺洛科学子奋发之情、涵养洛科学子务实之本、激发洛科学子拼搏之志、升华洛科学子道德之魂。

一、赴兰考悟精神

在党的二十大即将胜利召开之际，为了构建特色鲜明的"大思政"体系，拓宽"三全育人"格局，2022年9月27、28日，学校党委副书记、校长刘丽彬博士，监事会主席周瑞霞，副校长杨建宏，发展顾问董延寿教授，马克思主义学院院长刘琳娜教授以及相关职能部门负责人，一行25人赴兰考考察学习，重温焦裕禄事迹，领悟焦裕禄精神，并以焦裕禄精神为主题，打造特色思想政治教育平台。

考察组在兰考焦裕禄纪念馆合影

学校考察组一行，受到兰考县委、县政府的高度重视，县委相关领导专门与学校考察组进行座谈，深入交流焦裕禄精神在高校的传承与发扬。座谈中，刘丽彬汇报了学校办学、教育教学以及思政建设等情况。刘国飞对学校以学生为中心，加强"大思政"建设，创办青年友好型职业大学的举措和成果予以肯定；表示县委将大力支持洛科焦桐大道建设，主要领导、专家将择机到校作报告并指导学校思政建设。双方围绕县校合作、人才培养与思政基地建设等事宜深入研讨，并达成了共识。

考察组在焦裕禄干部学院召开座谈会

在兰考县教体局领导和教育系统相关负责人的陪同下,学校考察组一行先后参观了中国民族乐器村、兰考音乐小镇;并沿着总书记的足迹,到张庄村、东坝头黄河湾示范基地,现场学习焦裕禄同志迎难而上、敢于担当的品格,深入了解了人民的好儿子、党的好干部焦裕禄同志的生平事迹。

在焦裕禄干部学院,开封市委组织部部务委员、干部学院党委副书记、常务副院长文柏松等领导热情接待了学校考察组一行。学校考察组实地参观了校园,来到习近平总书记手植树和焦裕禄亲手栽植的泡桐树处,共同缅怀焦裕禄同志,深刻感悟焦裕禄精神。

考察组在焦桐前合影

在第一教学楼五号教室,双方召开了"焦裕禄精神传承与洛科焦桐大道建设"座谈会,文柏松和干部学院相关领导参加了座谈会。文柏松介绍了干部学院基本情况和"16521"的工作思路。刘丽彬介绍了洛科办学、"建双升本"、教育教学和学生工作举措与成果。会上,双方聚焦传承弘扬焦裕禄精神,针对洛科思政建设与焦桐大道打造,以及进一步加强双方合作交流,围绕焦裕禄精神进校园、焦裕禄精神的研究与新媒体传播、思政教师培训与交流、共建焦裕禄精神研究院等进行了深入交流和研讨。双方表示,将以洛科焦桐大道建设为契机,建立合作交流机制,达成了一系列共识。

在兰考县展览馆,考察组一行集体参观了焦裕禄生平事迹展览,一张张珍贵的历史图片,真实反映了焦裕禄同志艰苦奋斗、勤政为民的感人事迹。考察组一边参观,一边紧密联系工作,相互交流感想和体会,进一步加深了对焦裕禄精神的感悟。

近距离学习焦裕禄精神,高标准建成焦桐大道,学校考察组一行还深入苗圃基地、种植专业合作社和泡桐试验站等地进行考察,全面研究焦桐的生长习性、树形、花期、移植特点、表现状态、运输特点和价值属性等,做实做细做好焦桐选树和移植工作。思想在碰撞中持续激活,火花在讨论中不断迸发,集体智慧聚焦焦桐大道建设,考察组深入考察研究、细化建设方案,确保将焦桐大道打造成思政育人亮点,全方位弘扬焦裕禄精神,深化"三全育人"成效。

二、建设焦桐大道

河洛浸润,焦桐盛开。在创办青年友好型职业大学,建"双高"、升本科、高质量发展的洛科校园栽下一棵棵饱含精神内涵的"焦桐",让它们在涧河畔根深叶茂、茁壮成长。

"兰考人民多奇志,敢教日月换新天。"焦裕禄精神影响着一代又一代人。通过2022年9月份的兰考考察学习,学校进一步加深了对焦裕禄精神内涵、价值和意义的理解与领悟,建设焦桐大道,打造"焦裕禄精神"思政平台,组织师生开展一系列活动,发挥思政大课堂作用,让师生在各种社会实践活动中,切身感受焦裕禄精神,肩负历史使命,坚定前进信心,立大志、明大德、成大才、担大任。在成为扎根中原大地的高水平职业技术大学的征程中,让青春在为祖国、为民族、为人民、为人类的不懈奋斗中绽放绚丽之花,为实现中华民族伟大复兴的中国梦贡献洛科人的磅礴力量。

焦桐大道指从河东校区4号门至河西校区匠心楼的一条校园主干道(穿越东西校区及涧桥),总长度约880米(不含涧桥),平均宽度约12米。该条道路贯穿东西校区，系学校东西交通要道。

十年树木，百年树人。学校在焦桐大道两侧移植100棵兰考泡桐，代表纪念焦裕禄同志诞辰100周年，寓意洛科打造百年名校的奋斗目标。斯人已去，焦桐长青。泡桐生长速度快，三年成林，五年成材，每年春天，紫色的泡桐花都会盛开，就像红色基因代代传承，寓意焦裕禄精神在洛科落地生根开花。

2023年1月11日，全体校领导、教师代表、学生代表在学校二号门迎接焦桐树苗。焦桐大道，是洛科师生每日求知求学的必经之路，也是发扬红色传统、传承时代精神的创新载体。

学校专意在焦桐大道两侧设置道旗，弘扬焦裕禄精神，让焦裕禄精神的旗帜在新征程上飘扬。焦裕禄的崇高精神跨越时空、历久弥新，无论过去、现在还是将来，都永远是亿万人心中一座永不磨灭的丰碑，更是洛科思政特色教育的大平台，永远是鼓舞我们艰苦奋斗、教书育人的强大思想动力，永远是激励我们求真务实、开拓进取、打造焦裕禄精神育人高地的宝贵精神财富。

三、打造焦裕禄广场

学校在涧桥河畔，移植一棵较为壮硕的焦桐，以此为中心打造焦裕禄广场。围绕焦裕禄广场中间这棵焦桐，周边环绕1年、3年、5年不等的焦桐苗，寓意在焦裕禄精神熏陶下茁壮成长的洛科学子。

焦裕禄广场作为焦裕禄精神的载体、学校思政课堂的户外教学点，在设计上，紧紧围绕着焦裕禄精神这个核心展开。广场在规划设计上，采用传统中轴对称的布局形式，沿中轴依次布置《念奴娇·追思焦裕禄》诗词牌、焦裕禄雕像、焦桐以及焦裕禄经典语录等具有鲜明焦裕禄精神象征的节点，并结合天圆地方的传统理念，设置周边方形游览路径以及中心可容纳300人左右的圆形广场，配合以音响灯光等声电设施，焦裕禄广场将成为洛科思政教育的重要平台。

洛阳科技职业学院焦裕禄广场设计效果图

焦裕禄广场融合户外课堂、交流学习、休闲放松三大功能。焦裕禄广场要塑焦裕禄铜像、树焦裕禄语录牌等，打造自然生态的多功能思政广场。焦裕禄广场将成为洛科第二课堂，为思政课堂搬出教室创造条件，成为开放的、有风景的思政课堂。

焦裕禄广场不仅是焦裕禄精神的实践课堂，也是提升校园思政文化内涵和办学品位的重要景观，同时在美学、设计等角度赋能，打造成学校匠心独具的亮点项目。

四、传承焦裕禄精神

焦裕禄同志作为20世纪60年代涌现出来的先进典型，他用自己的实际行动塑造了一位优秀共产党员和优秀县委书记的光辉形象，他所体现的共产党人立党为公、执政为民的崇高风范，他所铸就的亲民爱民、艰苦奋斗、科学求实、迎难而上、无私奉献的焦裕禄精神，跨越时空、历久弥新，无论过去、现在还是将来，都是亿万人民心中一座永不磨灭的丰碑，永远是鼓舞我们艰苦奋斗、乐于奉献的强大思想动力。学习和弘扬焦裕禄精神是中央的号召，是人民的期盼，是时代的要求，是发展的需要，也是高校思想政治教育入脑入心入行的迫切需要。

(一)成立焦裕禄精神研究院

2022年,全国上下深入学习贯彻习近平总书记在庆祝中国共青团成立100周年大会上的重要讲话精神,高质量推进青年工作的重要时期,同时也是焦裕禄同志诞辰100周年,学校成立了焦裕禄精神研究院,对进一步拓展学习弘扬焦裕禄精神阵地,加强高校青年学子思想政治引领工作意义深远。

焦裕禄精神研究院设在马克思主义学院,由该学院及校党委宣传部相关领导负责该研究院的建设及发展工作,下设两个中心,即焦裕禄精神课程思政研究中心和焦裕禄精神研究中心,共有2名研究中心主任和10名研究员。

焦裕禄精神研究院致力于研究焦裕禄精神的产生和发展,挖掘其宝贵的精神内涵和育人元素,将焦裕禄精神有机融入思想政治理论课教育教学实践,通过开展"沉浸式""体验式""访谈式"等教学活动,使得学校大学生思想政治教育工作更有亲和力、感染力、针对性和实效性,使其成为全省乃至全国大思政教育工作的特色品牌。

成立焦裕禄精神研究院是贯彻落实习近平总书记关于学习弘扬焦裕禄精神重要论述的重要举措,是青年学子学习和践行焦裕禄精神的重要平台,也是强化青年学生思想引领的具体行动,更是为建设技能河南、现代化河南凝聚磅礴青春力量的生动实践。研究院的主要任务可概括为以下五个方面:

1.制订研究计划,组织研究力量,发表科研论文,申报科研项目。目前研究院正在从以下几个方向开展研究:
1.理论专题类
1.1 习近平新时代中国特色社会主义思想(分专题)研究
1.2 党的创新理论与党的二十大精神解读
1.3 第三个历史决议与中国共产党的历史自信
1.4 习近平总书记的焦裕禄情结探析

续表

1.5 焦裕禄的党性修养之道
1.6 弘扬焦裕禄精神,加强廉政建设
1.7 焦裕禄精神在共产党人精神谱系中的价值定位
1.8 从焦裕禄看新时代县委书记的执政能力提升
1.9 学习焦裕禄精神,提升领导干部七种能力
1.10 从焦裕禄看中国共产党是什么、要干什么
1.11 习近平总书记县域治理"三起来"的生动实践
1.12 领导心理学与领导力提升
2. 访谈教学类
2.1 新时代焦裕禄式的好党员好干部访谈
2.2 赶考路上再寻焦裕禄
3. 案例教学类
3.1 向焦裕禄学调研
3.2 习近平总书记指导下的兰考民主生活会标准及其启示
4. 情景教学类
4.1 沉浸式红色教学
4.2 焦裕禄精神相关音乐剧、舞台剧
5. 档案解读类
5.1 档案里的焦裕禄
……

2.开展不同类型的学术研讨活动,加强同相关高校、学术团体的交流与合作。

3.搜集整理、编辑出版有关焦裕禄同志的资料、学术论著以及在弘扬焦裕禄精神中涌现出来的先进典型,通过文学、微电影、图片展览等多种形式,宣传焦裕禄精神。

4.协助打造洛科特色的"焦桐大道""焦裕禄广场"品牌。

桐花盛开

5.在涧河畔打造两间"桐花书屋"(洛阳书屋+兰考书屋,集借阅学习、研讨交流为一体)。

桐花书屋

6.深度研究传播焦裕禄精神,形成一批社科成果。以焦桐大道、焦裕禄广场建设为契机,依托思政教育平台,组织申报省级、国家级课题,省级及以上教学成果奖等,把学校科研、社科类软实力提升到新高度,助力学校"建双升本",高质量发展。

截至目前,学校马克思主义学院组织多次研讨会,深入研究焦裕禄精神的思政引领作用,充分挖掘焦裕禄精神,共计发表论文13篇,具体如下:

序号	论文题目	作者	学院名称
1	焦裕禄精神在高校思想政治教育中的价值与培育路径	张园园	马克思主义学院
2	焦裕禄的党性修养之道	张欢欢 袁进展	马克思主义学院
3	焦裕禄的党性修养之道和现实意义	秦婉如	马克思主义学院
4	焦裕禄精神的传承及对大学生的启示探析	李晓明 张瑞	马克思主义学院
5	焦裕禄精神融入高校思政教育的创新发展路径	陈佳	马克思主义学院

续表

序号	论文题目	作者	学院名称
6	焦裕禄精神提升领导干部思想道德的研究	王伟	马克思主义学院
7	焦裕禄精神的时代价值及弘扬路径研究	任晓美	马克思主义学院
8	论焦裕禄精神对高校党员教师的价值引领	李得福	马克思主义学院
9	焦裕禄精神对高职院校学生的影响研究	陈晓	马克思主义学院
10	论焦裕禄精神融入大学生思想政治教育的实现路径	张咪咪	马克思主义学院
11	论焦裕禄精神在加强干部队伍建设的启示,"自上而下"还是"自下而上"?	陈倩 张青霞	马克思主义学院
12	思政育人模式下高职院校教师工匠精神培养路径	张爱丽	马克思主义学院
13	学习焦裕禄精神,提升领导干部七种能力	党楠楠	马克思主义学院

(二)创新思政教育新载体

1. 丰富思政课教材体系

深挖育人元素,将焦裕禄精神有机融入思政课堂,让思政教育更有亲和力、感染力和穿透力。以马克思主义学院教师为主,制作《一起学习焦裕禄精神》《一起聆听焦桐的故事》等课件,带领学生创作一系列焦裕禄精神宣贯教学视频。团委组织策划抖音挑战赛,营造氛围,引导学生自发学习践行焦裕禄精神。将思政课堂搬出教室,让焦裕禄广场成为洛科第二课堂,打造沉浸式、有风景的思政课堂。

在学校官方网站设立思政教育板块,链接焦裕禄精神相关网页、教育资源及线上纪念馆等。

广大师生可以在学校官网线上访问焦裕禄相关网页及兰考县焦裕禄同志纪念馆,依托焦裕禄纪念馆的红色教育资源平台,将党史教育、思政教育、实践活动融为一体,推进红色教育进校园、进课堂、进头脑,培养德智体美劳全面发展的社会主义建设者和担当民族复兴大任的时代新人、时代工匠。

2. 善用社会大课堂

加强实践教学,积极整合地方红色资源和社会力量,实施"校地结对,实践育人"计划,共建思想政治教育基地,形成丰富多彩的实践教学版图。和中信重工焦裕禄事迹展览馆联合成立学生红色宣讲团,参与纪念馆及校内讲解。

实施高等职业教育校际联动,是高校应对资源平淡、提高办学水平与效益、增强核心竞争力的战略选择。建立高等教育校际联动机制,有助于推动高等学校管理体制改革,有利于"以人为本"教育理念的全面实施,有利于集聚有限资源提升整体办学水平,助力区域社会经济发展。

强化政-校-行-企协同育人,学校与兰考县委、县政府建立合作机制,实施与焦裕禄干部学院、兰考职业技术学院、兰考三农职业学院教育资源联动等多方合作机制。

洛科书院"古琴演奏与琴斫工坊实验室"是传承优秀传统文化、推进书院制改革、开展人文素养养成教育的实践项目之一,书院古琴工坊已与兰考音乐小镇等单位合作,共同培养具有工匠精神与技能的人才。目前学校鲁班书院的古琴工坊在书院育人中发挥了比较大的作用,亦是学校对外交流的一个窗口。

3. 打造网络教育宣传云平台

目前,已策划了《焦裕禄在洛阳》等系列短剧,在学校网站、抖音、微信公众号等媒体平台播放;以马克思主义学院教师讲授的《一起学习焦裕禄精神》《一起聆听泡桐的故事》系列视频为主,创作一系列焦裕禄精神宣贯教学视频;在学校网站设立思政教育版块,链接焦裕禄精神相关网页、教育资源及线上纪念馆等。我们同洛阳市委宣传部等有关部门联合,把戏剧《焦裕禄在洛阳》设置为常设项目,由洛科学生为演员,一届一届展演下去,成为焦裕禄精神教育的常设节目、保留节目。

4. 构建多元师资体系,搭建对外交流平台

在焦裕禄思政平台建设中,我校与兰考县委、县政府,中信重工焦裕禄事迹展览馆等进行统一规划,邀请焦裕禄女儿焦守云,兰考原县委书记蔡松涛、李明俊等到洛科大讲堂作报告。聘请焦守云同志为我校马院思政教授,与焦裕禄干部学院领导共同研究,统筹专家、教授、科研等资源,共同建设焦裕禄精神研究院;焦桐花开放季节邀请社会各界开展思政教育大研讨……学校通过编写《焦裕禄在洛阳》等剧本,进行舞台剧的创作与演出,并邀请焦守云作指导,在民办高校思政领域内开拓创新,打造一流又红又专高职院校,为下一步"建双升本"打下坚实基础。

我们还通过洛科大讲堂向全校师生宣讲焦裕禄精神,会后放映焦守云担任总监制、郭晓东主演的电影《我的父亲焦裕禄》,在师生中引起巨大反响。

在兰考县委、焦裕禄干部学院及焦守云同志的大力支持赋能下,学校打造焦桐大道,组织师生开展各类活动,发挥社会大课堂作用,让师生在各种社会实践活动中,切身感受焦裕禄精神,使学生肩负历史使命,坚定前进信心,立大志、明大德、成大才、担大任,努力成为堪当民族复兴重任的时代新人,让青春在为祖国、为民族、为人民、为人类的不懈奋斗中绽放绚丽之花。

5. 丰富学生思政文化活动

(1)组织学生红色宣讲团

学校学生处、团委多次组织师生参观中信重工焦裕禄事迹展览馆,让其从中感悟红色精神的磅礴伟力;与中信重工团委联合成立了学生红色宣讲团,参与纪念馆焦裕禄精神讲解。下一步,学校将继续发挥学生红色宣讲团作用,使其展现青春风采,践行责任担当,并在焦桐大道建成后,将宣讲团打造成校园红色基因的传播者、传承者与践行者。

(2)策划组织《焦裕禄在洛阳》等系列短剧

学校团委围绕焦裕禄精神进行艺术创作,诠释焦裕禄精神的时代价值,为同学们展示才华提供平台,同时使其在思想上得到洗礼与升华。

焦裕禄精神孕育形成在洛矿,弘扬光大在兰考。围绕弘扬焦裕禄精神,学校团委策划组织了《焦裕禄在洛阳》系列短剧,以故事形式在短剧中艺术再现焦裕禄在洛阳矿山机器厂的9年工作生活。焦裕禄身上所体现出来的"亲民爱民、艰苦奋斗、科学求实、迎难而上、无私奉献"的精神,必将深深镌刻在洛科师生的心里,引领洛科学子成为大国工匠、能工巧匠。

创作、演出、观看剧目都是生动的党史学习教育形式。下一步学校团委拟组织洛科师生创作的《焦裕禄在洛阳》等系列短剧赴兰考等地演出,再现焦裕禄同志在洛阳矿山机器厂工作生活的动人事迹。

习近平总书记指出:"思想政治工作从根本上说是做人的工作,必须围绕学生、关照学生、服务学生,不断提高学生思想水平、政治觉悟、道德品质、文化素养,让学生成为德才兼备、全面发展的人才。"大学生是中华民族的未来和希望,是实现中华民族伟大复兴的中坚力量。

教育教学中,学校创新思政教育载体,让思政教育成为影响学生一生的教育,让学生从以焦裕禄精神为代表的马克思主义与中国传统文化中汲取精神力量。这对于新时代思想活跃、个性鲜明张扬的大学生坚定"四个自信"、健康成长成才具有十分重要的意义和作用。焦桐大道,是焦裕禄精神在洛科代际传承和弘扬光大的红色教育载体,具有引领文化价值的重要意义。

焦裕禄精神是中华民族一座永放光芒的灯塔、一面永不褪色的旗帜。随着中国特色社会主义进入新时代,大学生党员的思想更加开放多元,在这一时代背景下学习和弘扬焦裕禄精神,用高尚的思想占领宣传思想阵地,引领学生牢记党的宗旨,服务群众、艰苦奋斗,力戒浮躁、求真务实,都具有十分重要的现实意义。

习近平总书记强调:"'士不可以不弘毅,任重而道远。'国家的前途,民族的命运,人民的幸福,是当代中国青年必须和必将承担的重任。"新时代大学生要厚植"亲民爱民"的公仆情怀、继承"艰苦奋斗"的光荣传统、秉承"科学求实"的优良作风、砥砺"迎难而上"的奋斗精神、涵养"无私奉献"的高尚情操,响应党和国家的号召,勇挑重担,在实现中华民族伟大复兴的征程中贡献自己的青春力量!

第八章 文化活动

校园文化建设在大学生培养教育中发挥着非常重要的作用,积极向上的校园文化有助于大学生提高自身教育和自我修养,可以使大学生独特的个性得到充分的发展以适应社会的需要。更重要的是,良好的校园文化氛围有利于大学生形成道德认同感,让大学生的言行举止得到规范,培养高尚的思想道德品格,最终使大学生思想政治教育水平得到质的提高。

校园文化创造了独特的文化氛围,营造了良好的教育环境,有效地补充了教学过程中所缺少的人文关怀。加强高校文化建设,是促进大学生健康成长的有效途径,校园文化有利于大学生个人价值的实现。个人价值的实现,需要当代大学生保持和谐的人际关系,这是大学生能够适应社会的前提条件,良好的校园文化环境能够催生良好的人际关系,团结互爱的人际关系有利于大学生的心理健康,也对大学生良好品德的形成具有积极的推动作用。

学校早已认识到校园文化建设对学校高质量发展、可持续发展的重要作用。我们可以这样比喻,建筑物建筑起来以后,你看不到它的柱子、横梁和钢筋。在学校这个系统中,学校文化就是学校系统的柱子、横梁和钢筋,是学校的灵魂,隐藏在学校的每一个角落,以潜移默化的形式影响着师生的思维方式、价值观念、行为方式乃至人际关系等。为此,学校高度重视校园文化的设计、引导,重视校园文化实际作用的发挥,让每一个活动都是教材,每一个环节都在育人,起到一加一大于二的效果。

一、仪式与典礼

学校文化建设有一定的载体和表现形式,如仪式、典礼、活动等。每个学校的仪式与典礼都存在着共性,但更多的是个性,许多仪式和典礼都有着独特的文化烙印。这些仪式和典礼的存在,使学校的生活更加丰富多彩,使学校的优秀文化得以传承并不断丰厚,同时也反映着学校文化教育的质量。

可以这样说,目前学校致力于创设一种稳定的、可被师生集体认同的主流价值观。而这些几乎等同于基因,流淌在师生血脉中。学校主流价值观是一种看不见的力量,它既在凝聚人心、统一思想,更在规范、指导师生的行为。在学校生活中,正是这种看不见、摸不着,但无处不在、无时不在的文化力量直接影响着师生的思想及行为。而要使这种文化力量能注入每一个人的心田,仅靠课堂,仅靠老师,仅靠课本是不够的,还必须通过特定的仪式典礼和形式多样的活动,在或愉悦或庄严的特殊氛围中让师生受到感染而认同,受到感悟而内化,受到感动而内省。在这些文化活动构建中,我们有意规划了一些有重要意义的活动,让师生在无负担、无功利的参与中得到体验,在互动中理解升华,在情绪激荡中汲取提高。这类活动很多,我们以下列活动为例予以说明。

(一)开学典礼

开学典礼是大学人文精神底蕴的关键传播载体之一,将校园文化精神与人文精神孕育出的底蕴带至开学典礼当中,以丰富多彩的活动形式向新入学的学子传达,给予他们自我价值实现的方向和路径。

对新生而言,开学典礼是他们进入大学的第一次重大仪式活动,赋予了他们大学生的新社会身份。在典礼仪式上,校长致辞的追梦激励、教师代表独具特色的欢迎辞及学长学姐的大学学习生活分享,都在提醒着大一新生已经正式进入大学。校长、老师、学长学姐们的分享,是一种深刻的励志与社会责任感教育,通过这一系列的仪式活动,能建立起新生独特的人生记忆网络,从而为他们留下极为珍贵的记忆。

开学典礼的环节设计,能够使学生感受到现场氛围的浓郁,对新生的集体情感汇聚起着加速度的作用,有利于新生在参与过程中,形成崭新的角色定位意识,为其在学校的蜕变奠定基础。新生在参与仪式教育过程中所形成的"精神集体",会使其形成一种精神交汇,有助于建立集体情感归属。

关于开学典礼,一般都有新生代表发言、老生代表发言、教师代表发言、校领导致辞等,但在洛科,每年的新生开学典礼都是有特殊之处的,每一年的开学典礼都是精心策划且别有深意的。

2021年,我们举办新生开学典礼暨军训动员大会,将爱国主义教育与爱校荣校教育融为一体,将大学生生活的第一堂成长教育课、思政大课放在茵茵绿地,放在体育场。以此,我们希望学生能坚定理想信念,厚植爱国情怀,增强国防观念,磨砺意志品质,以饱满的热情、昂扬的斗志、顽强的毅力、威武的军姿展现当代青年朝气蓬勃和奋发向上的精神风貌,把个人理想和祖国需要、社会发展结合起来,在实现中国梦的伟大实践中创造精彩人生,以实际行动让党放心。

2022年,我们举办新生开学典礼暨学术委员会聘任仪式。学术委员会是学校师资力量雄厚的展示,是学生成才的保障。举办这一活动的用意是希望每一位同学尽快适应大学学习的自主性、开放性、探究性和体验性特点,把学习作为一种生活方式、一种精神追求,让勤于学习、善于学习、笃于学习成为他们青春远航的动力和勇于创新的力量,努力成为专业知识扎实、职业技能过硬,真正符合社会需要的应用型人才,也希望大家珍惜青春,砥砺奋进,献礼二十大,奋进新时代。

2023年9月3日,我们举办新生开学典礼暨洛科鼎置鼎仪式,以及河洛文化传承与大学校园文化建设研讨会。2023年的新生很幸运,在开学典礼这一天,洛科的学校精神图腾——洛科鼎隆重面向社会推出,这是学校着眼百年大学建设,立足中华文化起源地古都洛阳的深厚文化底蕴打造的独特文化品牌,是学校代际传承的精神图腾,彰显了洛科人锐意进取、奋进百年的雄心壮志。这也是以时代精神激活优秀传统文化生命力的重大举措,有利于增进师生文化认同,坚定文化自信。

下面是开学典礼的精彩瞬间:

1. 2021级新生开学典礼

2021年10月,金秋飒爽,洛阳科技职业学院举行2021级新生开学典礼暨军训动员大会。对于新洛科人而言,开学典礼既是大学生活中第一堂成长教育课,也是第一堂思政大课。带着家人和师长们的热切期盼与美好祝愿,新生们以"洛科人"之名启航新征程。

从升国旗、奏国歌的庄严肃穆到校领导班子为新生代表佩戴校徽,从老生代表张森同学分享自己在洛科的成长感悟并且希望学弟学妹们合理规划大学生活、传承和发扬洛科精神,到萌新代表庞欣雨表达对即将到来的大学生活的无限期待并希望自己以谦而不卑、自信从容的心态去迎接远航路上的无限可能；从教师代表陈俞晓寄语2021级新生明确奋斗目标、规划人生发展方向并持之以恒地追求梦想，到校党委书记刘茂钦做军训动员讲话……开学典礼上的每一个发言，都让新生感受了未来可期，需奋力前航。刘茂钦书记指出军训是新生们的大学必修课，希望每位参训学子坚定理想信念，厚植爱国情怀，以饱满的热情、昂扬的斗志、顽强的毅力、威武的军姿展现当代青年朝气蓬勃和奋发向上的精神风貌，把个人理想和祖国需要、社会发展结合起来，在实现中国梦的伟大实践中创造精彩人生。

面对时代的呼唤，洛科青年该如何规划人生、合理选择？校长刘丽彬博士希望新生能带着这份思考规划大学生活，并给出了自己的建议——事业与人生都是选择的集合，做好人生选择是成就事业与实现人生价值的前提。大学是一个人智慧发展的黄金选择期，青年人要承担起强国的使命，就要先选择自我强大，这样才有能力去承担民族复兴的重责大任。新时代的中国青年要以实现中华民族伟大复兴为己任，增强做中国人的志气、骨气、底气，不负时代，不负韶华，不负党和人民的殷切期望！

在新生即将开启大学生活之际，校长刘丽彬博士提出了自己对2021级新生的三点期望：

一是学会选择，坚定理想信念。青年是实现中华民族伟大复兴的先锋力量，要为自己的未来做前瞻规划，为实现中华民族的伟大复兴不懈奋斗、砥砺前行。

二是坚定选择，勇于担当作为。洛科学子要充分发挥青春力量，勇于探索、敢于担当，持续提升自己的责任意识与担当精神，彰显人生价值。

三是享受选择，成就人生梦想。人因梦想而伟大。人生掌握在自己手里，只有做正确的选择，才能开启人生的无限可能。

在《请党放心，强国有我》的激昂朗诵中，洛科2021级新生开学典礼落幕，7000多名新学子带着仰望星空的情怀，踏上新征程，用奋斗书写青春故事！

2. 2022级新生开学典礼

2022年10月11日，洛阳科技职业学院2022级新生开学典礼暨学术委员会聘任仪式以线上+线下形式举行，6000余名新生怀揣着激动与喜悦，以昂扬奋斗的青春姿态，共同开启新征程，共享走进洛科的美好时光。

这届开学典礼仪式丰富且具有一定的教育意义，学术委员会聘任仪式、学术委员会代表致辞、教师代表发言、老生代表发言、新生代表发言、校长致辞、传递校旗、佩戴校牌等多个环节在一定程度上给每位新入校的学生留下了独特的回忆。

从学术委员们为2022级新生代表佩戴洛科校徽到巨幅校旗从新生头顶向后传递；从大学生自强之星的老生代表分享成长感悟到新生代表表达自己对大学生活的憧憬和期待；从以父母之心育人的教师代表教导学生学会自主学习、独立思考和研究到校长刘丽彬博士以《不懈奋斗 充分成长》为题的致辞，目之所及，皆是洛科独有的仪式感和开学典礼的庄严神圣。

6000余名新学子带着热浪般的青春与才情在此刻绽放，他们风华正茂、不负韶华，他们前路浩荡、未来可期，他们扬帆起航、乘风破浪，在洛科绽放耀眼光芒！

3. 2023级新生开学典礼

2023年9月3日，洛阳科技职业学院举行2023级新生开学典礼暨洛科鼎置鼎仪式，以及河洛文化传承与大学校园文化建设研讨会。河南省委教育工委专职委员吕冰，洛阳市人大常委会副主任宗国明，洛阳市人民政府副市长任丽君，洛阳市政协副主席、九三学社洛阳市委员会主委王燕飞,新安县委书记王智,新安县委副书记、代县长崔占科,中国民办教育协会副会长、第十四届全国政协委员、民进中央委员、民进云南省委副主委、中国新高教集团董事长李孝轩,校党委书记刘茂钦,党委副书记、校长刘丽彬以及百余名专家学者莅临现场,与14000余名身着汉服的洛科师生共同出席活动。

钟磬合奏,相映生辉,华夏文明,薪火相传。在时而清脆、时而雄浑的金石之声共同奏响传统与时代交融的美妙乐曲中,洛科师生万人齐诵《洛科赋》《洛科鼎铭》,铿锵有力、抑扬顿挫的诵读声在至善大厦上空久久回荡。

三十五发礼炮鸣响,三十五载劈波斩浪。吕冰、宗国明、任丽君、刘茂钦、刘丽彬等12名代表共同为洛科鼎揭幕。这是洛阳科技职业学院着眼百年大学建设,立足中华文化起源地古都洛阳的深厚文化底蕴打造的独特文化品牌,是学校代际传承的精神图腾。洛科鼎为洛科办学35周年及高职办学10周年献礼。这也是学校高质量发展,探索多元、开放、融合办学发展之路的体现,彰显了学校实现"建'双高',升本科,办高水平职业技术大学"战略目标的决心。

让校旗承载祝福,接续洛科力量。一抹蔚蓝在《匠心追梦》的校歌声中传递,这面象征奋斗与荣光的旗帜,见证了洛科人砥砺前行的脚步,记录了洛科人的期冀与理想。14000余名洛科师生齐唱校歌,歌声响彻校园上空。

刘丽彬以《正位凝命 如鼎之镇》为题,发表讲话。他表示此次14000余名领导嘉宾及洛科师生齐穿汉服,见证了洛科鼎的揭幕,是洛科办学史上的重要时刻。鼎作为中华民族的文化瑰宝,更是深度契合了洛科"人文+科技"的校园文化理念。我们以鼎喻教育之重,以鼎喻教师之尊。文化兴国运兴,文化强民族强。学校将以洛科鼎揭幕为契机,激励一代代洛科人砥砺前行,为全体洛科人奋进新征程、建功新时代凝聚磅礴力量。在成为扎根中原大地的高水平职业技术大学的征程中,为实现中华民族伟大复兴的中国梦贡献洛科人的磅礴力量。

(二)毕业典礼

毕业典礼承载着毕业生对母校的归属感和认同感,是凝聚情感的重要途径。通过毕业典礼,过往的一幕幕再次闪现,能够让学生们共同回顾和分享在大学期间的珍贵瞬间,唤起曾经的青春记忆。学生在典礼上收获的,不仅仅是一份证书,更是自信与成长的结晶。毕业典礼为学生的大学时光画上一个圆满的句号,为这一段学业旅程做一个完美的收官。

三年时光一晃而过,每个学生都有一定程度的成长和蜕变。在这个特殊的时刻,他们不仅能够回顾自己的成长历程,总结和反思过去的大学生活,与大学时代做一个告别,也能怀揣着青春的力量义无反顾地踏上人生新的征程,更加明确和坚定自身的发展目标,更好地迈向职场和社会,为追求更美好的人生奋斗不息。

在漫漫人生路上,一定有鲜花、有掌声,荆棘、苦难也必将不会缺少。毕业典礼上校长的致辞,更像是远行前家长的嘱托,是校长对于毕业生未来前程的美好祝愿,更是校长给学生的临别礼物、人生智慧的锦囊。

2020年8月,刘丽彬博士来我校担任校长,2021年6月的毕业典礼上,他送给毕业生们第一把开启美好人生的金钥匙——《因为相信 所以看见》。2022年,新冠疫情形势依旧严峻,学校精心设计的万人毕业化装舞会未能如期举行,但是校长给予学子的开启美好人生的第二把金钥匙依然如期送达——《因为坚持 所以成功》。2023年,对于校长刘丽彬博士而言,可能更为特殊,对于全体毕业生来说也是极为特殊的一年。这届毕业生是刘丽彬迎来的第一批学生,也是他即将送别的第三届学生。过去的三年很特殊,特殊在是疫情肆虐的三年,特殊在是洛科超速发展的三年,特殊在洛科见证了学生健康成长的

1000余个日日夜夜。但无疑,此刻我们是幸福的,这也是校长想送给毕业生开启美好人生的第三把金钥匙——《因为奋斗 所以幸福》。"天行健,君子以自强不息。"任何时候,想要改变自己的命运,拥有闪亮的人生,创造幸福美好的生活,最应该做的就是去奋斗,"不驰于空想、不骛于虚声",脚踏实地、不懈奋斗!

下面是我们截取的毕业典礼精彩画面:

1. 扬帆起航,2021届毕业生毕业典礼

青春无悔,我们不散,骊歌未央,再续华章。2021年6月27日,洛阳科技职业学院2021届毕业生毕业典礼在新民学堂举行。典礼开场,放映了2021届莘莘学子在菁菁校园度过的美好时光,画面中闪现过的校园生活的点点滴滴,都在此刻化成毕业生们对母校的深深眷念。

在雄壮的国歌声中,校党委书记牛耀堂教授宣读《河南省省级优秀毕业生表彰决定》。学术导师团在校长刘丽彬博士、党委书记牛耀堂教授的带领下,为450名2021届毕业生代表一一颁发毕业证书、授正冠礼。

校长刘丽彬博士为毕业生正冠

学校还为毕业生们精心准备了专属毕业大礼包——定制帆布袋、纪念徽章及笔记本套装。毕业礼包饱含了学校对毕业生们的牵挂和期望,是专属于2021届毕业生的独家记忆,希望他们以青春作桨、以梦想为帆,向着"诗和远方"踏上新的征程,一路前程似锦。

毕业生代表黄创在发言中真切回顾了在洛科这座校园里学习生活的美好时光,并代表2021届毕业生向母校、师长和同学表达了最诚挚的感谢和祝福。导师代表金卓教授在发言中向圆满完成学业、即将踏上新征程的毕业生们致以最热烈的祝贺和最衷心的祝福,并从工作、学习以及生活三个方面给他们送上了最好的毕业寄语。

校长刘丽彬博士以《因为相信 所以看见》为题,嘱咐毕业生们:第一,希望大家坚守志向。要相信,志不立,天下无可成之事,希望毕业生们立志做好人,做君子,做正能量的人。第二,希望大家勤于学习。要相信,知识改变命运,要不断学习新知识、新技能,做厚德博学、内心充盈、敏行善言的高素质技术技能人才。第三,希望大家学会改变。要相信,自我改变、自我超越才是最强大的力量。学会改变,遵循"修身、齐家、治国、平天下",追求"内圣外王",砥砺前行。第四,希望大家善于交友。要相信,近朱者赤,近墨者黑;你想走多远,看与谁同行。

毕业典礼在《明天会更好》的快闪表演及全场师生大合唱中圆满落下帷幕。师生们手持电子蜡烛,一支支闪耀的蜡烛,如点点星光,最终汇聚成一片星河。《青春无悔,我们不散》文艺演出随即上演,同学们载歌载舞,尽情挥洒对学校、老师、同学的不舍之情,以及对未来的美好憧憬。

2. 青春绽放,2022届毕业生毕业典礼

九万里风鹏正举,恰少年扬帆远航,我们相逢在金秋,离别在盛夏。2022年6月10日,洛阳科技职业学院2022届学生毕业典礼在新民学堂举行。全体在校领导、教师共聚，为学业有成，即将离开母校、开启人生新征程的2022届毕业生送行。学校官方抖音、快手、微博、视频号四平台同步直播，上万人参与互动。

毕业典礼上放映了毕业生青春风采视频，校党委书记刘茂钦宣读《河南省省级优秀毕业生表彰决定》。随后，学术导师团在校党委书记刘茂钦、校长刘丽彬的带领下，为2022届毕业生代表一一颁发毕业证书、授正冠礼。毕业生代表们个个意气风发，与校领导握手、合影留念，为自己的大学生活画上圆满的句号。

典礼上，毕业生代表建武帅在发言中回顾了在洛科这座校园里学习生活的美好时光，并代表2022届毕业生向母校、师长和同学表达了最诚挚的感谢和祝福。导师代表韩全力在发言中向圆满完成学业、即将踏上新征程的同学们致以最热烈的祝贺和最衷心的祝福。

校长刘丽彬在致辞中对2022届毕业生顺利毕业表示祝贺，并以《因为坚持 所以成功》为题，勉励他们时刻谨记"坚定""坚守"与"坚持"。他嘱咐每一位毕业生：第一，希望大家坚守梦想。因为梦想是绳，挂起饱满的帆；梦想是帆，推动希望的船；梦想是船，飘荡理想的海；梦想是海，托起耀眼的光；梦想是光，照亮前进的路。唯有不忘初心，才能让梦想照进现实。第二，希望大家坚持学习。要不断学习新知识、新技能，做厚德博学、内心充盈、敏行善言的高素质技术技能人才，成为能工巧匠、大国工匠，在技能型社会建设中大显身手、大展宏图。第三，希望大家坚持精进。苟日新，日日新。自我改变、自我超越才是最强大的力量。坚持精进，砥砺前行。希望毕业生们永远保管好"因为坚持，所以成功"这把金钥匙，热爱生活、内心充盈，真诚待人、善良温暖。

2022届毕业生代表与校领导合影

毕业典礼在《祝你一路顺风》《友谊地久天长》《洛科恋曲》的歌声及全场师生大合唱中,圆满落下帷幕。此外,学校还为毕业生们精心准备了专属毕业纪念品,饱含了学校对同学们的牵挂和期望,是专属于2022届毕业生的独特记忆。学校希望2022届全体毕业生心中有火,眼里有光;行而不辍,前程似锦;青春绽放,逐梦远方。

3.逐梦远方,2023届毕业生毕业典礼

岁月荏苒,时节如流,每一次离别,都是崭新的开启。2023年6月11日,洛阳科技职业学院"青春同在 携梦远方"2023届学生毕业典礼在新民学堂举行。全体校领导、教职工代表与1200余名毕业生代表齐聚现场,共同为即将开启人生新征程的2023届毕业生送行。

典礼开场,校领导和教职工代表集体起立,迎接毕业生代表们有序入场。这一刻,2023届莘莘学子在菁菁校园度过的美好时光,皆化成他们对母校的深深眷念。校党委书记刘茂钦宣读省级优秀毕业生表彰名单。随后,校领导们为2023届毕业生代表逐一颁发毕业证书

及毕业礼物。毕业生代表们个个意气风发,与校领导握手、合影留念,为自己大学生活画上圆满的句号。

校领导为2023届毕业生赠送伴手礼

时光匆匆,前路漫漫。回忆往昔,恩师教诲犹在耳边,同窗意气历历在目;展望未来,洛科学子勇立潮头,笃行不怠。毕业生代表杜蛟龙表示毕业是一段流金岁月的终点,更是另一段峥嵘岁月的起点,并在发言中真切回顾了在洛科这座校园里学习生活的美好时光,代表2023届毕业生向母校、师长和同学表达了最诚挚的感谢和祝福。希望同学们即使离开校园,也能继续传承洛科精神,用不懈奋斗书写报国之志。

校长刘丽彬在寄语中对2023届毕业生顺利毕业表示祝贺,并以《因为奋斗 所以幸福》为题,勉励他们时刻谨记"奋斗"二字,时刻坚信幸福因奋斗而生。他用由专科生成为研究生的介智登、通过自己的努力成功入职南航的王宇慧、由普通学生成长为百万粉丝美妆博主的李思思等洛科学子的故事,深刻阐述了幸福不会从天而降,幸福是奋斗出来的!奋斗本身就是一种幸福。只有奋斗的人生才称得上幸福的人生。因为奋斗,所以幸福!

他嘱咐每一位毕业生:第一,把学习当成一种习惯。好的习惯是人一生中最宝贵的财富。愿毕业生不论何时,不论何地,都不要忘记好习惯的养成，更重要的是要把学习当成一种习惯，让毕业生的生活学习化！第二，把理想当成一种目标。人这一生，总要树立一个目标，向着目标而行，活着才有意义。愿毕业生不论何时，不论何地，都不要忘记做一个有理想、有目标的人，以勇敢、无畏、忍耐和坚毅，给理想一份坚守！第三，把奋斗当成一种幸福。新时代是奋斗者的时代。一个民族的伟大复兴，不是一个人、不是少数人能完成的，需要千千万万普通人的参与。个人在参与创造伟大时代的同时，也在创造自己的美好人生；祖国是个人成就的放大器，借时代之力才有机会实现自我突破。

从2021届毕业寄语《因为相信 所以看见》，2022届毕业寄语《因为坚持 所以成功》到2023届毕业寄语《因为奋斗 所以幸福》，校长刘丽彬希望毕业生们把握好这三把人生的金钥匙，在这个竞争、挑战、机遇并存的时代里，沉下心、坐得住、厚积累，相信自己、始终坚持、保持奋斗，让勤奋努力成为青春远航的动力，让增长本领成为青春搏击的力量！

二、教师节活动

对提升一个大学的知名度及美誉度而言，教师的水平起着决定作用。无大师便无名校，古今中外，概莫能外。如果高校没有尊师重教的氛围，则绝不可能培养出高素养的学生。世界一流大学，往往在全世界范围内聘请最优秀的师资，筑巢引凤，不拘一格用人才。

"一支粉笔，两袖微尘，三尺讲台，四季耕耘"是一线教师最真实的写照，他们燃烧自己的人生，给予学生追寻真理与梦想的力量。教师这个词有两重含义，"既指一种社会角色，又指这一角色的承担者"。"尊师重教"是中国的优秀传统美德，早在西周时期，就有"弟子事师，敬同于父"的说法。教师节的设立，则有助于提高教师的政治地位和社会地位，形成尊师重教、尊重人才的社会风尚。为促进教师队伍建设，调动广大教师教书育人的积极性，国家设立了教师节，并且在《教师法》中对教师节做明文规定,对进一步促进我国教育事业的发展起到了十分积极的作用。

庆祝教师节成为学校的一件大事,学校每年教师节举办庆祝活动,是为了激励全体教职工振奋精神、锐意进取,不忘初心,立德树人,为国家培养德智体美劳全面发展的社会主义建设者和接班人。办好教师节,是为了让老师们过好自己的节日,让老师们真正感受到自己的价值和地位,从而更加积极地投身于教育事业中,为国家和社会的发展做出更大的贡献。

自2020年以来,每当教师节来临之际,学校根据教育部关于做好庆祝教师节有关工作的通知要求,组织"六个一"系列教师节庆祝工作,即举行一场庆祝教师节表彰大会、举办一场交流座谈会、组织一场学术报告会、拍摄一张全家福、发放一份慰问品、印发一本光荣册。以此展现广大教师爱党爱国、立德树人、自信自强的精神风貌,团结凝聚广大教师以习近平新时代中国特色社会主义思想铸魂育人,担负起为党育人、为国育才之神圣使命。

(一)一场表彰大会

一场表彰大会即"最美洛科人"榜样表彰大会。这是专属于洛科教师独有的节日活动。学校通过寻找我们身边爱岗敬业、积极奉献、潜心钻研、热爱学生的榜样人物,营造"心中有目标,身边有榜样"的学校氛围,全面践行"以学生为中心"的核心价值观,引导洛科广大教职工以赤诚之心、奉献之心、仁爱之心积极投身于职业教育事业。学校已连续组织开展了3年"最美洛科人"评选活动,经过基层推荐、确定提名人、线上投票拟定最终人选、综合候选人得票情况,共计推选出张爱芳、李党、鲍丽娜等30位"最美洛科人"。"最美洛科人"评选活动旨在鼓励广大教职工立足本心,坚守为党育人、为国育才的使命担当,认真履行教师神圣职责、爱岗敬业、积极进取,真正成为有理想信念、有道德情操、有扎实学识、有仁爱之心的"四有"好老师,树立立德树人、敬业奉献、为人师表、严谨笃学的典范。鼓励教职工们积极做好自身职业发展规划,进一步加强学术能力,提高专业水平,营造良好育人氛围。

(二)一场教职工代表座谈会

洛阳科技职业学院2021年教职工代表座谈会

洛阳科技职业学院2023年教职工代表座谈会

教职工是学校建设和发展的长足动力,是学校的根基。在每年的教师节,学校都会组织召开校领导与一线教职工代表的座谈会,了解一线教师需求,倾听教职工声音。在座谈会上,教职工代表与校领导就教育教学、科研竞赛、思政创新、实习实训、学生管理、专业建设、书院制改革、课程建设、工作流程优化等促进学校高质量发展的问题展开交流和探讨,共谋发展,共话未来。教职工座谈会聚焦我校教职工的成长与发展,着力解决教职工在工作生活中存在的一些问题,勉励教职工时刻牢记"四有好老师"的标准,要求教职工怀着"为民族复兴办教育,为国家富强育英才"的赤诚初心,为学校的高质量发展不懈奋斗,为学生燃起美德与智慧之光,为学校和社会的建设发展做出更大贡献,擘画新时代下学校发展的新蓝图。

(三)一场学术报告会

以2023年来说,我校第三十期"洛科大讲堂"在新民学堂拉开帷幕,这是学校教师节"六个一"系列庆祝活动之一。学校邀请了洛阳市科学技术协会四级调研员、学会部部长贺江伟教授,新安县科学技术协会主席王杏花等政府领导及全体教职工参加了此次报告会。中信重工机械股份有限公司副总工程师彭岩以《企业文化与技术创新》为题做学术报告,介绍了如何在新时代弘扬工匠精神。他强调了焦裕禄精神的伟大意义,倡导艰苦奋斗、科学求实、迎难而上、无私奉献的精神。这种精神对于加快我国从制造业大国向强国的转变,具有不可忽视的积极作用。同时,他还指出了工匠精神的核心价值观,即客户至上、价值导向、精益求精、品质追求和创造卓越。

第三十期"洛科大讲堂"

(四)一张全家福

全家福就是在教师节来临之际,学校精心策划,倾注感情,为洛科院全体在职教职员工拍一张合影,即"全家福"。这一项活动我们从2021年教师节开始,已经进行了三年,事情虽小,但意义重大,体现了学校领导班子对教师的关心关爱。尤其是2023年的教师节,即洛科精神图腾——洛科鼎置鼎后的第一个教师节,学校赠送每位教师一尊洛科鼎模型。在雄伟壮丽的洛科精神图腾前,教师们身着汉服,手捧宝鼎合影,寓意洛科扎根中原大地办高水平职业技术大学,寓意每位教师立足岗位,建功立业,成为名师大师。

2021年全体教职工合影

2022年全体教职工合影

2023年全体教职工合影

（五）一份教师节礼物及一份光荣册

教师节是教师自己的节日。洛科已坚持数年，在教师节表彰先进，给每位教师敬献一束鲜花，而且是学校领导在会议大厅恭迎教师，把鲜花送到每位教师手中。

学校每年的表彰名单要专门印制成册，把先进集体、先进个人等按级别、类别精心统计，记录在案，以示奖励，以示纪念。此项活动已进行三年，初衷就是弘扬正能量，铭记先进，牢记使命，打造教育教学名师，打造百年育人名校。

2021年教师节礼物

2022年教师节礼物

2023年教师节礼物

通过举办教师节一系列活动，全体洛科人要树立"躬耕教坛、强国有我"的志向和抱负，践行"最以学生为中心"的理念，自信自强、踔厉奋发、勇于担当、善于作为，为强国建设、民族复兴伟业做出新的更大贡献。让我们为洛科的高质量发展不懈奋斗，为学生燃起美德与智慧之光，为学校和社会的建设发展做出更大贡献，擘画新时代下洛科发展的新蓝图。

三、新生军训

有了强大国防，才有强大祖国。在新时代背景下，高校国防教育亦面临着新的要求和挑战。大学生军事训练作为高校国防教育的关键一环，要求我们以更加严谨的态度、更加务实的工作作风紧密结合社会现实和当代大学生军训实际开展情况去探讨、研究大学生开展军事训练的意义，从而为打造全面可靠的国防力量，为祖国持续发展，实现中华民族伟大复兴中国梦奠定坚实基础。

此外，当代大学生是社会主义的建设者和接班人，在德智体美劳全面发展的教育背景下，军事理论学习与军事训练相结合的大学生军训，对促进大学生的组织意识、规矩意识的内化，意志品格的磨炼以及爱国意识的提高都有着十分重要的意义。

新生军训是提高国防教育质量和培养高素质后备兵员、落实立德树人根本任务和实现党在新时代强军目标的重要途径。同时,军训是大学新生入学的第一课,是落实高校立德树人根本任务的重要途径,是提高学生思想政治觉悟,激发学生爱国热情,展现学生良好精神风貌,使其掌握基本军事技能、理论知识的重要举措。

军训也是我校重视并重点设计的具有仪式感的重要活动,我们力争创新,每年都有新的与众不同的亮点、兴奋点。

2021年军训拉练

1. 2021级学生军训——启航

2021年是"十四五"开局之年。开新局,谋新篇,新时代大学生作为祖国和人民事业发展的接班人,被寄予厚望。增强国防意识,提高国防技能;学习军事本领,追逐强军梦想。10月14日,学校在河东校区太极体育场召开军训动员大会,7000多名新生齐聚于此。

校党委书记刘茂钦同志做军训动员讲话。刘茂钦代表全校师生向参训的7000余名新生以及他们的父母朋友送上诚挚问候,并向承担此次军训任务的全体教官致以衷心的感谢和崇高的敬意。同时他还指出，军训是新生们的大学必修课，希望每位参训学子坚定理想信念，厚植爱国情怀，增强国防观念、磨砺意志品质，以饱满的热情、昂扬的斗志、顽强的毅力、威武的军姿展现当代青年朝气蓬勃和奋发向上的精神风貌，把个人理想和祖国需要、社会发展结合起来，在实现中国梦的伟大实践中创造精彩人生。

2021年军训誓师大会

军训总教官李文杰代表全体教官表示，在此次军训中将认真履行教官应尽的职责，以良好的军人形象引导大家，以过硬的军事本领训练队伍，增强同学们的集体主义精神和纪律观念，磨炼意志，培养吃苦耐劳精神，出色完成本次训练任务。

校长刘丽彬在致辞中表示，2021年对于洛阳科技职业学院来说是非同寻常的一年，"十四五"开局更是意义非凡，同时他寄语新生："新时代的中国青年要以实现中华民族伟大复兴为己任，增强做中国人的志气、骨气、底气，不负时代，不负韶华，不负党和人民的殷切期望！"

2. 2022级学生军训——青春逐梦新时代,奋进担当铸军魂

根据河南省教育厅、河南省军区战备建设局《关于做好2022年学生军训工作的通知》文件要求,学校结合实际情况,2023年4月13日—4月26日,在河东校区太极体育场、河西校区部分篮球场组织开展2022级新生军训工作,本次军训学校成立军训师,各书院成立军训团,军训团下设军训连。本次军训的主要内容为开展爱国主义、集体主义教育,国防知识教育,还开展单个军人队列动作、分列式及擒拿格斗、战术动作、野外拉练、战场模拟、反恐演练等综合训练。

2023年4月26日,2022级学生军训汇演暨总结表彰大会于河东太极体育场举行,党委书记刘茂钦,党委副书记、校长刘丽彬等校领导,相关部门、书院负责人及教职工代表共同见证了2022级学生军训结业会演的庄严时刻。14天军训,14天淬炼,6000余名参训学子,他们以青春之名,扬洛科荣光。在"爱我洛科"的响亮口号中,身着迷彩服的青年学子,用自己独特的方式向洛科35周年献礼,伴随《我和我的祖国》的动人旋律,"4、3、2、1……"倒计时开启,学子手中的卡片变换更替。从"山河统一""中国960万 km^2"到党徽、军徽图案,卡片翻转,红黄呼应。"洛阳科技职业学院"、"1988—2023"、"35"(象征洛科砥砺前行的35年)、"理实一体"、"知行合一"、"爱我洛科"、"爱我中国"等巨型标语,逐一呈现。红黄之海中涌动的是洛科学子对祖国、对洛科最真挚的祝福。传承红色基因,赓续精神血脉,洛科学子以红军战斗为主线,动情演绎革命先烈守护山河的无畏信念,展现了新时代青年学子坚定前行的决心。本次军训经承训部队推荐、军训工作领导小组审核批准,共评出一团一连等优秀连队12个,于闯等优秀教官20名,王南南等优秀指导员13名及杜创新等优秀学员187名。

3. 2023级军训——赓续红色血脉,勇担时代使命

2023年9月6日,学校在河东校区太极体育场举行2023级学生军训动员大会。新安县人武部军事科科长马长林,洛阳科技职业学院党委书记刘茂钦,党委副书记、校长刘丽彬等校领导及相关部门负责人出席本次活动。本次活动由书院常务副院长、武装部部长吴金锟主持。

在雄壮的国歌声中,大会揭开了序幕。国旗护卫队步伐一致、坚定有力,护送军旗、校旗和书院院旗走过主席台,展现出无比的威严与气势。

迎旗仪式举行后,党委书记刘茂钦作军训动员讲话。他指出,军训是新生们的大学必修课,希望每位参训学子坚定理想信念,厚植爱国情怀,增强国防观念,磨砺意志品质,以饱满的热情、昂扬的斗志、顽强的毅力、威武的军姿展现当代青年朝气蓬勃和奋发向上的精神风貌,把个人理想和祖国需要、社会发展结合起来,在实现中国梦的伟大实践中创造精彩人生。

新安县人武部军事科科长马长林致辞,他希望学生们牢记历史,勿忘国耻,不断增强国防意识和国防观念,让每个人的生活都融入国防生活,让每个中华儿女的血液中都流淌国防血,积极向上,奋发图强,努力为实现伟大的强国梦和强军梦做出自己应有的贡献。

参训学子杨淇淋代表全体参训学生承诺,一切行动听指挥,服从命令,刻苦训练,严于律己,认真军训,接受检阅。以"军训之名"赴"青春之约",用饱满的姿态迎接军训,让实际行动检验豪言壮语!让成绩见证青春光彩!让汗水见证洛科学子的青春力量!

2023年军训参训学子代表杨淇淋发言

军训教官孟新宇代表全体教官在发言中表示,全体军训教官将认真履行教官应尽的职责,以良好的军人形象引导大家,以过硬的军事本领训练队伍,增强同学们的集体主义精神和纪律观念,磨炼,培养吃苦耐劳精神,出色完成本次训练任务。

参训教官进行了风采展示,过硬的军事素养赢得了现场热烈掌声。

最后,校党委副书记、校长刘丽彬为洛阳科技职业学院军训师授旗,并宣布2023级学生军训正式开始。

校党委副书记、校长刘丽彬为军训师授旗

此次军训,洛科书院把对学生的养成教育、国防教育、消防教育等贯穿军训全过程,开展了专题教育活动、十公里野外拉练、步坦协同攻防演练、应急救护、情景剧等特色科目训练,创新方法,多措并举,讲好洛科军训"育人课",助力学生"扣好人生第一粒扣子",打造最具洛科特色的军训育人模式。

纵观历年军训,学校始终践行请党放心、强国有我的誓言。并以此来培养学生正确的世界观、人生观、价值观,塑造集体主义精神,激发学生爱国卫国意识，磨炼学生果断、勇敢、顽强、自制和坚韧不拔的优良意志品质。绿色军营，红色传承，洛科学子以赤诚之心献礼建党百年。

四、文体活动

洛阳科技职业学院作为洛阳市的一所高等职业院校，顺应时代改革的需要，从大学功能出发，率先提出了办"青年友好型职业大学"，核心理念就是"认同、尊重、激活"。"认同"即认同学生，认同他们的基础，认同他们的潜能；"尊重"即尊重学生，尊重他们的个性，尊重他的发展；"激活"即用新的教育理念、新的教育方法因材施教来激活学生，让他们实现自己的人生梦想，让他们的人生得以蜕变。学校希望通过办"青年友好型职业大学"来实现大学的功能，以支撑友好型城市的建设。学校的办学宗旨是"以父母之心育人，帮助学生成就梦想"。"父母之心"就是不放弃任何一个学生，帮助其成就梦想。学校以培养"厚德博学、内心充盈、敏行善言"的高素质技术技能人才为目标。在物质发达的社会，每个人内心健康、积极十分重要，学校通过开展丰富多彩的校园文体活动，如校园文化艺术节、运动会、音乐会、毕业舞会等让学生内心充盈，提高大学生的人际交往能力、增强其责任心、培养其团队合作精神以及提升其执行力，提升师生对学校的认同感和自豪感。

（一）校园文化艺术节

校园文化是大学的灵魂，是学校综合素质教育赖以生存和发展的重要根基和血脉，是办好大学最重要的精神资源和无形资产。校园文化艺术节是高校校园文化建设的主流做法，也是校园文化得以传播的重要途径，更是展示学生风采的重要平台。校园文化活动不仅能加强校园文化交流，丰富校园文化生活，提升学生的综合素质，还能锻炼学生的组织、表达、沟通、协作和策划能力。截至2022年，学校共举办了11届校园文化艺术节,极大地丰富了学生的校园文化生活。

1. 携手筑梦,绽放未来——第七届校园文化艺术节

第七届校园文化艺术节闭幕现场

2019年6月19日,第七届校园文化艺术节颁奖仪式在艺术中心(新民学堂)隆重举行。校领导以及党委宣传部、教务处、艺术与设计学院等部门负责人和部分师生代表等参加了活动。本届校园文化艺术节以"携手筑梦 绽放未来"为主题,先后开展了"洛科舞林大赛""洛科好声音""洛科模特礼仪大赛"以及艺术知识讲座等主题活动。活动4月中旬启动,历时两个月,活动精彩连连,带来欢乐多多。丰富多彩的校园文艺活动,极大丰富了广大师生的校园文化生活,让广大师生得到了美的享受,受到了艺术的熏陶。

2. 第八届校园文化艺术节

2020年11月26日晚,在全体师生的积极参与下,伴着师生们热烈的掌声和欢笑声,第八届校园文化艺术节圆满落下帷幕,一千余名师生现场观看演出。同时,全校师生在抖音、快手等平台观看了演出直播。本次文化艺术节从11月12日开始,包括"洛科好声音——最美的歌儿献给党"爱国主义歌曲比赛、舞林大赛、中华经典诵读大赛、模特礼仪大赛等五项内容。

第八届校园文化艺术节掠影

3. 赓续百年，青春绽放——第九届校园文化艺术节

2021年12月21日，学校"赓续百年，青春绽放"第九届校园文化艺术节获奖作品展演暨2022元旦晚会在新民学堂举行。舞林大赛、好声音、辩论赛、模特大赛等多样的艺术形式，既充分展现了洛科校园文化生活的丰富多彩，更抒发了广大洛科学子对党、对祖国和美好生活的真挚热爱！此外，晚会现场，刘丽彬校长作为"圆梦艺术团"名誉团长、总导演，与赵兵副校长一起为艺术团揭牌。"圆梦艺术团"的正式成立代表着学校对学生校园文化生活的高度关注与重视！未来，艺术团将为更多洛科学子的艺术梦插上翅膀，为培养"内心充盈，敏行善言"的当代青年助力，坚定不移地向办"青年友好型职业大学"阔步迈进。

4. 洛科好声音——第十届校园文化艺术节

第十届校园文化艺术节掠影

  2022年5月6日晚,第十届校园文化艺术节"洛科好声音"决赛在新民学堂成功举办。根据疫情防控相关要求,本次比赛采取线上线下相结合的方式进行,比赛过程中高潮迭起,精彩纷呈,给每位现场评委和线上观看直播的同学们留下了一段段难忘而美好的记忆,为疫情期间的生活增添了艺术色彩。本次大赛体现了我校"认同、尊重、激活"的教育理念,通过艺术活动来渲染校园的文化氛围,同时,也体现了学校尊重同学们的个性化发展,鼓励、支持和引导广大学生发掘自身的潜力,在校园活动中去寻找人生的发展方向。本次校园好声音比赛,选手们用他们曼妙的歌声,为我们带来了听觉的至臻享受!

5. 爱党！我以青春之名——第十一届校园文化艺术节

  2022年11月24日,由党委学工部、校团委主办,各书院承办的第十一届校园文化艺术节以"爱党！我以青春之名"为主题盛大开幕。洛科好声音、舞林大赛、辩论赛、中华经典诵读、乐器演奏,精彩纷呈。与此同时,学校的IP形象洛小文、洛小科也精彩亮相。一位是俏皮可爱的甜美女孩,一位是有抱负的阳光青年,他们是学校万千学子的缩影和代表。不仅如此,洛科鼎系列表情包也在第十一届校园文化艺术节上发布。

第十一届校园文化艺术节掠影

(二)运动会

在高校校园文化建设过程中,体育竞赛凭借自身广泛的受众群体,成为整个校园文化建设不可多得的载体。不同形式的体育竞赛既可以增强学生的团队协作精神和竞争意识,还在一定程度上丰富了学生的校园文化生活。

在全民运动不断发展和普及的形势下,学校组织了多种多样的运动会以及运动项目来推动校园文化建设、校园文化传播。学生精力旺盛,爱好运动,喜欢展现自我,校园运动会则为学生提供了释放青春活力、培养创造力的平台。

1. 更快更高更强更团结——第七届运动会

2021年10月27日，洛阳科技职业学院第七届运动会在河东校区太极体育场举行。本次运动会共设有短跑、长跑、跳高、接力、实心球等竞赛项目，还有跳大绳、拔河、圈圈乐接力、障碍接力等趣味比赛。围绕"更快更高更强更团结"的运动会主题，同学们积极走上赛场，参与体育竞技，不断超越自我。

在赛场以外，也有一道道靓丽的风景。啦啦队和观众们的每一声加油，都化作了运动员拼搏争先的动力源泉。志愿者和工作人员的每一份努力都成为运动员享受比赛的绝对保障。

在这场运动盛会中，运动健儿们顽强拼搏、勇往直前，观众们在台下高声呐喊，为他们加油助威。同时还有团体赛中，同学们团结一致、互相协作。场上风起云涌，场下激动呐喊，洛科学子秉承着顽强拼搏、永不放弃的体育精神向前奔跑，成为最好的自己。

2. 爱我洛科 跃动青春——第八届运动会

第八届运动会书院方阵入场

2023年4月27日，洛阳科技职业学院第八届运动会在河东校区太极体育场隆重开幕。校党委书记刘茂钦，党委副书记、校长刘丽彬博士等校领导及相关部门、书院负责人，教职工代表出席了开幕式。本次运动会全校师生共计6000余人参加，营造出人人参与、支持、崇尚体育的良好氛围,进一步繁荣了校园体育文化,培育堪当民族复兴重任的时代新人。

国旗上升,校旗舒展,在太极体育场内以书院院旗为引领,以八大书院为方阵,洛科学子昂首阔步,年轻的脸庞展现着胸怀凌云志、吾辈当自强的精神。

慎德书院方队院旗迎风飘展,博闻慎思,兼听明辨,勤奋刻苦,履践致远,在红旗的滋养下锐意进取,在拼搏的道路上砥砺前行;忠信书院方队勇攀赛场高峰,忠诚信仰,奋斗青春,德技并修,奋发向上,他们将以永不言败的精神,在运动场上努力拼搏;日新书院方队旗帜迎风招展,洋溢青春气息,格物致知,志存高远,海纳百川,共创梦想与荣光;文远书院方队运动无处不在,青春永不言败,目尽毫厘,心穷筹策,持弓携箭,勇往直前;仲景书院高喊"勤求古训,博采众方,知识开路,体育先行,为中华民族的伟大复兴而读书,为健全人格发展身心而运动",整齐划一的步伐传递着催人奋进的力量;慈涧书院方队手持鲜花,五彩缤纷,诠释生命热情,慈爱为首,自强不息;张衡书院方队散发着"青春是诗,青春是歌,青春是朝气蓬勃"的气势,他们意气风发,拼搏向上,他们敢于突破,创造未来;鲁班书院高喊"精雕细琢鲁班传,匠心独运鲁班人",他们以实证探索、精益求精的态度攻坚克难,以追求卓越的精神和昂扬的姿态,迎接新的挑战。

"无体育,不洛科;无运动,不人生。"体育教育是大学教育的重要组成部分,一年一度的运动会是落实体育强国国家战略的重要举措,也是全面推动洛科体育教育,提高学生体质的重要手段。学校要建设"青年友好型职业大学",就要为实现洛科学子德智体美劳全面发展提供体制机制保障;要在走向高水平职业技术大学的道路上,打造洛科"体育+教育"的"洛科模式"。

为呼应"认同、尊重、激活"办学理念,充分发挥学生的主体性和团队协作能力,本次运动会以"趣味+协作"为主题,分学生组和教职工组,学生组分为男子组、女子组(以书院为单位),教职工组包括职能部门教职工组、二级学院教职工组、书院教职工组。运动会项目丰富多彩,有50米迎面接力赛、踢毽子接力赛、定向越野接力赛、跳大绳接力赛、投篮接力赛、齐心协力脚撑杆接力赛、蛟龙出海接力赛、飞盘比赛、趣味障碍赛和拔河比赛。

红白交替的塑胶跑道上,传来一声声的呐喊。生命不息,运动不止,心中有梦想,脚下有力量,以认同作笔,以激活为墨,青春不言败,合作才会赢。

(三)音乐会

大学之大,在于汇聚大学者、在于成就大学问,也在于培养大写的人。"中国教育是能够培养出大师来的。"我们要坚定自信,将美育融入落实立德树人根本任务全过程,向美而行、以美育人,探索并建立培育美的素养、滋养美的心灵、涵养美的品位的美育方案,努力培养一大批德智体美劳全面发展的时代新人。

文艺是时代前进的号角。习近平总书记高度重视文艺工作,并提出"坚持服务人民,用积极的文艺歌颂人民","坚守艺术理想,用高尚的文艺引领社会风尚"等一系列重要论述。为响应党和国家"五育并举"的教育方针,学校不断加强学校美育发展,让学生学会欣赏美、发现美、创造美,用高雅艺术为全校师生提供更好的"精神食粮"和"文化盛宴"。向美而行,不是为了让少数人掌握"一技之长",而是为了让所有洛科学子在自然之美、文化之美、生命之美中丰富思想、塑造品格、汲取力量,矢志追求更有高度、更有境界、更有品位的人生。自2018年以来,学校通过多种形式举办音乐会,用音乐育人,为时代放歌。充分发挥美育工作在培养学生健全人格中的独特作用,提高学生艺术欣赏水平,提升学生文化素养。

1. 聆听维也纳新年音乐会

2021年1月1日晚,引人瞩目的年度音乐盛会——维也纳新年音乐会在奥地利维也纳金色大厅举行。在学校的精心组织下,学校留校师生近千人在学术报告厅(现新民学堂)同步集体观看了直播。悠扬美妙的旋律为广大师生带来的是温暖,浑厚雄壮的交响乐让大家感受到的是心灵在颤动。新民学堂内座无虚席,洛科学子在音乐的陶冶中共度温馨假期。

除此之外,学校还举办了很多其他类似的活动。这些活动既让学生度过了一个温暖的元旦假期,又提升了学生的人文素养,是学校践行"三全育人"理念和落实立德树人根本任务的具体行动;是洛科师生同频共振,凝心聚力,不断进取,向着建"'双高',升本科,办高水平职业技术大学"战略目标不断奋进的真实写照。

以美育人,以父母之心育人,学校通过开展健康向上、内涵高雅、形式多样的学生活动,不断提升学生的艺术修养和综合素养,让学生拥有更广阔的艺术视野和更丰富的精神世界,帮助学生成就梦想。

2. "春之声"专场音乐会

2023年3月8日,"春之声"专场音乐会在河东校区太极体育场上演。乘着三月的春风,风格多元的曲目、多重乐器的交响演奏,共同奏响春日的乐章。

器乐表演者:赵怡娜

一首首动人的乐曲，让洛科学子在自然之美、文化之美、生命之美中滋养灵魂，唤醒思想、塑造品格、汲取力量，矢志追求更有高度、更有境界、更有品位的人生。

洛阳科技职业学院以加强艺术学科专业教育为主渠道做到"以美育人"，以挖掘中华优秀传统文化和中国特色社会主义优秀文化为主要路径做到"以美化人"，以树立正确的审美价值观和艺术创作观为目标做到"以美培元"。学校充分发挥新时代高校美育在立德树人伟大事业中的培根铸魂根本作用，促进学生德智体美劳全面发展，为实现中华民族伟大复兴的中国梦持续贡献磅礴的洛科力量。

3. 洛科这十年·青春交响音乐会

交响乐现场(1)

2023年10月14日晚，学校在至善广场前举办了大型户外交响音乐会，为学校全体师生带来了一场高雅艺术的饕餮盛宴。各合作企业、各级媒体代表，关心洛科发展的社会各界领导和嘉宾受邀出席此次交响音乐会，校领导班子成员及7000余名学校师生、家属、校友齐聚一堂，享受这场由洛阳交响乐团和洛科圆梦艺术团携手演绎的交响乐盛宴，领略高雅艺术的无穷魅力。演奏艺术家们惊艳亮相，为观众献上了一场精彩纷呈的视听盛宴。本次音乐会还在央广网、国际在线、河南广播电视台、大河网、洛广融媒等平台进行了全程同步直播。

交响乐现场(2)

整场演出场面宏大、气氛热烈、精彩纷呈、高潮迭起,大家雷鸣般的掌声与高雅的交响乐融为一体,洛科师生在领略交响乐的魅力的同时,与流动的音符产生了心灵的共鸣。学校用具有仪式感的音乐会,打造出属于洛科的独家记忆,坚定了全体洛科人携手开创学校更加美好明天的信心和决心。

(四)毕业舞会

毕业舞会——毕业生入场

毕业承载着学校和学生、老师和学生、学生和学生之间三年的情感。在洛科的每一个日子都值得纪念,每一段回忆都足够深刻。2023

年6月,学校在太极体育场以一场化装舞会来欢送即将离别的毕业生。

从陌生到熟悉,从相聚到离别,盛装出席的每个人笑靥如花将笑容定格在照片框内,用笔尖划过签名墙,留下专属于洛科的印记。毕业的脚步更近了,一个个闪光的名字,一张张笑意盎然的面庞,终成为心中珍藏的回忆。太极广场上的灯光氤氲,气球绚丽,彩灯斑斓,花香四溢,一曲浪漫的华尔兹,携手共舞,洛科学子尽情享受这场青春盛宴。

毕业舞会现场

毕业舞会设置了幸运抽奖环节,活跃了全场氛围,让毕业生在活动中感受幸运之神降临的美好时刻。还设置了表白墙,学校鼓励毕业生鼓起勇气对日夜思念的人大声表白,不留遗憾地奔赴远方。

洛科镌刻着毕业生斑斓的青春,描画出毕业生五彩的梦想。所有的过往时光都在这场舞会的浪漫中化作会心一笑。这次毕业舞会祝愿即将远行的毕业生们:以梦为马,不负韶华,青春同在,携梦远方。

学校通过毕业舞会这种新颖形式来丰富学生的文体活动,让洛科学子内心充盈、精神富裕,成为毕业生们受益终身的精神养料,支撑他们在今后的人生道路上披荆斩棘、勉力前行。

五、社团活动

随着高等教育事业的全面发展,作为高校实施素质教育的重要途径和有效方式的学生社团也逐步发展起来,在提高大学生综合素质、加强校园文化建设、引导学生适应社会等方面发挥着重要的作用,是大学生能力拓展、沟通交流、挖掘潜力、兴趣培养的重要平台。

学校现有体育竞技类、文化艺术类、学习实践类等学生社团63个,在校团委和社团联合会的指导下,坚持以美育人、以文化人、立德树人,成为学校美育工作的重要载体。截至2023年底,参加社团的总人数超过6500,每年开展大小活动200余场。社团成为了学生展示自我、交流交际、提升能力的重要平台,涌现了书法协会、文化艺术团、足球社、蓝天救援志愿服务队等品牌社团。除了文体活动,社团还积极开展各种志愿服务活动100余次,涉及志愿者9963人,人均志愿服务时长42小时。

2021年10月24日,由欧美同学会(中国留学人员联谊会)、河南欧美同学会、洛阳市委市政府主办,洛阳市委统战部、洛阳欧美同学会、共青团洛阳市委联合承办,以"才聚河洛"为主题的2021青年友好型城市主题论坛举办,我校校长刘丽彬做了《认同、尊重、激活——努力创办青年友好型大学》的主题演讲,首次提出建设青年友好型职业大学。

自我校提出建设"青年友好型职业大学"以来,校团委积极响应,以"服务青年,引领青年,凝聚青年"为出发点,充分整合利用学校各个场所,开展丰富多彩的团学活动,将"红色"基因融入青年喜闻乐见的活动,积极营造"又红又专"的校园文化氛围,不断引领青年成长,以青年友好活动助推青年友好建设,助力友好青年成长。

学校的社团活动以丰富学生的校园文化生活为目的,贯彻认同、尊重、激活的育人理念,由共青团洛阳科技职业学院委员会指导和管理,并由校学生社团联合会引导、服务和联系。按照自我教育、自我管理、自我服务的要求,突出思想性、学术性、知识性、趣味性,努力建设高雅向上的校园文化,提高学生的综合素质,为广大同学的健康成长全面护航。

学生社团统计表(部分)

体育竞技		
篮球社	太极社	洛科observer观察者桌游协会鲁班书院分社
洛科足球社	田径社	慎德书院跆拳道分社
TBK-搏击社	电子竞技社	洛科飞盘社
FILP滑板社	绳彩飞扬社	大学生退役军人协会
乒乓球社	observer观察者桌游社	篮球协会慎德书院分社
轮滑社	健身健美社	羽毛球协会慎德书院分社
羽毛球社		
文化传承		
子衿汉服社	凤凰文学社	南嘉茶艺社
书法社	传统手工艺社	礼射表演与汉弓制作工坊
国韵风华社	MUJIN汉服社	古琴表演与琴斫制作工坊
文化与艺术协会	大学生广场舞俱乐部	刺绣技艺与女工文创工坊
故事演讲与连环画绘制工坊		
专业实践		
金融协会	小语种社团	大学生社会实践协会
云图软件社	洛科摄影协会	大学生心理协会
鲁班之家	视界-短视频制作社	IT联盟社团
英语口语社	图学会	创新创业社团
演讲与口才协会	洛科摄影协会文远书院分社	辩论社
大学生竞赛协会	国防后备营	领耀星社
科学探索社	心理兴趣小组	善言社
神都京洛旅游社团		
艺术特长		
器乐社	音乐社	惊鸿中国舞社
RM说唱社	此间中文配音社	国标舞社团
街舞协会	星梦漫社	模特社
话剧社	合唱团	演绎社团
洛科美术协会		
志愿服务		
爱心互助阳光助残协会	环境保护协会	洛科大学生蓝天救援队
红十字星火志愿服务队	青年志愿者协会	

(一)爱我洛科荧光夜跑

荧光夜跑

健康的体魄是青年实现梦想和使命责任的基础,为响应习近平总书记发展校园体育文化建设的号召,进一步激发新时代青年活力与潜能,2023年4月11日晚,洛阳科技职业学院八大书院联动,组织了一场主题为"爱我洛科·青春派"的荧光夜跑活动,旨在通过体育活动助力健康校园建设,进一步提升学生体质健康水平,营造全员健身的校园氛围。

本次活动以学校东大门为起点,沿至善大道向西,途经明德路向西至洛涧大道,通过涧桥后最终抵达河西太极运动场。夜跑途经的每个打卡点都安排有350名学生等候,队伍规模采取"贪吃蛇"的游戏形式不断叠加,跑步方式多变有趣,优化了学生们的活动参与体验。环绕校园的夜跑活动全程共设计4个转折打卡点,寓意"人生转折",期冀每位学子在洛科完成人生蜕变。校长刘丽彬博士及其他校领导也兴致盎然地参加了荧光夜跑活动,用亲身实践给洛科学子们以极大鼓舞。

借速度感受夜跑魅力,用荧光点燃运动激情,智商、情商、动商三商一体全面发展。本次活动鼓励广大洛科学子积极参与课外体育活动,体验健康的运动生活状态,养成良好的体育运动习惯,使得走下网络、走出宿舍、走向操场的"三走精神"在校园里广泛传播,引导青年学生凝聚洛科力量,传递健康生活理念。

(二)电音节

电子音乐作为全球最为流行和火爆的音乐类型之一,具有独特的风格与魅力,一直以来受到广大青年群体的喜爱和追捧。校园电音节作为一种新型的校园文化活动已经得到了越来越多大学生的支持和参与。电音节能营造年轻、热情、活力的校园文化氛围,让更多的学生参与其中,感受音乐的魅力和活动的趣味性。同时,电音节也是一种具有高包容度的多元化校园文化活动,既锻炼学生的社交能力,同时达到了解压释负效果。学校注重学生的个性发展,希望每一位学生都能在洛科自由的环境里面肆意成长。

6月是炎热的、是不舍的、是难忘的。每个"六一",都是学校送给所有洛科大朋友的狂欢。伴随着夏日暖暖的晚风,洛科"青春狂想曲电音趴",让青春与美相遇,在特色活动中展现青年学子风采,重新定义校园文化生活。值得一提的是电音节的所有节目均为学校艺术社团的学生自编自演,凸显了学校注重学生个性发展,高包容度的多元化校园文化;体现了"最以学生为中心"的核心价值观,让洛科学子在这里放飞梦想,释放青春,圆梦成才。

2021年电音节

2021年电音节

2023年电音节

(三)草坪音乐节

　　大学生是青春的代言人,总是洋溢着年轻的活力,充满着狂热的激情。同时音乐是人们抒发感情、表达感谢、寄托感情的艺术形式,音乐跟大学生之间总有说不完的故事。为丰富校园音乐文化,让音乐传遍校园,使学生感受音乐的魅力,丰富娱乐生活,体会校园文化的特色,2023年3月7日晚,太极体育场"爱我洛科"之"青春派草坪音乐节"如期举办。洛科学子用最炙热的音乐奏响这个春天。青春伴随遗憾,是不灭的回忆,时光是记录者,积淀美丽。

2023年草坪音乐节

难忘毕业季,用一首歌,用一支舞纪念青春,这是专属于洛科学子们的记忆。草坪闪着微光,大家点起微光,汇聚成星河,让洛科学子始终心怀纯粹的善良和希望,在星星之火里熠熠闪光。

(四)迎新晚会

新生满怀期待而来,学校满怀热情相迎。新生开学之际,学校都会组织精彩的迎新晚会来帮助学生以最快的速度融入集体,帮助学生了解这个学校,感受学校的活力,激发新生对学校的自豪感。同时,迎新晚会也是新老同学展示自我的舞台。学校迎新晚会是在校团委的领导下,以特色各异的社团为主体,充分发挥学生的自主能动性,从节目编排到晚会所需的一切服装道具,从海报制作到后期宣传,从赞助商的联络到舞台灯光的设计,都由学生独立完成,这也是学生魅力以及能力得到充分发挥的重要途径。在这里,新生和全校师生相聚于此,共同种下希望的种子,开启人生的新篇章。

1. 相遇洛科 迎新未来——2021级迎新晚会

2021年10月27日,洛科2021迎新晚会在星光下拉开序幕。欢快的舞步踏歌而来,青春之旅再度起航。学校在温柔的秋风里驻足眺望如约而至的新生,在光与影的活力盛宴中,动感的乐章奏响热血与激情;乐声欢快,是与心跳同步的旋律,是舞动青春的前奏。在这里,未来与现实完美融合,随着音乐节奏挥舞的双臂,是新生与洛科共同成长的信号,愿新生永远保持少年心气,扬起风帆,在学校迎风飞翔,乘风破浪,奔向远方。

2021年迎新晚会

2. 青春·奋进——2022级迎新晚会

2022年10月8日,由校团委牵头,各社团积极参与的2022级迎新晚会在新民学堂盛大开幕。振人心弦的音乐,潇洒多变的舞步,浑然天成的气场,展现着洛科青年的热情与奔放,表达着对新生的热烈欢迎。这里有旋转时裙摆飞扬,舞动时腰肢柔软的民族舞;有大褂一穿,一唱一和,令人捧腹大笑的相声;有风姿绰约,挥洒自如,眼神专注,挽弓搭箭,射出如虹气势的礼射表演;有肩膀随着音乐律动,步伐跟着节奏变换,焕发青春活力的现代舞;有声音空灵如一汪清泉,自由肆意的吟唱……青春是追求,是享受,青年则是朝气蓬勃活力无限,是奋斗拼搏勇往直前。让新生跟上时代的节奏,演绎未来的韵律,时光不弃,未来可期。

2022年迎新晚会

3. 洛科这十年·青春联欢会

2023年10月15日,在学校办学35周年之际,2023级新生组织策划了一场精彩纷呈的迎新晚会,他们用自己的方式为母校献上了一份祝福。活力四射的开场舞,点燃全场氛围;动感的现代舞,谱写洛科的故事;深情的诗朗诵,尽显学校文化育人之心;武术表演,扬武术之魂,展青年风姿……精彩纷呈的节目是一场视听盛宴。舞台上的欢声笑语,台下的热烈掌声,激励洛科人继续追光逐梦,开启更加绚烂的人生之路。

2023年迎新晚会

（五）心理情景剧大赛

2021—2023年是极为特殊的三年，学校封闭管理期间，为了缓解学生的心理压力和紧张情绪，同时进一步宣传和普及心理健康知识，帮助学生树立健康向上、理性平和的社会心态，学校从2021年开始，连续组织了两届心理情景剧大赛。

第一届心理情景剧大赛决赛颁奖典礼

第二届心理情景剧大赛决赛颁奖典礼

心理情景剧大赛是洛阳科技职业学院深入开展心理健康教育工作的一次创新尝试，旨在以心理剧的方式传播心理健康知识，提高学生心理健康意识，引导学生感受暖心力量，促进学生健康全面发展。学生们通过"自己编、自己演、演自己"的方式，把"大道理"用"心理剧"的形式呈现出来。这一过程，不仅可促进学生间的互动交流，增进同学之间的情谊，更能帮学生养成自尊自信、理性平和、积极向上的社会心态。

六、洛科大讲堂

作为一个理性的有情怀的组织，治理水平的高低决定了它的所有人、财、物的配置是否科学是否合理。对现有资源进行合理有效的计划、组织,是洛科能够顺利发展、提高竞争力的重要因素。洛科在发展过程中,在校长刘丽彬的带领下,不断创新管理机制,提供多样化的提升平台,助力学校高质量发展。

2019年,国务院《国家职业教育改革实施方案》印发,将我国职业教育的发展推向了新的阶段。在该方案中,国务院进一步强调了职业教育的重要性,明确了国家支持社会力量开展职业教育培训并鼓励股份制、混合所有制等类型的职业院校和职业培训机构的兴办。以往,与普通教育相比,职业教育常常处于次要地位。这一方案的颁布,则意味着国家将职业教育提升到了和普通教育同等的地位。如今,职业教育也承担起了解决社会问题,支撑产业发展的重要责任。这种转变的背后,是我国产业结构和劳动力供给的变化。

近年来,洛阳科技职业学院坚持把思想政治工作贯穿于教育教学全过程,在这种情况下,"洛科大讲堂"应运而生。

"洛科大讲堂"由洛阳科技职业学院精心筹备谋划,旨在全面提升教职工综合素质,是学校加强师德师风和教师队伍建设的重要举措。学校定期邀请著名专家学者、优秀专家学者到校开展专题讲座,如中央档案馆原馆长、国家档案局原局长杨冬权先生,中国工程院院士王玉明教授,全国"时代楷模""道德模范"曲建武教授等都曾到校交流,并在学校新民学堂的"洛科大讲堂"做报告。截至2023年9月,学校共开展"洛科大讲堂"31期,累计参会21000余人次。这项活动是学校的品牌活动,体现了专业性、知识性、时代性,在校内外产生了巨大的影响。

学校旨在通过举办"洛科大讲堂",进一步引导广大师生提升思想政治素质、职业道德水平和育人能力,开拓视野、拓宽思路,向榜样看齐,为党育人守初心、立德树人担使命,将思政教育与专业教育有机、有意、有效衔接和融合,更好地践行立德树人根本任务,做学生健康成长的指导者和引路人。

当今时代,是一个全社会拥抱职业教育的时代,也是职业教育面临全社会考验的时代。职业教育在当今时代承载了更多的责任与担当,机遇与挑战并存,困难与希望同在。作为高等职业院校,洛阳科技职业学院面对学生肩负责任,面对社会勇挑重担,以"洛科大讲堂"等为载体,培养社会主义合格建设者和可靠接班人,在实现"建'双高'、升本科,办高水平职业技术大学"战略目标的征程上,奋力谱写学校发展奋进之歌,开创洛科高质量发展新格局。

历期洛科大讲堂名师嘉宾及学术主题简介

序号	期次	主讲人	主讲人介绍①	主题	开展时间
1	第一期	桂汉良	中央社会主义学院特约研究员、中组部教育部全国教育培训中心讲座教授、湖北省社会主义学院原副院长	中华优秀传统文化与高校教师的历史使命和时代责任	2020年11月24日
2	第二期	刘丽彬	现任校长、党委副书记。北京大学管理学博士,中华职教社社会服务与办学指导委员会委员,欧美同学会留美分会副会长,中国教育学会会员,中国应用技术大学联盟副秘书长,中国教育战略学会国际教育专委会常务理事,中国教育发展战略学会民办教育专委会常务理事,中国社会科学院研究生院特聘导师,北京联合大学北京现代服务业发展研究院客座教授	寻找洛科教学变革之路(一)	2020年12月1日
3	第三期	王卓	北京联合大学商务学院教授,北京联合大学商务学院企业管理学科负责人、国际商务专业负责人,北京现代服务业发展研究院副院长、国际商务研究所所长	建设高水平职业技术大学的机遇和途径	2020年12月15日

---

① 均为当时做讲座时的身份。

续表

序号	期次	主讲人	主讲人介绍①	主题	开展时间
4	第四期	刘丽彬	现任校长、党委副书记。北京大学管理学博士,中华职教社社会服务与办学指导委员会委员,欧美同学会留美分会副会长,中国教育学会会员,中国应用技术大学联盟副秘书长,中国教育战略学会国际教育专委会常务理事,中国教育发展战略学会民办教育专委会常务理事,中国社会科学院研究生院特聘导师,北京联合大学北京现代服务业发展研究院客座教授	寻找洛科教学改革之路(二)——核心素养的国际比较研究	2020年12月22日
5	第五期	李正	西安欧亚学院副校长,非营利性民办高等学校联盟咨询委员会特聘专家,全国批判性思维和创新教育指导委员会委员	寻找洛科教学改革之路(三)——"以学生为中心"的课程体系改革实践	2020年12月24日
6	第六期	金卓	韩国国立釜庆大学设计学专业博士,四级教授,韩国国立釜庆大学设计学进站博士后	设计管理与设计研究	2021年3月9日
7	第七期	牛耀堂	现任学校党委副书记、副校长,华中师范大学硕士研究生,教授。河南省高校优秀党务工作者、河南省高校管理先进个人	1921—2021 学党史·悟思想·强党性	2021年4月6日
8	第八期	杨冬权	国家档案局原局长、中央档案馆原馆长	从档案看我们党的初心和使命	2021年4月9日
9	第九期	王玉明	中国工程院院士,清华大学机械工程系教授,博士生导师	高端人才育成之路	2021年4月19日
10	第十期	张嘉伟	正高级工艺美术师,中国玉(石)器百花奖金奖获得者,江苏省非物质文化遗产代表性传承人,淮派玉雕非物质文化遗产代表性传承人	文化探索与文化自信	2021年6月1日
11	第十一期	孙伟	中国悬针篆书字体著作权人版权人,国家一级美术师	悬针篆书之前世今生	2021年6月4日

续表

序号	期次	主讲人	主讲人介绍①	主题	开展时间
12	第十二期	曲建武	北京师范大学教育管理学博士，大连海事大学马克思主义学院教师，二级教授，博士生导师	明史增信，铸魂育人	2021年6月23日
13	第十三期	张兰花	学校公寓中心（书院）院长，浙江大学中国古代文学博士，教授	聚力先行：洛科书院制改革策议	2021年9月14日
14	第十四期	韩全力	学校智能制造与汽车工程学院院长，二级教授，河南省首届高层次人才特殊支持中原领军人才，被河南省认定为高层次（B类）人才	提质培优增值赋能 持续推进三教改革——新型教材建设探究	2021年10月5日
15	第十五期	刘茂钦	学校党委书记，洛阳市教育局原党组书记、局长	创新引领促发展 开创洛科新局面——学习贯彻中国共产党洛阳市第十二次代表大会会议精神	2021年10月19日
16	第十六期	张守四	省委党史研究室副主任、机关党委书记	深入学习党的十九届六中全会精神——奋力走好新时代的"赶考之路"	2021年12月23日
17	第十七期	刘振江	河南科技大学马克思主义学院院长，河南省社科联副主席（兼），河南省工人运动理论研究会会长	深入中国共产党的百年奋斗重大成就和历史经验——党的十九届六中全会精神解读	2021年12月31日
18	第十八期	李金保	教育部全国万名优秀创新创业导师、中国高校众创空间联盟北斗星双创导师、河南省教育厅大中专毕业生就业指导人员培训中心特聘教授、河南省人社厅大众创业导师、共青团河南省委青年创新创业导师、郑州市人民政府科技创新创业导师	挑战杯、"互联网+"双创大赛备赛攻略（一）	2022年2月25日

续表

序号	期次	主讲人	主讲人介绍①	主题	开展时间
19	第十九期	张春欣	中国火炬创业导师、中国技术创业协会创新创业专家工作委员会秘书长	挑战杯、"互联网+"双创大赛备赛攻略(二)	2022年3月8日
20	第二十期	郑强芬	洛阳理工学院体育部副教授,硕士毕业于北京体育大学导引养生功专业,洛阳市健身气功协会副会长,武术六段,一级裁判员,国家级社会体育指导员	健身气功·八段锦	2022年3月29日
21	第二十一期	韩全力	学校智能制造与汽车工程学院院长,二级教授。	专业组群逻辑与建设探析	2022年4月12日
22	第二十二期	李孝轩	1999年创办爱因森教育。2004年至今,云南工商学院执行校长、中国新高教集团董事长	矢志不渝跟党走 携手奋进新时代	2022年4月22日
23	第二十三期	薛瑞泽	河南科技大学人文学院二级教授,博士,硕士研究生导师。	河洛文化的传承与创新	2022年10月11日
24	第二十四期	刘丽彬	现任校长、党委副书记。北京大学管理学博士,中华职教社社会服务与办学指导委员会委员,欧美同学会留美分会副会长,中国教育学会会员,中国应用技术大学联盟副秘书长,中国教育战略学会国际教育专委会常务理事,中国教育发展战略学会民办教育专委会常务理事,中国社会科学院研究生院特聘导师,北京联合大学北京现代服务业发展研究院客座教授	文化兴校,文化育人——洛科文化从0到1	2022年12月2日
25	第二十五期	韩全力	二级教授,现任学校副校长。国家级教学团队带头人,河南省首届高层次人才特殊支持中原领军人才	立足三教改革,点燃课堂革命	2022年12月6日

续表

序号	期次	主讲人	主讲人介绍①	主题	开展时间
26	第二十六期	刘晓丽	市级青年宣讲团成员、河南科技大学马克思主义学院教师	踔厉奋发,勇毅前行——准确领会党的二十大精神的思想精髓和核心要义	2022年12月27日
27	第二十七期	白选杰 杜遂卿	白选杰,洛阳市委党的二十大精神宣讲团成员、洛阳理工学院教授 杜遂卿,党的二十大精神省级"百姓宣讲团"成员、高级政工师	认真学习贯彻党的二十大精神;认真学习贯彻二十大精神 在新征程上展现新作为	2023年1月3日
28	第二十八期	阮诗伦	河南省政协委员、大连理工大学重大装备设计与制造郑州研究院院长、大连理工大学洛阳研究院院长	坚持立德树人,融合课程思政,用"中国故事"书写育人答卷	2023年3月7日
29	第二十九期	于坤弘	注册国际高级礼仪培训师 GFA国际礼仪培训师 环球风尚联盟联合创始人 环球风尚联盟高级礼仪培训师	高端礼仪	2023年6月5日
30	第三十期	彭岩	中信重工机械股份有限公司副总工程师	企业文化与技术创新	2023年9月15日
31	第三十一期	廖理纯	中国墨子学会副会长兼青年研究会会长,北京市第十一届、十二届、十三届政协委员、北京市第十二届人大代表,中华全国青年联合会八、九、十届委员,中央直属机关青年联合会常委,中央党校《理论视野》理事,北京航空航天大学客座教授,北京语言大学客座教授	工匠精神来自于墨家的强力从事	2023年9月19日

  三尺讲台,是传承文明的舞台,是传播思想的圣地,有人来此舀起一勺思想,有人在此点醒一个生命。一个空间,一段人生,一个人走过这里,便演绎了一出精彩的戏剧。

  下面我们选取了大讲堂的几节讲座内容跟大家分享:

1. 从党史看百年未有之大变局、从档案看我们党的初心和使命 | 杨冬权

2021年4月9日,洛阳科技职业学院第八期"洛科大讲堂"在学术报告厅举行,国家档案局原局长、中央档案馆原馆长杨冬权为学校师生作《从档案看我们党的初心和使命》专题报告,以《从党史看百年未有之大变局》为题为学生讲思政课。

在专题报告上,杨冬权选取了两组档案来讲述中国共产党成长发展的历史,引领大家从中感悟共产党人为中国人民谋幸福、为中华民族谋复兴的初心与使命。杨冬权指出,我们党从成立起,就不是为了争取个人利益的,而是为了实现共产主义;我们党从成立起就很民主;理想虽然很崇高,但实现理想需要历经艰难险阻;实干,是第一位的,干成一番事业是最重要的。报告会上,很多档案资料是广大教职工第一次看到,加上杨冬权的生动演讲,让党史学习变得更加具象,更加引人入胜。

4月9日晚,杨冬权以《从党史看百年未有之大变局》为题,用丰富的个人研究成果和独特的见解,从历史进程、中美关系等方面为广大洛科学子讲授了一堂内容丰富的思政课,为当代大学生的思想建设提供了行动指南,指明了方向。同时,杨冬权从历史发展的视角,以中美关系的大变化为核心,从"不怕""不让""不惹"三方面,为学生讲述了新形势下如何理性看待和处理中美关系,进一步引导青年学生正确认识世界和中国发展大势,帮助青年学生树立正确的理想信念,加强青年学生的党史学习教育,提振青年之应有担当。

2. 明史增信,铸魂育人 | 曲建武

2021年6月23日上午,"全国道德模范""全国优秀教师""全国师德楷模""时代楷模""最美奋斗者"曲建武教授受邀主讲第十二期"洛科大讲堂",作《明史增信,铸魂育人》专题报告。

曲建武教授通过解读党史资料、讲述党史故事、分享心得体会的方式，回顾了中国共产党成立以来的光辉奋斗历程，深刻阐明了开展党史学习教育的重大意义。同时，以夏明翰、瞿秋白、方志敏等共产党人为了革命事业甘愿奉献的先进事迹，鼓励学校师生要增强爱国情怀，坚定理想信念；以郭永怀、雷锋、焦裕禄等共产党人为了民族振兴、人民幸福而艰苦奋斗的忘我精神，激励学校师生要从党史的生动教材中汲取干事创业的信心和力量。

曲建武教授结合近40年潜心育人的亲身经历，用一个个情真意切、感人至深的生动案例讲述了"我为什么愿意做育人导师"，"践行'六要'、铸魂育人"，并从"政治要强、情怀要深、思维要新、视野要广、自律要严、人格要正"六个方面，通过与学生相处的点滴记录，诠释了作为一名教育工作者的赤子之心和大爱情怀，全面阐述了作为高校思想政治教育工作者应有的责任担当和使命意识，深刻阐述了加强大学生思想政治教育工作的神圣使命和重要意义，勉励育人导师们热爱本职工作，立足平凡岗位，不忘初心使命，把爱贯穿于教育全过程，润物无声地做好新时代大学生思想政治教育工作，引导学生坚定理想信念，厚植爱国情怀，用习近平新时代中国特色社会主义思想引领学生成长成才。

3. 矢志不渝跟党走，携手奋进新时代 | 李孝轩

2022年4月22日，洛阳科技职业学院在学校新民学堂举办第二十二期"洛科大讲堂"活动，聚焦"党建引领"，邀请全国人大代表、中国新高教集团董事长李孝轩作为主讲嘉宾，以《矢志不渝跟党走，携手奋进新时代》为题作报告。

李孝轩向全校教职工传达了第十三届全国人大第五次会议精神，并结合两会期间所见所闻和在会议当中履职的情况，谈及自己的个人感受，强调国家繁荣稳定的核心是坚持中国共产党的领导、坚持中国特色社会主义、坚持中国共产党领导的多党合作和政治协商制度。他表示,当今时代,是一个全社会拥抱职业教育的时代,也是职业教育面临全社会考验的时代。职业教育在当今时代承载了更多的责任与担当,机遇与挑战并存,困难与希望同在。作为高等职业院校,洛阳科技职业学院面对学生肩负责任,面对社会勇挑担当,相信在这波澜壮阔的新时代,必将留下洛科劈波斩浪的奋进足迹。

一次讲座,一个故事,亦是一段人生,学术报告厅里知识的传递,仍在继续。开展"洛科大讲堂"活动,是学校加强师德师风和教师队伍建设的重要举措。通过举办"洛科大讲堂",学校进一步引导广大教职工提升思想政治素质、职业道德水平和育人能力,开拓视野、拓宽思路,以榜样为鉴、向榜样看齐,为党育人守初心、立德树人担使命,将思政教育与专业教育有机、有意、有效衔接和融合,更好地践行立德树人根本任务,做学生健康成长的指导者和引路人。

第九章

特色景观

　　校园文化是校园内所形成的特定精神环境和文化氛围,能约束学生行为,凝聚人心,展示学校形象和学校文明。它是学校综合实力的反映,更是学校的灵魂。

　　校园人文景观是校园环境规划中人为创作产生的,它将学校所特有的历史文脉、办学理念、教育思想和精神气质等通过景观直接呈现在师生眼前,让学生直观地感受学校浓郁的文化气息。

　　山南水北谓之阳,洛阳因坐落在洛水(古称雒水)之北而得名。然而,养育这座城市的远不止这一条河流,黄河、洛河、伊河、涧河、瀍河,在洛阳城内外交错纵横,蜿蜒流淌,因此自古便有"五水绕洛城"的说法。学校坐落在这"五水"之一的涧河之畔,2000余亩生态校园,以涧河为界,分河东、河西两大校区,浸染魏晋风流,揽尽汉唐风雅。学校一直致力于大学文化建设,大力推动"文化兴校",坚守大学作为文明传承、知识创新和人才培养的重要阵地,同时将文化的传承与发展,以校园景观的方式呈现,给学生以最直接的视觉冲击。

学校的校园道路和建筑楼群命名围绕"人文"与"科技"两大板块,践行"以学生为中心"的核心价值观,注重生师体验,在为学生提供优越的学习环境的同时,也给生师带来美的享受,将环境育人与知识传播融为一体。

一、建筑物命名

大学是国之大者,担负着立德树人,为党育人、为国育才,服务社会,传承和发扬人类文明与民族文化的重任。为把学校校园文化打造好,学校成立了校园文化建设研究小组,从校园建筑、道路、桥梁等着手,结合学校人才培养目标,结合优秀传统文化尤其是河洛文化,结合洛阳地域特点等,提出了"一个核心,两个板块"的命名思路。"一个核心"即育人核心,就是培养社会主义建设者和接班人。"两个板块",即河东校区板块与河西校区板块。河东校区命名依据传统经典《大学》,以丰富文化底蕴,体现人文精神;河西校区命名以科技为核心,以强化职教特色,体现工匠精神。

(一)命名依据

河东校区命名以人文为主,把国学经典《大学》作为命名的主要依据,以体现学校在新时期的办学理念和大学的发展之道。同时结合学校临涧河而建的地理优势和悠久文化传承,突出河洛文化、涧河文化等地域优秀文化特征,使文化自信、文化塑造、文化引领和环境育人紧密结合,在立德树人中发挥重要作用。

河西校区命名以科技及工匠精神为主,围绕中国古代科技成就、科学人物及重要科技发明,塑造应用型、技术型的校园,彰显学校以科技为主的办学定位和特色,从创新发明、机械制造、医疗健康、数学应用等方面体现应用技术型大学的内涵。

东、西校区重要的楼宇以"××大厦"命名,如河东校区的"至善大厦"、河西校区的"天工大厦"等,除部分行政功能外,将作为产业学院和孵化基地向内外展示形象,集创新研发、成果孵化、信息发布、人才推介等于一体,发挥综合大楼的作用,促进产教融合,实现政校行企协同育人,促进专业与岗位需求的精准对接。东、西校区将以两座核心性的综合大楼为中心,辐射带动区域建筑及道路命名,体现学校的发展愿景及办学特色。

校园道路主干道以"××大道"命名,一般道路以"××路"命名。在道路命名时基本考虑是名称不宜多,应以周围主要建筑为命名依据,简便易记,方便师生工作、学习与生活。

(二)命名要求

校园建筑命名在考虑其功能的基础上,赋予其文化内涵,字面意义和其历史底蕴相辅相成。所用名称有典可依,有据可循。从校园布局方面考虑,名称应有一定的相关性,各名称在风格上应保持统一与和谐(如学校餐厅,统一以果树等树木来命名,如桃园、李园、杏园、梅园等)。名称要遵从命名的本义,言简意赅、寓意深远、呼之顺口、闻之入耳,读音和理解应有区分度。

(三)内涵解读

1. 河东校区

《大学》是儒学经典著作,在从古至今的人才培养中发挥了非常重要的作用,其思想光辉历千百年而不灭,在全球化时代仍显现出其当代意义与重要价值,其关于道德修养的基本原则和方法,对做人、处事、研究学问、社会治理等有深刻的启迪与借鉴作用。

(1)建筑物命名方案

①信息楼命名为"至善大厦"

出处:"大学之道,在明明德,在亲民,在止于至善。"

②"明德楼"保持原名

出处:"大学之道,在明明德,在亲民,在止于至善。"

说明:行政综合楼和教学楼作为东校区最重要的两栋建筑,从文章首句中提炼"至善"和"明德"来命名,概括了大学的主要精神。

③学术报告厅(木槿电影院)命名为"新民学堂"

出处:"《康诰》曰:'作新民。'《诗》曰:'周虽旧邦,其命维新。'"

④行知楼命名为"格物楼"、图书馆楼命名为"致知楼"

出处:"致知在格物。物格而后知至,知至而后意诚,意诚而后心正,心正而后身修,身修而后家齐,家齐而后国治,国治而后天下平。"

说明:"实训楼"(明德楼东侧)作为功能性建筑保持原名,简单明了,方便师生工作学习。

(2)宿舍楼命名方案

宿舍楼命名的基本思路是采用区域一体化命名方案,东校区四个书院以《大学》中有关内容为依托,以中华民族的传统优良美德"慈爱""德行""忠信""勤奋"来命名,契合"大学之道",更重要的是促进学生不断自我升华,达到完善的境界。

①新建G、H学生宿舍楼命名为"慈涧书院"1区、2区

出处:"为人君,止于仁;为人臣,止于敬;为人子,止于孝;为人父,止于慈;与国人交,止于信。"

说明:学校西边有慈水、涧水汇流通过,形成名镇磁涧;这里取《大学》中的"慈",涧水中的"涧"字,故而命名为"慈涧书院",既符合《大学》的本义,又切合当地的地名,有较深的文化意蕴。

②A、B栋学生宿舍楼命名为"慎德书院"1区、2区

出处:"是故君子先慎乎德。"

说明:德行是事业成功的基础;德行的根本是广博的胸怀;广博的胸怀需要有一颗仁爱之心。原拟定"仁义书院",后经多方研究讨论,"慎德"更能体现书院制教育的核心与精髓,寓意以德才兼备为根本,助力学生全面发展。

③C、D、E学生宿舍楼命名为"忠信书院"1区、2区、3区

出处:"是故君子有大道,必忠信以得之,骄泰以失之。"

④躬信楼、铭恩楼、博观楼命名为"日新书院"1区、2区、3区

出处:"苟日新,日日新,又日新。"

说明:时刻提醒自己要及时反省和不断革新。比喻从勤于省身和动态的角度来强调及时反省和不断革新,加强思想升华这一关键行为。

⑤念志楼暂不命名,因功能有所变化,后续或调整为教师公寓,届时再拟定相关名称。

(3)餐厅命名方案

①亚广餐厅命名为"桃园餐厅"。

②E+餐厅命名为"李园餐厅"。

③游泳馆餐饮命名为"梅园餐饮"。

桃、李出处:白居易《奉和令公绿野堂种花》"令公桃李满天下,何用堂前更种花?"。

梅出处:《警世贤文·勤奋篇》"有田不耕仓廪虚,有书不读子孙愚。宝剑锋从磨砺出,梅花香自苦寒来,少壮不知勤学苦,老来方悔读书迟"。

梅花是中国传统名花,它不仅以清雅俊逸的风度为古今诗人、画家赞美,更以其冰肌玉骨、凌寒留香被世人所敬重。

桃园餐厅和李园餐厅寓意洛科精心育人,桃李满天下。

(4)道路命名方案

为方便师生记忆和校园道路管理,道路命名要少而精,应以周围主要建筑和使用功能为命名依据。

①主干道

2号门过至善大厦到慈涧书院的东西路命名为"至善大道",是学校的主干道,和至善大厦命名相一致。

"涧桥"两端的东西路,贯通东、西两个校区,命名为"焦桐大道"。

说明:学校所在地为洛阳,涧河是洛河的一条支流,在洛阳王城公园西南侧汇入洛河。洛阳、洛水、洛科三洛汇聚于一路,因此取名"洛涧大道"。因道路两侧广泛种植焦桐,后改名为"焦桐大道"。

②其他道路

至善广场南,1号门直通到图书馆的路命名为至善南路。

至善广场东,新民学堂西邻道路命名为至善东路。

至善广场西,图书馆东临道路命名为至善西路。

明德楼西侧,图书馆西边直达游泳馆的路命名为明德路。

明德楼北边为明德北路,南边为明德南路。

慈涧书院东临道路命名为慈涧路。

日新书院西,河东体育场东边道路为日新路,北边道路为日新北路。

(5)桥梁命名方案

①涧桥:校园三座桥,已建的一座,取涧河之"涧"字,亦有"剑桥大学"中"剑桥"的谐音,寓意瞄准世界名校剑桥大学,办一流的高水平大学。

②洛桥:待建的两座桥,河西校区南大门桥,是河西校区通往洛新快速通道上的大桥,连接学校与外界,是规划中的标志性建筑。这座桥取名为"洛桥"有三层含义:学校所在地为洛阳;涧河是洛河的一条支流;学校简称为洛科。

③康桥：另一座待建的桥，规划在河东校区北部，连接河东校区运动场与河西校区三角洲运动场。一方面取其运动健康之意，另一方面也有诗人徐志摩诗"再别康桥"浪漫潇洒之意，还有期望学子经常"回家"看看，有"再见康桥"的意思。

（6）广场命名方案

以周围主要建筑为命名依据，至善大厦前广场命名为"至善广场"，计划把《大学》原文以石刻的方式放置在至善广场合适位置，强化校园文化底蕴。

（7）体育场命名方案

现河东体育场命名为"河东太极体育场"。

说明：太极八卦是周易的精髓，它对中国古代的天文、地理、历法、中医等均产生过深刻的影响。太极拳也具有强身健体、修身养性的作用。俯瞰洛科东西校区，涧河在校区内蜿蜒而过，河流形状与校区的布局也神似太极图案。

2. 河西校区

（1）现有建筑命名方案

①学生公寓

学生公寓共四座，"馨苑""懿苑""嘉苑"已建成投入使用，U形楼即将建成。四个组团公寓分别从创新发明、机械制造、医疗健康、数学应用这四个领域对应学校的艺术与设计、智能制造与汽车工程、大健康、信息与数字工程等院系的相关专业，彰显学校以科技引领，培养高素质技术人才的教育理念。

鲁班书院（新建U形楼）

出处：鲁班，春秋时期鲁国人，是中国建筑和木匠的鼻祖。

说明：鲁班的名字实际上已经成为古代劳动人民智慧的象征。因此，有关他的发明和创造的故事，实际上是中国古代劳动人民发明创造的故事。鲁班书院的名字对应了艺术与设计学院的思想性和创造性。

张衡书院（馨苑）

出处：张衡，东汉时期杰出的天文学家、数学家、发明家、地理学家、文学家，长期在洛阳掌管天文、历法。

说明：张衡为中国天文学、机械技术、地震学的发展做出了杰出的贡献，还亲自参与主持领导过当时洛阳灵台的天象观测和天文研究。张衡发明了浑天仪、地动仪，改进了指南车、记里鼓车。张衡书院的名字对应学校的智能制造与汽车工程学院。

仲景书院（懿苑）

出处：张仲景，名机，字仲景，东汉末年著名医学家，被后人尊称为"医圣"。

说明：张仲景广泛收集医方，写出了传世巨著《伤寒杂病论》。这是中国第一部从理论到实践、确立辨证施治法则的医学专著，是中国医学史上影响最大的著作之一，是后学者研习中医必备的经典著作。仲景书院的名字对应学校的大健康学院。

文远书院（嘉苑）

出处：祖冲之，字文远，南北朝时期杰出的数学家、天文学家。

说明：祖冲之一生钻研自然科学，其主要贡献在数学、天文历法和机械制造三方面。他在刘徽开创的探索圆周率的精确方法的基础上，首次将圆周率精算到小数点后第七位，被称为"祖率"，对数学的研究有重大贡献。由他撰写的《大明历》是当时最科学最先进的历法，为后世的天文研究提供了正确的方法。文远书院的名字对应学校的信息与数字工程学院。

②教学楼

"光华楼"命名为"匠心楼"，寓意培养大国工匠。后续规划建造的教学楼归属同一片区域，可采用"匠心楼1区""匠心楼2区"……，或以"匠意楼""匠思楼""匠智楼""匠研楼"续之。

说明：工匠精神应成为高职人才的价值标准，成为衡量人才的标尺。工匠精神是一种技能，也是一种品格，需要吃苦耐劳、坚韧不拔、不懈努力、永不言弃。怀持匠心，生成匠意、匠思、匠智，培养创新精神和创新品格，是涵养工匠精神的重要任务，与教学楼的功能相契合。

③教师公寓

两栋教师公寓现为"德化楼""宇博楼"。保留"德化楼"名字不变，另一栋改为"德润楼"。

出处："富润屋，德润身，心广体胖，故君子必诚其意。"

说明："德润""德化"指以德润心，润己化人。要求教师修身养德，用高尚的师德浸润学生心田，使自己与学生真正成为有良好品德而又自律内省的人。

④餐厅

西苑餐厅命名为"杏园餐厅"

说明："杏"寓意着幸福，是美好生活的体现。餐厅周边已广植银杏树，不久即可形成比较突出的景观效应。

⑤智能制造人才培养基地（无人机车间）

命名为"智能制造中心"，功能性建筑以其功能命名，简单明了，便于师生工作学习。

⑥河西运动场

命名为"河西太极运动场"，命名原则和河东太极体育场一致。

(2)规划建设建筑命名方案

①综合楼命名

命名为"天工大厦"。

出处：《天工开物》。该书是世界上第一部关于农业和手工业生产的综合性著作，是中国古代一部综合性的科学技术著作，有人也称它是一部百科全书式的著作，作者是明朝科学家宋应星。

说明："工开于人"，是指人运用才智与技术，利用自然开发出了万事万物。人也与自然相协调,相配合,是中国自古传承的技术观。也可做巧夺天工之意,与东校区至善大厦遥相呼应,代表在教育上极高的学术思想及技术追求。

②河西区图书馆

图书馆以其功能性直接命名,不再另起它名,既方便师生工作学习,也便于校园功能性建筑的规范管理。

③教育实训楼(河西图书馆北面)

命名为"开物楼"。

说明:开物是为了成务,因此"开物成务"较为全面的解释应该是:研究事物之理,发现自然界本来存在的事物,或者发明自然界本来没有的事物,为人类的生产生活提供帮助和便利。开物楼与天工大厦相对应,也使"天工开物"的寓意更为完整。

④智慧实训楼(河西体育场西侧)

命名为"致用楼"。

说明:寓意要有格物致知、经世致用的科学态度。蕴含着改造世界、不断提高实践能力的格物精神。

⑤艺术中心

"天问楼"命名:出自屈原《天问》。

"揽月楼"命名:出自毛泽东诗句"可上九天揽月"。

"飞天楼"命名:取飞天壁画恣意挥洒、尽情发挥之意。

⑥河西拟建餐厅

命名为"桂园餐厅",命名原则同河东校区。

说明:桂花代表高尚的道德和崇高的品质,寓意师生们以德立教,勇争一流。

⑦体育馆

体育馆命名为"太极体育馆"。

⑧广场及人工湖

以其周围主要建筑和使用类型为命名依据,综合楼、图书馆前广场分别命名为"天工广场""图书馆广场"。人工湖命名为"长庚湖"。出处:《天工开物》作者宋应星,字长庚。

⑨鲁班书院西侧新建楼

命名为"依智楼"。鲁班,字依智。也有"依山立德,傍水养智"之意,契合学校依山傍水的地理位置和立德树人的教育追求。

⑩学校医院

以其功能性直接命名。

(3)道路命名方案

①东西向道路

涧桥两端的东西路,贯通东、西两个校区,命名为"焦桐大道"。

7号门至学生公寓道路命名为"开物大道"。

出处:宋应星《天工开物》。

说明:"开物"是为了"成务",可以说"开物"反映的是客观的规律,"开物"之前的准备工作就是格物致知,以知开发万物,代表了科学精神。

②南北向道路

天工大厦与书院之间纵向道路命名为"天工大道",天工大厦西侧纵向道路命名为"天工西路",书院东侧纵向道路命名为"天工东路"。

命名方案推出以后已经实施,从效果来看十分明显,改变了过去名称杂乱无章的现象,让人感受到了文化味,增强了美感,提升了学校的美誉度。

二、学校东大门

每个大学都会通过大门来标识自己的名字,让人一目了然。在当今社会，一些大学的大门甚至成了一种突出的品牌标志，具有很高的历史、社会、文化价值。一所好的大学，必然会有一个大气、内涵丰富的大门，如北京大学的校门、河南大学校门等，让人望上一眼，就终生难忘。这样的大门让人在远处观望时觉得神圣庄严，但同时又乐于进入那扇大门一探究竟，当然能进去学习深造研究，成为其中一员更是幸事。要想给人留下深刻印象，门的功夫，一定要做足。

学校调研多所高校后发现，不管是历史悠久的老校，还是新建没多久的新校，无论是高考学子们向往的全国名校，还是名气不大的院校，其大门都是引人聚焦的位置。在门上用固定字体写出学校名称，让人老远就能看到，无疑是最明显的标志了。学校的大门承载着文化、承载着使命、承载着追求，作用非常重要。

2021年4月22日，经集团董事长调研后，学校确定在河东校区2号门处新建东大门，自此启动了东大门的建设工作。学校在社会公开发布征集公告，知名设计公司相继报名，希望参与到学校校门的设计中来。2021年5月31日，东校区大门设计方案优化成果通过集团审核，东大门建设项目进入实施阶段。东大门主要包含钟楼、门楼、围墙及停车场。钟楼的设计思路来源于西方的建筑风格与中华传统文化的结合，其建筑融合了中西方建筑之美。

2021年7月22日项目开工，进入施工阶段。2021年8月15日东大门主体结构封顶。2021年8月26日学校名称题写方案得到集团领导批准，为东大门注入了灵魂。东大门建筑色调以红色为主，学术红，代表了吉祥、奋进、活力、变革与发展，与金色的校名相映，简洁且富有韵律感，从而使整个大门富有独特的魅力且呈现出律动之美。2021年9月23日集团视觉委员会专家来校指导项目建设，为项目建设赋能，将大门闸机位置做了调整，方便师生出入。此外，将围墙柱墩上的LOGO材质也做了调整，增加了亮化效果。

2021年11月2日项目主体建设完成，具备使用条件。为了给学生更好的体验,学校相继启动了东大门的景观绿化工程以及停车场银杏树的种植工作。整体绿化面积共约600 m²,栽植银杏49株,藤本月季1400株、欧石竹80 m²,打造出银杏林和月季花墙,呈现出一道亮丽风景线,为校园景观增加了亮点。

2022年2月19日,迎着朝阳,庄重、大气的东大门在喜庆的锣鼓声中正式启用。校长刘丽彬携校领导班子共同为新大门揭牌,与师生代表们共同见证了这一历史时刻。

学校东大门的落成是洛科发展的见证,必将融入洛科精神血脉,成为学校文化建设的载体,其所蕴含的意义必将撒播到每一位洛科学子心中,激励他们不断向上向前。

新的东大门气势宏大,高雅庄重,匠心独运。学校校名八个金色大字镶嵌在校门右侧,与学术红的墙体相互衬托,庄重而华丽,彰显了"以父母之心育人,帮助学生成就梦想"的教育宗旨。

这座新校门,不仅延续着洛科人昨天的故事,也必将书写洛科人明日的无限精彩。全体洛科人将站在历史的新起点,坚守教育的初心与使命,坚持"以父母之心育人,帮助学生成就梦想"的办学宗旨,全力践行"建'双高',升本科,建高水平职业技术大学"的战略目标,踔厉奋发,笃行不息。

新时代,新校门,新希望,新征程。新校门的落成启用,是洛科发展壮大、励精图强的生动写照,既见证了学校发展的重要进程,又展示了洛科人自强不息的奋斗精神,蕴含着全体师生追求远大前程、憧憬美好未来的理想和心愿。

河东校区东大门（2号门）

河东校区东大门（2号门）夜景

三、青春玫瑰园

  青春，是一段每个人都会经历的生命时光，也是每个人成长道路上必不可少的一部分。我们通常将青春定义为一段美好的时光，一个激情澎湃、朝气蓬勃的阶段，那些在青春期经历的所有挫折，都会成为人生最难忘的一段经历。然而,对于青春,每个人都会有不同的经历、不同的感受,进而有不同的定义。

有人说青春是在热情洋溢的校园里参加丰富多彩的社团活动,结交挚友;也有人说青春是跟时间赛跑,是在教室里挥洒汗水,用知识来武装大脑;还有人说青春是行万里路,读万卷书,在生活中保持不倦的姿态,肆意奔跑。出生在这个年代的学生,无疑是幸运的,他们享受着最为丰富的物质和文化滋养,在相对优越的物质环境中长大。但是相对于这种物质上的繁华,学生却面临着巨大的思想层面上的压力。我们希望每一个学生都能拥有不被定义的青春,勇敢地去追自己的梦,他们能在操场上挥汗如雨,酣畅淋漓地感受生命的律动,他们也能在社团活动中自信张扬,充分展示自己的魅力,同时他们还能在各种比赛中沉着冷静,拔得头筹。

十七八岁的少男少女,都是心怀浪漫的,"总有一天,一定会有人手捧鲜花为你而来,虽不相识,但希望你快乐……""爱意东升西落,浪漫至死不渝",浪漫是一种对生活的态度。希望在一个充满爱意的校园,在四季变化中,学生可以感受生活的浪漫。

带着如此美好的想法,带着对高校生活的憧憬,学校于2021年10月,正式开启了学校青春玫瑰园的策划活动。2021年11月,校领导带队赴中国月季园进行玫瑰苗考察,深入了解了玫瑰的各个品种及花色、花型等,学习其先进的栽植养护技术,为玫瑰园的建设提供了技术支撑。

中国月季园(南阳月季博览园)是中国最大的月季种苗繁育基地、国家级月季种质资源库,2021年5月12日,习近平总书记在河南省南阳市考察调研,来到南阳月季博览园,听取当地月季产业发展和带动群众增收情况介绍,叮嘱"要善于挖掘和利用本地优势资源,加强地方优质品种保护,推进产学研有机结合,统筹做好产业、科技、文化这篇大文章"。此次选择与中国月季园进行深度合作,也为学校后期的产学研奠定了基础。此外，为美化校园、传承美好，中国月季园特捐赠一批树状月季，为校园增添了一道美丽的景色。青春玫瑰园占地5600 m²，共栽植了二十多个玫瑰品种，约75000株玫瑰种苗。

河西校区玫瑰园

玫瑰园的建成，使我校多了一座"自然的、互动的"花园，学生们徜徉其中，学习、休闲、交流、成长。青春玫瑰园利用玫瑰、生态小径、灯光等形式将自然界中的流云、丛林、阡陌、叠池等元素融入其中，为学生提供了放飞身心的乐土，格外受学子们的青睐。

四、河畔办学愿景标牌

根据《中共洛阳市委关于制定洛阳市国民经济和社会发展第十四个五年规划和二〇三五年远景目标的建议》精神，学校将努力在"十四五"期间升格为本科职业大学。为加强学校内涵建设，深化教育教学改革，努力打造一流应用型高等职业教育品牌。学校经认真研究论证，决定在河西校区河道处展示学校愿景——成为扎根中原大地的高水平职业技术大学。

愿景标牌项目，能更加清晰、坚定地展示学校的发展方向，面向全社会发出洛科声音，讲述洛科故事。项目的落成为全校生师树立了强大的精神堡垒，增强了生师的自信心和自豪感。

第九章 | 特色景观

基建后勤处针对该项目方案进行了深入论证,展示校园愿景的18个大字总长180米,每个字长×宽为5米×5米,厚1毫米,材质为镀锌钢板,外饰白色氟碳漆,表面布置直径10毫米LED灯珠。为了更好地展示出校园形象,实现最佳效果,经过多次现场勘查、调研,最终确定标牌设置于河西校区西北河道处。

在地方政府的关心支持下,该项目于2022年8月正式开始施工,基建后勤处紧抓工期、注重质量,于9月10日竣工,校园愿景标牌于教师节当天晚上在河道上点亮,更加具体形象地展示了学校的发展决心与自信。把目标写在"钢板"上,不仅是表明决心,更是付诸行动!

涧河畔学校愿景标牌图

五、河西长廊

长廊作为中国传统建筑的重要组成部分,风格独特、气势雄伟、功能多样,是建筑物中不可多得的能将艺术与自然完美融合的建筑物。学校的河西长廊位于学校河西校区,沿历史名河——涧河而建,以水榭亭廊为串联,外围环绕塑胶步道,中途设观景台,总长约380米。

在古代，长廊是皇家园林中的经典建筑，是文人雅士们吟咏诗篇、探讨人生的场所；在洛科，长廊是学生坐拥河岸美景，享受阅读乐趣的最佳学习地，也是学生观赏沙鸥翔集、野鸭嬉戏、白鹭翩翩的绝佳观景点，还是学生晚上散步、休闲、锻炼身体的好去处。清清湿地园，殷殷涧河廊；林河千百亩，鸟语花香处。河西长廊俨然是一条蕴含自然生态的森林绿廊；是一条服务学生、满足多元需求的休闲走廊；是一条彰显学校特色、展示美丽涧河的生态游廊。学校建在公园中，公园就是学校，这就是洛科的真实写照！

河西长廊

"读书最喜在河畔，行文专赖淡巴菰"，在秋日的清晨，携三五好友，来这里晨读吧，迎着清晨的一缕阳光，开启活力满满的一天。除了读书，长廊也是开展社团活动的好地方，书法社在这里进行书法展示，交流墨宝；音乐社在这里弹琴唱歌，鉴赏音乐；汉服社在这里竞相走秀，探索汉服艺术……这里聚集了一大批有相同兴趣爱好的年轻人，大家在这里交流，在这里成长，在这里收获。同时"快乐集市"活动连续在河西长廊举办，更是将这里变成了一个个小小的"练兵场"，一个个摊位，售卖创意、碰撞火花、成就自我。通过"快乐市集"，同学们发掘了自己的创作灵感，得到了更多的发展思路，也让创意可以用便捷的方式直接与经济挂钩，让研发得到价值体现。依托河西长廊形成的

"快乐集市"给参与的人们提供了一个创新创业、展现自我、彰显个性的场所。

快乐集市活动现场

六、日新书院活动中心

《中共中央 国务院关于深化教育改革全面推进素质教育的决定》提出,改革的关键在于"要坚持面向全体学生,为学生的全面发展创造相应的条件",并"尊重学生身心发展的特点和教育规律,使学生生动活泼、积极主动地得到发展"。大学生活动中心作为提高学生综合素质、培养学生创新能力的重要阵地,为大学生提供了通过个性发挥实现素质教育的更加宽松、丰富的物质殿堂和精神空间。

中国新高教集团董事长李孝轩曾指出,我们的一些孩子缺乏自信,不敢做梦,一座好的建筑可以很好地接纳他们,给他们带来安全感和自豪感,让他们变得更加自信,实现环境育人的功效。"认同、尊重、激活",在洛科已深入人心,每个学生都应被积极鼓励探索自己的兴趣,并成为对社会发展有用的人。

基于此,日新书院活动中心应运而生,经过7轮的设计论证,最终在新高教集团高层专题会上确定了建筑方案。一座具有高度的场所识别性、良好的自然环境、独特的文化内涵、多维有趣的空间,功能高度混合的建筑诞生了。

日新书院活动中心在建筑形式上延续了学院风格,内容上增加了互动交往、学习、活动空间,外立面全部采用红色陶土砖装饰,造型上多采用非均质拱券的建筑形式。

日新书院活动中心的设计以商业、交往、休闲、服务等为主题,优先关注学生的素质提升与发展,在已有的条件下满足学生的个性需求。此外,活动中心以日新书院为载体,要求活动中心整体与书院融合,服务学校品牌和师生体验,把书院的教室、工坊等学生活动空间与商业配套项目相结合。同时亦关注活动中心外立面设计,让学生真正喜欢,成为学生互动、拍照、陶醉的网红打卡点。

日新书院学生活动中心

日新书院活动中心以综合性的功能活跃了校园文化,增进了文化交流,改善了校园环境,满足了学生日益增长的精神需求,同时还为学生更好地休闲、娱乐提供了场所,丰富了学生的课余生活,满足了现代学校文化活动和学术交流等方面的需要。

七、三棵树广场

为了满足学校河东校区8000余名学生日常休闲和生活的需求，践行学校"环境育人""以学生为中心"的教育理念，达成"生师体验佳、校园环境美"的目标，学校重点改善了河东校区慎德书院北侧区域校园环境，对原设施陈旧的景观广场进行改造升级。

学校经过精心策划、深度研讨，最终确定打造出一个具有鲜明历史文化内涵，多元化、年轻化的景观生态广场——三棵树广场。三棵树广场借用孔子"杏坛讲学"的典故，中心景观以银杏树为核心，打造洛科的"杏坛"，体现学校深厚的文化底蕴。学生服务用房采用工业风格的集装箱造型，体现学校"理实一体"的办学风格。参考哈佛大学、宾夕法尼亚大学、哥伦比亚大学等知名大学的景观，构建"大草坪+大树+通达的道路"的景观模式，使之成为学生交流的优美场所，提升了校园环境和生师体验。

三棵树广场鸟瞰图

该项目于2022年8月14日通过立项审批，于2022年11月21日正式开工。2023年4月14日，学校三棵树广场投入使用，开幕仪式现场，祥狮献瑞，人头攒动。这座集"生活、购物、娱乐、休闲、餐饮"于一体的校园商业体惊艳登场。校党委书记刘茂钦，校党委副书记、校长刘丽彬等校领导参加了开业庆典。

三棵树广场是学校（河东校区）商业配套项目，项目总建筑面积1400平方米，以餐饮、休闲娱乐、生活配套为三大主要经营业态。有别于其他校园商业街，三棵树广场为学子们提供了足够的休息观光及就餐区，同时依托洛科年轻的学生群体和学校独特的文化氛围，打造成为青春、活力、阳光、休闲的洛科文化创意广场。

在功能布局上，三棵树广场不仅是餐饮、休闲娱乐的场所，还是一个学生日常放松、交际的空间。

在餐品打造和品牌引进中，三棵树广场以"营养""多元""优质"为标准，囊括多类美食，满足不同学生、不同层次的就餐需求。

三棵树广场的建设与投入使用，对洛科学子来说不仅是物理空间的升级，更是"以学生为中心"的又一创新答卷，是"环境育人"教育理念下的又一特色作品。日趋完善的校园配套设施建设，更加全面的"以学生为中心"的升级改造实践，将以更加多元的方式走向学生，走向校园的每一个角落。在提升生师体验这条路上，洛科一直在努力。

校长讲话稿选集

校长刘丽彬博士于2020年8月来我校任职,担任校长一职,他大力推动"文化兴校",坚守大学作为文明传承、知识创新和人才培养的重要阵地,在推进社会主义文化建设中承担重要使命。毕业典礼是学生步入社会前最后的"成人礼",校长刘丽彬博士重视最后一次跟毕业生交流的机会。毕业典礼致辞时,他会用满含祝福及期许的金句,让毕业生们在踏上新旅途时,能够保持积极向上的心态,勇敢地面对挑战,不断追求自我提升。同时,毕业典礼上的校长致辞也是一种引领和激励,它让毕业生感受到学校对他们的殷殷期许和默默支持。如果说毕业典礼是校长送给毕业生的毕业礼物,那么开学典礼上的致辞则是学校送给新生的人生第一课,让他们了解学校的期盼,让这种期盼陪伴他们走过每一步、度过每一天,直至毕业,直至永远……

同时,校长的每次讲话都向全校师生员工传递了学校的价值观、文化理念、奋斗目标,不断激励师生员工,鼓足干劲,攻坚克难,到达理想的彼岸……

本书从校长治校理政、文化传承、文化创新、品牌打造等方面的重要讲话中,挑选了一些篇章,以便大家了解学校文化建设的脉络及历程。一滴水能折射阳光,一篇文章能看出大学之道、文化建设、品牌塑造的一个个过往……

篇一

因为相信　所以看见

——在学校2021届大学生毕业典礼上的致辞

亲爱的2021届同学们：

你们好！

首先，祝贺你们圆满完成学业！祝福你们在人生的新征程中一切顺利！祝愿你们在社会的大舞台上绽放精彩！

2021届，我们洛科总计3848名同学毕业，昨天晚上我不经意地在百度百科查阅了3848这个数字，居然跳出了三条信息。第一条是小行星3848，是1982年3月21日，由H.Debehongne在LaSilla发现的绕太阳运转的小行星，但我认为这不能代表你们，因为小行星不发光，而你们每一位同学都是灿烂的发光体；第二条是HP DeskJet 3848，是一款彩色喷墨打印机，这依然不能代表你们，因为你们不是简单的色彩复制者，你们每一位都是七彩人生的创造者；第三条是NGC3848，是室女座的一个星系，这依然不是你们，因为你们聚散自如，就像今天，你们在现场的有450名，同时还有3398名同学坚守在全国各地不同的工作岗位上，包括512名同学在河北保定长城汽车、353名同学在郑州地铁、320名同学在上海宝冶、342名同学在苏州波司登、335名同学在安徽京东、230余名同学在江苏蜂巢动力，等等，你们"聚是一团火，散是满天星"。倒是一个叫悟空的网友对3848的解读可以代表我此刻的心情，他说了两层意思：一层是，曾经爱过，现在要散了。还有一层是，You will always have a special place in my heart. 这个答案也许能够呼应我们这场毕业典礼的主题"青春无悔，我们不散"。

亲爱的同学们,你们是幸运的一代。你们一出生,就经历了千禧之年;再过几天,你们将用青春年华见证我们伟大的中国共产党百年华诞;待到2049年,你们将用成熟与成功庆贺中华人民共和国百年华诞,圆梦中华民族伟大复兴!

亲爱的同学们,你们是幸福的一代。你们沐浴在改革开放的春风里,你们成长在充满关爱的校园里。今天,你们毕业了,从此将阔步走在新时代的征程里。

亲爱的同学们,三年的大学生活,飞逝而过,2021学年,是你们大学生活的第三年,在此期间你们中的大部分都在全国各地进行工学交替,顶岗实习。同时,这也是我担任学校校长的第一年。因此,对2021届大部分同学来说,今天我们是初次见面,却又将分别,倍感不舍。借此机会,也向你们报告一下母校在过去一年的变化,外界评价母校过去一年发生了翻天覆地的变化。我想,和你们入校时对比,到处都有新意。我们的学术报告厅装修一新,这里是我们的校园影院;主席台上的校长也是新的,学术导师团队成员大都是新的,他们都是博士、博士后、教授、博导;这一年,你们熟悉的明德楼也是新的,学校投资400余万元,利用寒假27天全面翻新,现在是教室窗明几净,楼道宽敞明亮,卫生间干净整洁,楼道和教室新设置了图书阅览区和休闲区;学校投入了600余万元将全校教室里的座椅都换成了新的;投入800余万元,对河西校区三角地和河道改造提升,新增加18个篮球场、6个排球场和50台乒乓球桌,新增加2100平方米健身运动区;亮化后的涧河畔1600米长的健步道,成为同学们课后运动嬉戏好去处;这一年,学校投入600余万元改造了河东的操场,成立了校足球队;同时,学校绿化全面升级,新植草坪15000余平方米,188棵银杏树形成了银杏大道,今年秋天必将成为网红打卡地;这一年,我们还拥有了"洛科大讲堂",目前已经开展了12期,"全国道德模范""时代楷模"曲建武教授、中国工程院院士、清华大学博士生导师王玉明教授,中国工程院院士、国防科技大学计算机学院院长廖湘科教授,清华大学原副校长郑燕康教授,中央档案馆原馆长、国家档案局原局长杨冬权等一批专家学者到校为广大师生作了精彩的报告;这一年,学校还举办校园文化艺术节和首届万人校园电音节,抖音点击量破了千万;这一年,我们开通了校长信箱,成立了学生体验委员会,同学们的诉求在24小时内会得到满意的回复与解决;这一年洛科的同学们不畏211、985,在全国大学生电商"三创"赛中获得了特等奖,在全国大学生计算机天梯赛中获得了省级特等奖、国家级铜奖的好成绩;这一年,乘着职业教育改革发展的东风,学校升格为本科职业大学的规划已经被列入《洛阳市国民经济和社会发展第十四个五年规划和二〇三五年远景目标》;这一年,学校社会声誉显著提升,在国内权威的中国管理科学研究院牵头主持的武书连2021中国高职高专综合实力排行榜中,洛科排名提升了近千名。还有许多的变化,我就不一一列举了。也许你会问,这是怎么做到的?我只想说,做到这一切,只因为母校全体教职员工相信"以父母之心育人,帮助学生成就梦想"的办学宗旨;相信洛科"建'双高'、升本科、成为扎根中原大地高水平职业技术大学"的战略愿景。

  听到这里,许多同学会因实习的原因说,我没有赶上啊!借此机会,我只能向同学们致歉了:我们来晚了!针对母校的变化,很多同学在学校官微、官博、视频号、抖音和快手等平台留言,我都看到了。比如:同学"群群给我买333"说"就说牛不牛!今非昔比!爆赞";看到河西运动场,同学"我想出去玩"说"我们学校变成这样了,我又想回去上了";看到56休闲广场上的学生说唱,同学"Forever"说"我在洛科的时候,洛科啥都没得,现在我不在洛科了,洛科的操场翻新了,洛科有电影院了,洛科宿舍区有各种精品店奶茶店零食店了,洛科可以蹦迪了,真好!";看到学校举办的电音节,同学"666"说"这真的是我走后学校什么都有系列";看到学校艺术节视频,同学"中意"说"从懵懂少年来学校,到现在成熟稳重的大小伙离开学校,学校生活太快了,洛科让我学到了很多东西,感谢洛科、感谢老师、感谢同学,感谢所有洛科的人";同学"罐头"说"就是还有点舍不得洛科的,真的最怕离校了"……当然我也看到有同学说"三年了,还没对象"。插播一下,你们的校长是鼓励你们在校期间轰轰烈烈谈一场恋爱的,如果你们已经恋了,我祝福你们;如果没有,机会还在!不久的将来,我们的校园会更加美丽,我们将建成东大门、南大门、综合楼、图书馆、艺术中心,我们的校园内将拥有洛桥、涧桥和康桥。到那时,当我们的校园森林覆盖、百花齐放、鸟语花香时,欢迎你们回来续本;到那时,学弟学妹们的颜值也必将大有提升。时间关系,大家的评论在此不再一一列举了,总体来说,有赞许,有遗憾,有不平,但你们的每一个对母校的关注与态度,都是对我们的鼓励与鞭策,我们全体教职员工一定会倍加努力,母校的明天一定会更好!

亲爱的同学们,今天你们就要离开母校了,在你们漫漫人生路上,一定会铺满鲜花充满喜悦,同时也会遇到苦难与荆棘,遭遇挫折与失败。面对这一切,你们会到哪里去寻求人生的智慧呢?再过三天,就是我们伟大的中国共产党100周年华诞,她的一百年同样面对过苦难与辉煌。人生之道,也尽在其中,那就是——"因为相信,所以看见"。

因为相信,所以看见!从石库门到天安门,从兴业路到复兴路,沿着早期共产党人的足迹,探寻我们党的精神密码,正是因为相信真理的力量,相信马克思主义的力量,一艘小小红船承载着人民的重托、民族的希望,越过急流险滩,穿过惊涛骇浪,成为领航中国行稳致远的巍巍巨轮。百年来,不论是流血的牺牲,还是发展的阵痛、自然的考验,中国共产党从不畏惧低头、从不退缩逃避。正是风霜的洗礼,烈火的淬炼,才铸就了中国共产党超凡的革命意志和坚定的理想信念,在奉献与奋斗的浇灌中成长为庇护中华民族的参天大树。走过一百年的光辉历程,我们党已经发展成为拥有9100多万名党员的世界上最大的马克思主义执政党。一百年来,中国共产党在内忧外患中诞生、在磨难挫折中成长、在攻坚克难中壮大。中国奇迹正在继续,中国道路愈加坚定,奋斗一百年的中国共产党依然风华正茂、挺立潮头!这就是相信的力量!

因为相信,所以看见!一百多年前,李大钊携笔从戎,以文报国,成为中国最早的马克思主义者和共产主义者。他鼓励中国青年以"青春之我"创建"青春之国家、青春之民族",坚信中国的青春即将到来。马克思主义在中国传播的火炬在他的手中点燃,照亮中国的前路。因为他相信,看到了青春之中国。

因为相信,所以看见!革命时期,1935年,方志敏为了接应掩护部队,寡不敌众不幸被捕,在阴暗的监牢里,面对酷刑和利诱,他大义凛然、坚贞不屈,写下了《可爱的中国》这样不朽的文字,这些用忠诚和热血书写的文字,让许许多多的优秀青年走上救国道路,激励着一代代共产党人,为共产主义事业奋斗终身。"我们相信,中国一定有个可赞美的光明前途……到那时,到处都是活跃跃的创造,到处都是日新月异的进步,欢歌将代替了悲叹,笑脸将代替了哭脸,富裕将代替了贫穷……明媚的花园将代替了凄凉的荒地!这时,我们民族就可以无愧色地,立在人类的面前,而生育我们的母亲,也会最美丽地装饰起来,与世界上各位母亲平等地携手了……"今天的我们,接替新中国的英雄模范人物方志敏看到了可爱的中国。

因为相信,所以看见! 刚刚过去的2020年,是极不平凡的一年,新冠疫情在全球肆虐,截至目前,世界新冠确诊病例178360849例,死亡3869384例;美国确诊34430407例,死亡617777例。我们中国是多少? 我国确诊90072例,死亡4636例。美国确诊病例是我们的382倍,死亡病例是我们的133倍。同学们,这也是相信的力量。全体中国人民坚信党的领导,风雨同舟、众志成城,构筑起疫情防控的坚固防线。同时,我们的党也相信,以人民为中心,一切依靠人民,一切为了人民,必将战胜一切困难,创造人间奇迹!

亲爱的同学们,今天你们将携梦启程,前进道路上,有平川也有高山,有丽日也有风雨,希望同学们能够矢志追求更有高度、更有境界、更有品位的人生,在火热的青春中放飞人生梦想,在奋斗的青春中成就事业华章。在此,我郑重地将"因为相信,所以看见"这把开启美好人生的金钥匙交付给你们。你相信努力,就会发现努力真有回报;你相信美好,就会发现生活处处有美好。一个人相信什么,他未来的人生就会靠近什么。你相信什么,才能看见什么。你看见什么,才能拥抱什么。你拥抱什么,才能成为什么。你所相信的,就是你的命运。所以,请你们一定要守住心里那份光与热,那样,即使偶尔会被乌云笼罩,但身体里会拥有一把利剑,不需期盼乌云的散去,它们早晚会被你刺穿。看不到太阳,我们就成为太阳;成不了太阳,我们就追着太阳。

亲爱的同学们,因为你们的毕业,我心中油然升起了"儿行千里母担忧"那种纯粹和永恒的牵挂。此时此刻,我想再嘱咐同学们几句话。

第一,希望大家要坚守志向。要相信,志不立,天下无可成之事,我希望你们立志做好人,做君子,做正能量的人。

第二,希望大家勤于学习。要相信,知识改变命运,要不断学习新知识、新技能,做厚德博学、内心充盈、敏行善言的高素质技术技能人才。

第三,希望大家学会改变。要相信,自我改变、自我超越才是最强大的力量。学会改变,遵循"修身、齐家、治国、平天下",追求"内圣外王",砥砺前行。

第四,希望大家善于交友。要相信,近朱者赤,近墨者黑;你想走多远,看与谁同行。

再见了,同学们!祝你们毕业快乐、前程似锦!愿你们携手共进,再创佳绩!祝愿你们在未来的日子里,爱情美满、生活幸福、事业顺利、鹏程万里!

同学们,再见!

校长 刘丽彬
2021年6月27日

篇二

因为坚持　所以成功
—— 在 2022 届大学生毕业典礼上的致辞

亲爱的 2022 届 5597 名洛宝们：

你们好！

六月以来，在我们美丽的洛科校园里流传着一首动人的歌曲，"让我掉下眼泪的 不是离别的忧 让我依依不舍的 是老师的温柔……分别总是在 6 月 回忆是思念的愁 涧桥轻轻的晚风 亲吻我额头……和我在洛科的校园走一走 直到所有的灯都熄灭了也不停留"，慢慢地当我基本能够哼唱这首歌时，突然意识到你们要毕业了，你们要逐梦远方了。首先，祝贺线上线下的 2022 届洛宝们圆满完成学业！祝福你们在人生的新征程中一切顺利！祝愿你们在社会的大舞台上绽放精彩！

2022 届洛宝们！今天的毕业典礼，也是一场特殊的毕业典礼。在新冠疫情形势依然严峻的情形下，学校为你们精心设计的万人毕业化装舞会未能如期举行，我们 5597 名毕业同学也只能有 200 名到现场参会，另外 5397 名同学只能在全国各地通过抖音、快手、微博、视频号四平台直播与我们空中相见。线上的洛宝们，我很想念你们！

2022 届洛宝们！2019 年 9 月 1 日，你们带着对大学的憧憬和向往走进了洛科校园。翻开洛科当天的公众号推文，有一个叫"两棵树的故事"的网友的留言让我动容，他说："挥手告别高中还宛如昨日，面对新的征程，希望用拼搏的汗水冲刷掉胆怯和自负，以充沛的精力全力以赴，砥砺前行，以梦为马，不负韶华！"从他的留言中我看到了洛科学子关于青春、关于梦想的心路历程。

但是,就在你们的第一个寒假,新冠疫情暴发,牵动了全国人民的心弦,校园也按下了暂停键。终于,新学期经历了三个月的线上教学后,2020年5月18日,你们返回了校园,从此校园开始了封闭管理。大家都失去了外出聚餐、逛街、看电影、约会的机会。从那时开始经常有同学在校长信箱提问:什么时候能解封校园?什么时候能恢复线下教学?什么时候能结束"异地恋"?于是洛科校长信箱投诉率就居高不下了。也有同学说:"封闭式管理,2万多学生朝夕相处在2千多亩校园里,这要是找不到对象你们就得反思自己了。"作为校长,我真认真反思了这个问题,觉得学校做得还不够,所以给大家打造了10亩地的青春玫瑰园。还有同学说:"上网课,其实学习时间更机动,只要调整好作息,在不被打扰的环境下,进入学习状态反而更快,学习更高效。"洛科学子说:"疫情确实带来了很多遗憾,但我也收获了很多新技能,这难忘的3年,看似飞快,其实充实。"

洛宝们,我想多年以后,回首大学生活,伴随着你们刻苦求学的经历,延期开学、封校管理、线上教学、核酸检测、轨迹排查,都将铭刻在你们关于青春、关于爱情、关于大学的记忆里,疫情带来的不美好,只要与青春在一起,与拼搏、奋斗在一起,都将成为你们人生的宝贵财富。正如普希金所说,那逝去的终将是美好!

2022届洛宝们!从你们入学到今天毕业,新冠疫情依然严峻,世界格局变幻莫测,正好印证了这个时代特征。你们成长在一个伟大的时代,一个中华民族伟大复兴的新时代;同时,你们也生活在一个充满易变性、不确定性、复杂性、模糊性的VUCA时代[①]。在这个时代里,有些变化可以预知,有的则突如其来。比如这次疫情对个人、学校、国家、世界及人类都是巨大的考验。

洛宝们,你们可记得,面对突如其来的疫情,2020年春节,如今已

---

① VUCA时代,即充满易变性(Volatility)、不确定性(Uncertainty)、复杂性(Complexity)和模糊性(Ambiguity)的时代,是一个描述当前及未来世界特征的术语。

85高龄的钟南山院士,在广州、北京、武汉三地奔波,连续奋战。他国士无双,硬核男神。钟南山院士是一个真实、普通,甚至平凡的中国医生。他跟所有有责任感的医生一样,几十年如一日,每周坚持出门诊看病人,每周坚持查房,一直到现在,还是如此。在繁忙的工作之余,钟院士每周都会抽出3~4天下班后的时间,进行40~50分钟运动。几十年如一日的锻炼,让他拥有了强健的体魄,为服务患者提供了良好的身体条件。正是这样一位可爱、可敬,对事业兢兢业业、一丝不苟的老人和无数个奋战在疫情防控一线的医护工作者,构成了保护人民身体健康的"脊梁"。

从非典到新冠病毒,钟南山一直站在抗疫一线,成为公共卫生事件应急系统建设的推动者,促成了国家多项政策法规的制定,更成为应对突发公共卫生事件的代言人,成为稳定民心的科学家代表。他因此被授予中华人民共和国最高荣誉勋章——"共和国勋章"。从钟南山院士的成功,我想到几个关键词,"坚定""坚守"与"坚持"。

2022届洛宝们!疫情给我们带来的也不光是困惑与恐惧。我们诸多洛科学子在此期间同样取得了长足的进步。据我所知,音乐协会200余名同学,每天放学后就开始练习声乐和乐器,有的同学参加了《中国好声音》大赛,包揽了学校好声音大赛大奖;书法社团100余名同学每天练习书法,在临摹、创作的天地辛勤耕耘;足球社团61名同学,坚持每天中午和晚上刻苦训练,夏练三伏,冬练三九,在"新安杯"足球赛中荣获铜牌。疫情期间学校也涌现出不少"学霸寝室",很多学生利用"宅"的时间解锁了不少新技能……

最近我听说了专升本同学励志的故事,陈琳同学,刚入校时学习底子薄弱,为了提高成绩,她一天只睡三四个小时,能一动不动地坐在教室自习一天,她的坚持与努力得到了回报,成绩在短时间内得到了迅速提升。楚森森同学,他的专业课扎实,曾荣获学校好声音比赛第二名,但是英语成绩一般,他迎着朝晖、奔向太阳,披星戴月、风雨兼程,英语成绩从最初的30分提到现在的100+。大家都在努力以自己的方式,追逐梦想、书写精彩。从他们身上我提炼的关键词依然是"坚定""坚守"与"坚持"。

2022届洛宝们！借此机会我再向你们讲两个人的故事。第一位是今年60岁的全国劳模、全国五一劳动奖章获得者、中国最美奋斗者、2018"大国工匠年度人物"高凤林,他是中国航天科技集团211厂发动机车间的一名普通班组长,他技艺高超,他是特级技师,被称为焊接火箭"心脏"的"中国第一人"。42年来,他几乎都在做着同样一件事——为火箭发动机喷管焊接。有的实验,需要在高温下持续操作,焊件表面温度达几百摄氏度,高凤林双手被烤得鼓起一串串水泡,但他依然咬牙坚持。他用35年的坚守,诠释了一个航天匠人对理想信念的执着追求。

第二位是我们洛科艺术与设计学院专业带头人张嘉伟老师,他是正高级工艺美术师、正高级乡村振兴技艺师、中国玉雕大工匠、省级非遗代表性传承人,是我国玉雕行业高技能领军人才,为了将玉雕技艺与汉文化结合,他沿着家乡的历史沿革追根溯源,深入探究传统技法"汉八刀"。经过潜心研究,他终于将传统的汉八刀技艺继承和发扬。因常年伏案雕刻,张嘉伟有严重的颈椎病,而且玉雕需要左手持玉料右手拿雕刀,在制作大件器皿时,左手吃重时间长了手指就会麻,可很多工艺要求连续不间断,为解决手麻这个问题,张嘉伟老师瞒着家人到日本接受了手指神经的阻断手术,同时为了使中指无名指间的开合度更大,手持玉料时更为灵活,他还通过手术切断了手指筋腱。就这样,张嘉伟以常人无法企及的毅力和对艺术至高的追求,造就了一双专属玉器制作的手。

这两位都是能工巧匠、大国工匠。值得你们终身追随。从他们的故事里,我提炼的关键词依然是"坚定""坚守"与"坚持"。

2022届洛宝们！你们要远航了,虽然条条大路通罗马,但是这个世界上仍有许多的不公平,有的人出生在罗马,有的人努力一辈子也到达不了罗马,有的人天生就很优秀,优秀不一定能成功,但我坚信坚持努力一定能更加优秀并更能成功。在此,我郑重地将"因为坚持,所以成功"这把开启美好人生的金钥匙交付给你们。希望你们用这把金钥匙坚定信念,在人生的航海征程中,心中永远有一座明亮的灯塔;希望你们用这把金钥匙坚守梦想,永远不忘初心,让梦想照进现实;希望你们用这把金钥匙坚持精进,不断追求卓越,让人生更加丰满。洛宝们,坚持像火一般,描绘了人生;坚持像光一样,照亮了梦想。坚持自己的梦想,因为梦想需要坚持来实现。

2022届洛宝们!母校也正在用"因为坚持,所以成功"这把金钥匙谱写新时代职教改革新篇章。学校全面贯彻党的教育方针,坚持"立德树人、德技并修"办学方向,为党育人、为国育才。我们遵循"以父母之心育人,帮助学生成就梦想"办学宗旨;笃定"以学生为中心,以贡献者为本,组织利益至上"的核心价值观;树立"成为扎根中原大地的高水平职业技术大学"的愿景目标;践行"理实一体、知行合一"的校训;积极构建"一体两翼"发展模式,"一体"是指建设青年友好型大学,"两翼"即学院-书院双院育人,政-校-行-企协同育人;不断提高办学水平,不断提升品牌影响力,不断为祖国繁荣富强输送像你们一样的一批又一批的厚德博学、内心充盈、敏行善言的高素质技术技能人才。洛宝们,要相信不久的将来,洛科就将成为一所本科职业大学,母校将立足洛阳,辐射中原,影响全国。因为我们坚信"因为相信,所以看见",坚信"因为坚持,所以成功"。

2022届洛宝们!希望你们永远保管好"因为坚持,所以成功"这把金钥匙。再坚持一下,也许就能等到融化;再坚持一下,也许就能等到接纳;再坚持一下,也许目标就能到达;再坚持一下,也许铁树就能开花;再坚持一下,过了冬天就有春夏;再坚持一下,过了黑夜就有朝霞;再坚持一下,没有比心更美的花;再坚持一下,没有比爱更甜的家。

洛科永远是你们温暖的家。此时此刻，我想再嘱咐你们几句话。

第一，希望大家坚守梦想。梦想是绳，挂起饱满的帆；梦想是帆，推动希望的船；梦想是船，漂荡于理想的海；梦想是海，托起耀眼的光；梦想是光，照亮前进的路。

第二，希望大家坚持学习。要不断学习新知识、新技能，做厚德博学、内心充盈、敏行善言的高素质技术技能人才，成为能工巧匠、大国工匠，在技能型社会建设中大显身手、大展宏图。

第三，希望大家坚持精进。苟日新，日日新。自我改变、自我超越才是最强大的力量。坚持精进，砥砺前行。

洛宝们！人生就像一粒种子，需要你悉心呵护、用心灌溉。有时候没有开花结果，请不要担心，没有规定人生的种子必须开花结果，因为你本身也许就是一棵树，一棵有担当、有梦想的参天大树。你的未来还有很长的路，我希望你热爱生活、内心充盈，真诚待人、善良温暖。

洛宝们！今天我们不说再见。感谢你坚定地选择洛科、相信洛科，洛科永远是你骄傲的母校。愿你在未来的日子里坚守梦想、勇往直前。我们顶峰见！

再次祝愿2022届5597名洛宝们毕业快乐！爱情甜蜜！事业有成！谢谢大家！

校长 刘丽彬
2022年6月10日

篇三

因为奋斗　所以幸福

——在2023届大学生毕业典礼上的讲话

亲爱的2023届7604名洛宝们：

你们好！

又是一年繁花似锦，杨柳依依；又是一季青春散场，携梦远航。亲爱的洛宝们，你们已经圆满完成了三年学业，即将意气风发地开启人生的崭新篇章，我谨代表学校，向风华正茂的你们，送上热烈的祝贺、真诚的祝福和美好的祝愿！愿你们在人生的新征程中一切顺利！在社会的大舞台上绽放精彩！

三年前我来到洛科，你们是我迎来的第一批学生。还清晰记得在至善广场开学典礼上，我以集体谈话方式为你们上了大学第一课，话题涉及立志、勤学、改过、责善等诸多方面。过去的三年是我职业生涯里非常特殊的三年，特殊在初任大学校长的三年，特殊在疫情肆虐的三年，特殊在洛科超速发展的三年，特殊在见证你们健康成长的1000余个日日夜夜。今天，你们就要毕业了，作为你们的校长、老师，我的心情十分复杂，有不舍，有欣慰，也有遗憾。

亲爱的洛宝们！三年已过，虽感叹时光易逝，如沙粒在指缝间悄然溜走；但也庆幸岁月漫长，足以把你们成长的路途铺展拓宽。我欣喜地见证了你们三年以来的蜕变，见证你们从青涩到成熟，从懵懂到睿智，从迟疑到坚定。我由衷地为大家感到高兴！

今天的毕业典礼将是你们在洛科上的最后一课，我一直在思考与你们分享点儿什么。在2021届毕业典礼上，我给2021届全体毕业生送出了一把人生金钥匙"因为相信 所以看见",在2022届毕业典礼上,我又给全体毕业生送出了一把金钥匙"因为坚持 所以成功"。此时此刻,我想和你们聊聊幸福。我想今天在座的每一位都渴望自己拥有一个幸福美满的人生。那我们首先得知道何为幸福。其实幸福就是一种感觉,也就是幸福感;幸福是一种主观感受,获得幸福是一种能力,是预期的达成度。幸福的感觉是长期的精神富足状态,区别于快感与快乐。快感是即时性的生理满足,比如酷热天里喝下一杯冰冻可乐,自然给你带来一种快感。而快乐是较持久的身心愉悦状态,完成一件事情就可以获得,比如我们有的同学酣畅淋漓地打一场篮球,打一场游戏,组织一次活动等都会得到快乐。但这种快乐未必就是幸福,当然幸福一定是伴有快乐的。有一种观点我很认同,那就是"有意义的快乐才是幸福"。因此,我希望你们勇敢地追求有价值的人生、有意义的人生,始终寻求有意义的快乐,必将幸福一生。

幸福从哪里来?当问到这个问题时,我很自然地回想起一首歌谣《幸福在哪里》,歌词大意是:幸福在哪里,朋友啊告诉你。她不在柳荫下,也不在温室里。她在辛勤的工作中,她在艰苦的劳动里。啊,幸福,就在你晶莹的汗水里。幸福在哪里,朋友啊告诉你。她不在月光下,也不在睡梦里。她在精心的耕耘中,她在知识的宝库里。啊,幸福,就在你闪光的智慧里。听完这段歌词,我相信大家都找到了获得幸福人生之路,两个字"奋斗"。这就是我为你们送上的第三把人生金钥匙——"因为奋斗 所以幸福"!

亲爱的洛宝们!"因为奋斗 所以幸福"这把人生金钥匙并不是谁都会拥有的。上月中旬,中国社科院社会学研究所与社科文献出版社联合发布了《社会心态蓝皮书:中国社会心态研究报告(2022)》,从认知、价值观、信念和社会参与四个方面探索迈向中国式现代化进程中已具备的社会心态基础。

报告中,一份对6168名居民社会心态调查数据的分析,引起了我的关注。数据显示,被调查者中有57.81%的民众相信勤奋努力会得到回报、获得成功,有40.19%的民众对此持中立态度,有1.99%的民众不相信奋斗的意义。

仅看这组数据,从这个比例来看,大多数人相信奋斗的价值,相信奋斗可以创造美好的生活。但当按照出生年代对数据进行二次分析后,我发现,有60%以上的"50后""60后""70后",相信勤奋努力会得到回报,奋斗信念最强;有超半数的"80后"也相信奋斗的力量;而反观"90后""00后""10后",明确相信勤奋努力会获得回报的人仅占47.32%,49.58%的对此保持中立,还有3.11%的认为奋斗并没有什么意义。

为什么年长的人,大都坚信幸福生活要靠奋斗获得,而对奋斗的价值和意义持有中立和否定态度的,大都是年轻人?为什么越来越多的年轻人开始出现否定奋斗价值的倾向呢?难道对年轻人而言,奋斗真的没有价值吗?这个问题要回答好,还真挺复杂。这也许就是我们所处的充满易变性、不确定性、复杂性、模糊性的VUCA时代本来的样子。我无法让所有的青年人都能醒来,但我真心希望,从洛科校门走入社会的你们,可以多一份清醒!

亲爱的洛宝们!世界上没有坐享其成的好事,幸福也不会凭空从天而降。"天行健,君子以自强不息。"任何时候,想要改变自己的命运,拥有闪亮的人生,创造幸福美好的生活,最应该做的就是奋斗,"不驰于空想,不骛于虚声",脚踏实地、不懈奋斗!奋斗是通往幸福生活的阶梯!回望历史,无论是"愚公移山""精卫填海""悬梁刺股"等寓言故事,还是"自古雄才多磨难""梅花香自苦寒来""君子以自强不息"等古训格言,其中都蕴含着艰苦奋斗、自强不息的精神。

爱因斯坦说:"只要你有一件合理的事去做,你的生活就会显得特别美好。"我国历史上82岁的状元——梁灏就是如此。梁灏是五代时期的人,却是宋太宗时期的状元郎。他从五代后晋天福三年

(938年)起就不断地进京应试,历经后汉和后周两个短折朝代。尽管屡试不中,但他并不在意,总是自我解嘲:"考一次,我就离状元近了一步。"直到宋太宗雍熙二年(985年),他才考中进士,被钦点为状元。他一共考了47年,参加会试40场,中状元时已是满头白发的老翁。

苏格拉底说:"世界上最快乐的事,莫过于为理想而奋斗。"隐姓埋名30年,为我国铸造核盾牌的中国工程院院士彭士禄就是如此!彭士禄是中国无产阶级革命家彭湃之子。年幼时父母牺牲,在党的培养下成长成才。20世纪50年代,他继承先辈遗志,响应党的号召,隐姓埋名投身核潜艇研制事业。当时的中国一穷二白,没有图纸、没有专家援助,彭士禄等人只能从美国商店内的核潜艇模型中"自教自学",边学习边实践,默默攻关。终于,1970年,我国自主研制的第一艘核潜艇成功下水,成为世界上第五个拥有核潜艇的国家。1974年,这艘核潜艇被命名为"长征一号",正式编入海军战斗序列。彭士禄并没有因此停止奋斗,改革开放后,他负责引进建设大亚湾核电站,组织自主设计建造秦山核电站二期,引领我国核事业发展实现历史性跨越。彭士禄曾说,如活着能热爱祖国、忠于祖国,为祖国的富强而献身,足矣!

越王勾践,卧薪尝胆,三千越甲可吞吴;贝多芬即便双耳失聪,也要扼住命运的咽喉,谱写《命运交响曲》,终成享誉世界的音乐家;霍金身患绝症,全身瘫痪,依然永不言弃,终成举世瞩目的科学家;马克思坚持革命理想,百折不挠,终成推动改变世界的一代伟人;陈景润一丝不苟、持之以恒,证实哥德巴赫猜想,终成名满天下的数学家……

从古至今,无论中外,虽然时间不同、地域不同,但人们对幸福、对奋斗、对人生的理解大抵相通。这一个个我们耳熟能详的人,他们的故事,取得的成就,为个人、为家庭、为国家、为民族乃至为整个人类社会带来的幸福,哪一个离得开奋斗二字呢?

亲爱的洛宝们!历史会抛弃那些前进路上的懒惰者、懈怠者、无为者,而将那些奋进者、搏击者、有为者的名字镌刻在丰碑上。天上不会掉馅饼,只有不懈努力、刻苦钻研才有取得成功、获得幸福的可能!任何人、任何事,都是如此!

百余年前,五四先驱李大钊这样激励青年:"青年之字典,无'困难'之字,青年之口头,无'障碍'之语;惟知跃进,惟知雄飞,惟知本其自由之精神,奇僻之思想,锐敏之直觉,活泼之生命。"靠什么征服通往梦想的火焰山?拿什么安放心中如火的激情?奋斗,唯有奋斗!

幸福都是奋斗出来的。幸福不是脱离现实世界的精神玄思,也不是坐享其成的既定存在,它是现实的创造,是实践的产物!

亲爱的洛宝们!路虽远,行则必至;征途漫漫,唯有奋斗。幸福不会从天而降,幸福是奋斗出来的!"因为奋斗,所以幸福!"——这也是今天,我要教给你们最后的知识!奋斗是亘古不变的时代底色,任何时候,奋斗的精神都不能丢,奋斗的脚步都不能停。因为在你们身边,还有许许多多的人,他们都在用自己的故事,诠释"因为奋斗,所以幸福"的人生真谛。

"因为奋斗 所以幸福",是"宝剑锋从磨砺出,梅花香自苦寒来"的积累与突破。"不积跬步,无以至千里;不积小流,无以成江海。"智能制造与汽车工程学院2020届毕业生介智登,因为高考失利,入学成绩一般。但他没有自暴自弃、自怨自艾,而是从大一下半学期开始,就专心准备升本。他抛开一切杂念和担忧,一个人埋头在堆满试卷的书桌上,遨游于知识的海洋里,每日坚持,一如既往,积累从量变到质变的能量。"只有切切实实认真努力地去付出去追求,才能在无涯学海中挣扎出自己的一条路。"就这样,介智登一路从专科考上了本科,从本科考上了硕士研究生。此刻,正在江苏理工学院攻读硕士研究生学位的介智登同学,无比幸福!

"因为奋斗 所以幸福",是"千磨万击还坚劲,任尔东西南北风"的坚持与收获。艺术与设计学院2021届毕业生王宇慧,一直以来都有一个与天和云近距离接触的梦想,为了实现这个梦想,她选择了空乘专业。都知道空乘对形体、礼仪的要求是非常高的,为了让自己更符合一名合格空乘的要求,王宇慧用最苛刻的"自定规则"要求自己:动作做不好,重来;笑容不标准,重来;话术不到位,重来……几乎大学生涯的每一天,她都这样一遍遍地坚持,毫不懈怠。于是,当南方航空的工作机会来临时,不出所料,她被成功录取。在新的岗位上,王宇慧依然利用空闲时间坚持学习客舱乘务员手册,努力提升专业知识。此刻,还在追逐梦想和自己的路上,坚持奔跑、不曾停歇的王宇慧同学,无比幸福!

"因为奋斗 所以幸福",更是"千淘万漉虽辛苦,吹尽狂沙始到金"的开拓与进取。电子商务学院2022届毕业生李思思,从美妆小白、视频小白、运营小白,到如今活跃在互联网短视频平台,拥有三百多万粉丝的美妆博主,虽然李思思常说自己的成功是"运气与努力参半",但好运气留给的也是有准备的人。众所周知,在这个自媒体平台泛滥的时代,内容同质化/看似简单的短视频,想要拍出彩、保持热度、不被淘汰,并不容易,除了要紧跟时代潮流,更要勇于开拓,挖掘自身的特色与优势。李思思正是这样做的,她每天都关注美妆赛道头部流量博主,学习化妆技巧、拍摄方式的同时,分析数据,对标找差。通过一段时间的努力,李思思逐渐找到了自己的"标签"——真实有趣,关注她的粉丝数量越来越多,不久后就突破了百万。此刻,敢于抓住机遇、开拓进取,从普通大学生到拥有百万粉丝的美妆博主的李思思,无比幸福!

这样的故事在洛科,在你们身边还有很多。信息与数字工程学院2022届毕业生于家兴,努力奋斗,从不松懈,在人工智能专业专升本考试中获得河南省第一名;智能制造与汽车工程学院2023届毕业生宋炳璇,不畏困难,勇于实践,入职洛阳轴研科技有限公司,终成技术尖兵;经济与管理学院毕业生梁修阳,不辞辛劳,奋勇争先,在北京城建勘测设计研究院,化身"城市勘测"的符号……

亲爱的洛宝们!看到了吗,奋斗本身就是一种幸福。只有奋斗的人生才称得上幸福的人生。奋斗的过程是艰辛的,因为它不会一蹴而就;奋斗的过程也是幸福的,因为只有在长期不懈的奋斗中,才能体验人生百味,锤炼品格意志。如果说奋斗是田间辛勤的耕耘,那么幸福就是品尝甘甜的果实;如果说奋斗是雏鹰折翅的痛苦,那么幸福就是展翅翱翔的甜蜜。幸福不会从天而降,幸福是奋斗出来的!因为奋斗,所以幸福!

亲爱的洛宝们!知识改变命运,积累成就高度,奋斗成就人生。天道酬勤,任何一个拼搏奋斗的人都不会被辜负,必将收获属于自己的幸福!我期望你们在这个竞争、挑战、机遇并存的时代里,沉下心、坐得住、厚积累,始终保持奋斗进取之心,让勤奋努力成为青春远航的动力,让增长本领成为青春搏击的力量!

亲爱的洛宝们!青春是用来奋斗的,虽然奋斗的道路不会一帆风顺,往往荆棘丛生、充满坎坷,但是只要肯坚持,保持"中流击水,浪遏飞舟"的劲头,无论道路多险、风浪多大,必将收获属于自己的幸福!我期望你们无论风云如何变幻,始终保持坚定的信念和坚强的意志,用平和的心态应对千变万化的人生,用坚持不懈的奋斗书写青春华章!

亲爱的洛宝们!唯有永不停下奋斗的脚步,才能踏准时代节拍,拥抱变化,赢得出彩的机会;唯有永葆艰苦奋斗的精神气质,才能成就个人梦想,在奋斗中收获幸福,品味幸福。我期望你们以青春的蓬勃朝气,在担当中历练,在尽责中成长,让人生这粒种子,在开拓进取、不懈奋斗中精彩绽放!

2023届洛宝们!你们即将启程,奔赴星辰大海。临行前,我还有几句嘱咐赠予大家。

第一,把学习当成一种习惯。良好的习惯是人一生中最宝贵的财富。愿你们不论何时,不论何地,都不要忘记习惯的养成,更重要的是要把学习当成一种习惯,让你们的生活学习化!

第二,把理想当成一种目标。人这一生,总要树立一个目标,向着目标而行,活着才有意义。愿你们不论何时,不论何地,都不要忘记做一个有理想、有目标的人,以勇敢、无畏、忍耐和坚毅,给理想一份坚守!

第三,把奋斗当成一种幸福。新时代是奋斗者的时代。一个民族的伟大复兴,不是一个人、不是少数人能完成的,需要千千万万普通人的参与。个人在参与创造伟大时代的同时,也在创造自己的美好人生;祖国是个人成就的放大器,借时代之力才有机会实现自我突破。

马克思曾说,青春的光辉、理想的钥匙、生命的意义,乃至人类的生存、发展,全包含在两个字之中,那就是——奋斗!青春无问东西,奋斗自成芳华。洛宝们,去奋斗吧!要相信,在未来的前进道路上,不管遇到什么,只要你们以站立奔跑的姿势迎接一切挑战,就一定能风雨无阻地走向远方,收获幸福。

2023届7604名洛宝们毕业快乐!祝愿你们事业有成,爱情甜蜜,前途似锦,幸福一生!请记住,洛科永远是你们温暖的家!

谢谢大家!再见!

校长 刘丽彬
2023年6月11日

篇四

不懈奋斗　充分成长
——在学校2022级新生开学典礼上的讲话

亲爱的2022级同学们：

你们好！

这是我第三次面对洛科全体新生进行开学典礼讲话，两年前与全体新同学重点交流了关于立志问题，因为志不立天下无可成之事。去年开学典礼我重点和同学们谈到了选择问题，因为选择比努力还要重要。面对今年更加优秀的你们，我想谈成长，我希望你们能够不懈努力，充分成长。

大家知道，宇宙万物皆生长。关于宇宙的形成，有许多的假说，有"大爆炸"假说、"大撕裂"假说、"大坍缩"假说、"大冻结"假说等等。直到今天，宇宙还有无数奥秘没有得到答案。有一种说法，宇宙的终极命题可概括为"一黑、二暗、三起源"。一黑指黑洞的奥秘；二暗指暗物质与暗能量；三起源指宇宙的起源、地球的起源以及生命的起源。而我们人类是自然界最高级的生命存在，我们能制造和使用工具，我们有自己的语言与文字，我们创造了人类文明，而我们每一个生命个体存在所体现出来的价值与意义就构成了我们的人生。人生要回答的终极命题就是：我是谁？我从哪里来？我到哪里去？我希望同学们从今天开始，有意识地、不间断地、努力不懈地回答这三个人生必答题，不断回答这些问题的过程就是你生命成长的过程，也就是你独一无二的人生。

亲爱的同学们！你们应该知道，人类及人类文明就是一个缓慢生长的过程。人类起源于300万年或400万年前,为了从森林古猿进化成"人",我们的祖先经历了从猿人到原始人,从原始人到智人,再从智人到现代人等四个阶段,这是一个非常漫长的过程。我们伟大的中华文化最早起源于远古时期,发展至今,同样经历了一个漫长而曲折的发展历程。我们所有洛科人何其幸运生活在拥有世界上最基础、最广泛、最深厚,也最具有生命力和决定性的灿烂文化国度里。

亲爱的同学们!你可知道,自然界里的生长故事同样丰富多彩、惊天动地。你知道吗?蝉要完成蜕变,首先要在暗无天日的地底下潜伏很长时间,短则三年左右,长则达十七年之久。在这期间,它只能依靠吸取树根的汁液为生,既要忍受寒气与潮气,也要忍受孤独与寂寞。经历六次的蜕皮后,直到某个仲夏的夜晚,它才能以蝉蛹的样子钻出泥土。再从蝉蜕里挣脱出来,并且凭借自己的努力一点点爬到树枝上,经过最后一次蜕皮后,它才能一夜之间蜕变成知了。你知道吗?池塘里的荷花每天都会以前一天2倍的数量绽放,如果第30天荷花开满了整个池塘,那么在第几天荷花开了一半。是第15天吗?不是,到第29天时荷花仅仅开满了一半,直到最后一天才会开满另一半;你知道吗?竹子用了4年时间仅仅生长了3厘米,从第5年开始,开始以每天30厘米的速度疯狂生长,仅仅六周时间,竹子就长到了15米。大家体会一下,蝉生命里的绝大部分时间都在等待,为了能飞、能鸣,能在漫无天日的土地下常年如一日地蛰伏与等待;荷花最后一天的开放速度最快,等于前29天的总和;竹子在前面的4年时间虽然只生长了一点,但根已在土壤里延伸了数百米。

说到这里,我想大家从宇宙变幻、人类进化、中华文化、世间万物中已经感悟到了生命成长之道。生命是一个不断适应环境,接受环境选择的过程,而人生是一个不断探索与建构自我心理环境,从而适应自然环境与社会环境的过程。我们需要成长,成长需要积淀,绽放需要过程。付出是为了扎根,一切的成功都需要厚积薄发,基础累积到一定程度,假以时日,定会有一飞冲天的光明前景。

亲爱的同学们！人生没有宇宙与大自然那么漫长,但只要把握好人生的方向,通过不懈的努力,你们中每一个生命个体都会是独一无二的,都会绽放精彩,终将成为最好的自己。在座的各位,大都年满十八,长大成人。如何评价自己过去的十八年？如何定位人生的新阶段？如何度过自己的大学生活？如何规划自己的职业生涯？如何设计自己的幸福人生？这些话题都摆在了你们面前,因为你们已经是成人,应该自觉担起独立选择并为之努力的责任。

亲爱的同学们！你们何其幸运。过去的十八年,是中国改革开放,经济社会大发展的十八年,虽然有的同学一出生就在蜜罐里,对这种变化体会不深;过去的十八年也是互联网高速发展的十八年,你们享受了互联网的丰富多彩与便捷服务,可能也因为受互联网的负面诱惑而失去很多,甚至坠入了深渊;过去的十八年中国教育快速发展,你有幸考入大学,但或许也很不幸与自己心仪的大学失之交臂。但我要说,过去就是过去,你真正拥有的就是当下。一位非洲女作家说过一句话,"种一棵树最好的时间是十年前,其次就是现在"。从这句话里大家要意识到,人生成长之要诀,就是把握好你自己的每一个现在。现在你是洛科的学生,你就要把握好在洛科的现在,努力做到:珍惜大学时光,提高人文素养,拒绝沉迷网游,每日早起锻炼,友善对待他人,理性面对爱情,坚持阅读经典,关心关爱家人,持续追逐梦想。当大学毕业时,你一定是你想要的自己。

亲爱的同学们！你们何其幸福。你们生活在中华民族伟大复兴的新时代,赶上了母校洛科"建双升本"的新阶段。你们的母校正在按照国家职业教育高质量发展的总体要求,认真坚持"以父母之心育人,帮助学生成就梦想"的办学宗旨,积极践行"理实一体、知行合一"的校训,努力推进"学院-书院双院育人,政-校-行-企协同育人"模式;坚持立德树人、德技并修,以"认同、尊重、激活"的育人理念为指导,建设青年友好型职业大学,培养厚德博学、内心充盈、敏行善言的高素质技术技能人才,努力成为扎根中原大地的高水平职业技术大学。

亲爱的同学们!只要你心中有梦,激情追梦,梦想就会实现。我希望你们中的每一位,都能做到心中有梦想,身边有榜样。洛科人就是一个有梦想的团队,洛科就是一个圆梦的地方。在追梦的路上你们并不孤单。借此机会,我想跟你们分享几个洛科追梦人的故事:

故事1:电子商务学院2018级高职电商14班学生张森,出生于军人世家。或许是源自家庭传承的红色基因,张森毫不犹豫地踏上了从军之路,他刻苦训练,积极表现,不负众望,在2019年9月,光荣地入选中国人民解放军仪仗大队;2020年4月,顺利结束新兵训练生活,正式成为中国人民解放军仪仗大队中的一员;2021年7月1日,他作为护旗队队员出现在天安门广场庆祝中国共产党成立100周年大会上,这是他一生的荣耀,也是洛科的光荣。

故事2:智能制造与汽车工程学院2020届机械制造与自动化专业毕业生王莘,2020年从洛科毕业,专升本成功考入河南理工大学;2022年本科毕业,成功考入武汉科技大学研究生学院。2017年,进入大学的他并不知道下一步该如何规划,大一下学期,他发觉身边的同学都制定了周密的学习计划,他被浓厚的学习气氛感染,奋发向上,提升自己,开始了他的专升本之路。王莘同学的成功,不只是改变了学历,也不只是城市的迁移,更是人生的不懈努力与充分成长。

故事3:经济与管理学院2019级高职金融1班学生李尉铭,在校期间曾获校级"三好学生"等荣誉,实习期间自主创业,现为灵宝市半城酒店老板。李尉铭从小就对"家"有种特殊的执念,他选择加入酒店行业是希望通过自己的努力,让在路上的出行者也能有"家"。秉承着这种情怀,他开始自己的创业之路。但创业之路从来就不是一帆风顺的,突如其来的疫情使刚刚步入正轨的酒吧被迫停止营业,但他没有被这突然到来的困难打倒,而是调整思路,凭借自己的坚持和努力,成功将创办的"半城"系列(酒吧、酒店)做到了灵宝当地的口碑第一。

故事4:信息与数字工程学院2017级软件技术专业学生丁应旭、艺术与设计学院2017级艺术设计专业学生杨紫馨,入校时互不相识,并不知道未来会彼此产生交集。丁应旭作为班长,乐于助人、勤奋好学,多次获得"优秀班干部""优秀学生";杨紫馨获得第九届全国高校数字艺术设计大赛三等奖、2021年第八届中国洛阳"三彩杯"(国际)创意设计大赛铜奖,她的作品入围了2020年迪拜世博会青少年设计创新实践交流与展示活动。2020年12月,两人在机缘巧合下相识,并对彼此产生了好感,约定要在同一所本科学校相见,他们的目标是我省专升本院校中的前三名——郑州轻工业大学。为了达成目标,两人互相鼓励,制定计划,尽可能争取学习时间和空间,他们都在努力成为更好的自己。在今年刚结束的专升本考试中共同考上了理想院校。我希望你们中产生更多的像他们一样的情侣,有共同梦想与追求,把情感建立在相互支持、相互成就的基础上,把爱情作为追求美好人生的动力。

故事5:智能制造与汽车工程学院2021级高职机械制造专业2班学生赵鹏同学与范子豪同学在暑期刚刚结束的河南省第五届大学生金相技能大赛中,与河南省本科院校学生站在一个赛道上,斩获两个特等奖,顺利进入国赛,目前正在进行紧张的训练。他们的成功来源于洛科的自信,来源于洛科人的坚持,来源于洛科人的不懈努力。整个暑假他们冒着酷暑,不分昼夜,把一个个简单的动作做一千遍、一万遍,做到极致。这就是奋进的青春应该有的样子,这就是助力我们职业院校学生走向成功的工匠精神。在此,我们共同祝愿他们在国赛中取得优异的成绩。

亲爱的同学们!在洛科,这样的例子还有很多很多,我希望你们去发现、去学习、去追随,也希望你们变成更加经典的案例,为母校增添荣光。你们的大学生活已经开启,社会的大门已经向你们打开。三年时间,不长不短,足以从头到尾改变一个人,我相信你们会和这些学长一样,拥有着一切可能性。三年里,要成为最好的自己,要更加充分地成长,需要你们做到:

一是始终拥有面对一切的勇气。斯科特·派克在书中提到,"多数人认为勇气就是不害怕。现在让我来告诉你,不害怕不是勇气,它是某种脑损伤。勇气是尽管你感觉害怕,但仍能迎难而上;尽管你感觉疼痛,但仍能直接面对"。面对挫折与失败时要大大方方地为自己买单,面对困难时要不屈不挠,面对质疑时要不卑不亢,面对挑战时要坚持不懈。

二是逐渐学会与自己和解。日本哲学家岸见一郎、日本作家古贺史健在《被讨厌的勇气:"自我启发之父"阿德勒的哲学课》一书中提到,"我们的很多心理困扰都来自社会和他人的期待和评价。正是这种评价体系,造成了人的骄傲和自卑"。我们要学会接受自己的平凡、不良情绪与不完美,接受真实的自己。每个人的花期都是不同的,去顺应自己的节奏生长,不用为了追随别人而打乱自己的步调,找准你自己的成长节奏。

三是应有属于你自己的思想。思想是比任何东西都坚固的城墙,因为它绝不会倒塌,也不会交到敌人手中去。在大学期间,你要珍惜时间,加强学习,阅读各类文献书籍,丰富自己的学识;锻炼自身的批判性思维,遇到事情不要急于下结论,要保持好奇心,学会多方面、多角度看待问题,坚持理性判断,切忌人云亦云。同时,学会对事情进行总结复盘,每天花出一点时间去思考,找出问题,及时改进。长此以往,当你遇见问题的时候,就会有自己的独立思想,有属于自己的声音,并能对事情做出客观理性的分析。

亲爱的同学们!要想嘱咐的还有很多很多,我希望你们自己去发现问题并找到答案,这本身就是一个人生智慧增长的过程。接下来的日子里,我希望你们能更好读懂我们洛科人的精神图腾——洛科

鼎,它能帮助你们找到方向,找到目标,找到自信,找到成长智慧,找到成功的动力与方法。祝愿你们每一位都拥有:

洛科之眼——格物致知,志存高远

洛科之耳——博闻慎思,兼听明辨

洛科之角——自强不息,砥砺前行

洛科之翼——德技并修,奋发向上

从而成为华夏之龙——扎根中原,光耀四方!

谢谢大家!

校长 刘丽彬

2022年10月11日

篇五

正位凝命　如鼎之镇
——在河洛文化传承与大学校园文化建设研讨会上的讲话

尊敬的各位领导、各位嘉宾、老师们、我最亲爱的洛宝们：

大家上午好！

时维九月，序属三秋。今天我们隆重举行河洛文化传承与大学校园文化建设研讨会，共同见证洛科精神图腾——2023级新生开学典礼暨洛科鼎置鼎仪式；共同探讨河洛文化传承与大学校园文化建设，以落实习近平总书记2023年6月2日在文化传承发展座谈会上提出的"赓续历史文脉，谱写当代华章"的指示要求。借此机会，我代表洛阳科技职业学院25000余名师生向长期支持洛科发展的河南省委教育工委、河南省教育厅，洛阳市委、市人大、市政府、市政协，新安县委、县政府等各级领导表示衷心的感谢！向欧美同学会总会、留美分会、北京大学校友会、清华大学校友会以及驻洛高校和集团兄弟院校各位领导的到来表示热烈的欢迎！向各位文化界的专家学者的莅临指导表示衷心感谢！向2023级6900名洛科学子加入洛科这个大家庭表示热烈欢迎与祝贺！

刚才，我们在场的14000余名领导嘉宾及洛科师生齐穿汉服，在铿锵有力的国歌声中，在余音袅袅的编钟和编磬声中，在各位领导专家的指导与殷切期盼中，齐颂了《洛科赋》《洛科鼎铭》，见证了洛科鼎的揭幕。这是洛科办学史上的重要时刻，是我们全体洛科人精神文化的一种丰富，是我们洛阳科技职业学院落实习近平总书记"育新人、兴文化、展形象，建设社会主义文化强国"重要指示的体现，是我们践行立德树人根本任务,落实教育强国、职教强省战略部署,推动学校高质量发展的实际行动。

文化是一个国家、一个民族的灵魂。文化兴国运兴,文化强民族强。没有高度的文化自信,没有文化的繁荣兴盛,就没有中华民族伟大复兴。立足新时代,我们思索如何更好地把中华优秀传统文化中具有当代价值、世界意义的文化精髓提炼出来、展示出来。鼎作为华夏民族的文化瑰宝,是深厚的人文底蕴与精湛的工匠精神之集大成者,更是深度契合了洛科"人文+科技"的校园文化理念。在古代,鼎被视为立国重器;如今,教育是兴国之重器。我们以鼎喻教育之重,以鼎喻教师之尊。

《周易》有言:"木上有火,鼎;君子以正位凝命。"正位,就是摆正自己的位置,坐得稳,坐得正。凝命,"凝"就是凝聚精神,发掘智慧。"命",就是人的命运。"正位凝命"意思是说,君子应当像鼎一样立身于正确的地位,端正持重,凝聚精神,发掘智慧,完成自身使命,实现人生价值。

洛科鼎包含"一鼎"洛科鼎,"二浮雕"河图洛书浮雕与丝绸之路浮雕。鼎选用洛阳鼎作为文化母体,是因为洛阳鼎出土于洛阳,是洛阳当之无愧的文化标志,具有专属性,浮雕图案选用河图洛书和丝绸之路,均是洛阳代表性的文化元素。鼎代表了育人育才,河图洛书寓意着传承文化,丝绸之路体现了服务社会,这是一所大学最为重要的三大功能。"一鼎""二浮雕""三位一体"既是理论与实践的有效融合,也是洛科校训"理实一体、知行合一"的深度体现。洛科鼎寓示,我们要落实习近平总书记"扎根中国大地办大学"的嘱托,"鼎"天立地、鼎立中原、鼎新革故,实现"成为扎根中原大地的高水平职业技术大学"的办学愿景。

洛科鼎的"鼎心、双耳、四足、八棱"的形态,蕴含了我们的办学初心,"鼎心"寓示了"以父母之心育人,帮助学生成就梦想"的赤诚之心;

"双耳"寓示了知识技能与人文素养并重,"学院-书院双院育人",让学生在学院学习知识与技能,在书院培养人文素养;"四足"寓示了厚德、博学、敏行、善言的人才培养目标;"八棱"寓示了洛科学子逐梦八方、未来可期。这要求我们洛阳科技职业学院要做职教改革的先行者,推动高质量发展,建设青年友好型职业大学,服务区域经济,服务国家战略,成为"地方离不开、行业都认可、国际可交流"的中国特色职业大学。

我们洛科鼎也将鞭策全体洛科教职员工不忘立德树人初心,勇担为党育人、为国育才教育使命,勇做"最以学生为中心"的遵循者,做"三教"改革的开拓者,做"学院-书院双院育人,政-校-行-企协同育人"的践行者,做学生成长的引导者,做弘扬劳模精神、劳动精神、工匠精神,为人师表,关爱学生的"大先生"。

我们洛科鼎兽面纹的寓意,也将激励着我们洛科学子不懈奋斗,充分成长,成为最好的自己。亲爱的洛宝们!身处伟大奋进的新时代,你们不能止步于小我的追求,还要有"担国之重任,成国之大者"的大我抱负。要把个人成长成才置于中华民族伟大复兴的战略之中,把"技能强国、技能报国"的人生追求贯穿于勤奋求学的全过程。让我们每一个洛科学子都拥有:

洛科之眼——格物致知,志存高远

洛科之耳——博闻慎思,兼听明辨

洛科之角——自强不息,砥砺前行

洛科之翼——德技并修,奋发向上

老师们,同学们!路虽远,行则将至;事虽难,做则必成。在洛科精神的指引下,我们全体洛科人"正位凝命,如鼎之镇",成为扎根中原大地的高水平职业技术大学的愿景目标一定会实现,一批又一批的大国工匠、能工巧匠将从洛科校园奔赴祖国四面八方。犹如洛科鼎"鼎龙"寓意,扎根中原,光耀四方!

最后,预祝本次研讨会取得圆满成功,让我们携手前行,一起续写河洛文化、大学校园文化建设的新篇章,共同追求中华民族伟大的复兴梦!祝福各位领导嘉宾身体健康、万事如意!祝福老师们工作顺利、阖家幸福!祝福我最亲爱的洛宝们,身心健康,学业有成!

谢谢大家!

附件

附件1

洛科鼎诞生记

　　洛科鼎的诞生、《洛科赋》的诞生、洛科校歌的诞生、洛科鼎铭文的诞生,都是有故事的。因《洛科赋》的诞生在叙述《洛科赋》的时候已经讲得比较清楚了,此处就不再赘述。洛科鼎铭文,篇幅不长,但前面酝酿的时间比较长,初稿也提出了几个,但感觉不甚理想。洛科鼎铸造在即,刘丽彬校长当机立断,召开"头脑风暴"会议,召集校内外专家,在原来稿件的基础上,先厘清所要表达的主题意思,然后现场"命题",现场"作文"。半天的时间,一篇立意高远、大气磅礴、横贯古今、堪称圭臬的铭文面世了。关于此,大家可以去品读鼎铭原文,这里不再多叙。而洛科鼎产生的过程、洛科校歌产生的过程,我们以附件的形式展示出来,使大家有一个大概性的了解。

文化是一个国家、一个民族的灵魂。文化兴国运兴,文化强民族强。没有高度的文化自信,没有文化的繁荣兴盛,就没有中华民族伟大复兴。立足高质量发展新时代,我们思考:办好一所大学,就需要打造大学文化,文化兴校,文化育人。

2014年5月,习近平总书记在北京大学师生座谈会上的重要讲话中指出:我们要认真吸收世界上先进的办学治学经验,更要遵循教育规律,扎根中国大地办大学。

2021年4月,习近平总书记在全国职业教育大会指出,在全面建设社会主义现代化国家新征程中,职业教育前途广阔、大有可为。

在教育兴国、教育强国的大背景下,洛阳科技职业学院地处中原大地、文化古都洛阳,就要走出一条"洛科模式"的特色职业大学之路,实现为党育人、为国育才,服务社会的远大目标,成为扎根中原大地的高水平职业技术大学。因此,洛科需要打造一个具有深厚文化内涵及独特办学释义的标识物,发挥精神图腾功能,激励一代代洛科人拼搏奋斗,砥砺前行。

2021年10月30日,宁波诺丁汉大学党委副书记、副校长沈伟其教授来访我校,双方在交流时谈及传播中华优秀传统文化和推动学校国际交流合作等问题。在探讨过程中,学校逐渐明确了建设洛科精神图腾洛科鼎的构想。

2021年11月20日,学校赴伊川县烟云涧青铜小镇考察调研。在此后的2个多月内,经过校内外专家多次研讨磋商,学校初步确立了洛科鼎"传承+创新"的设计理念及文化内涵。

2022年8月24日,历时9个月的研究论证后,学校召开洛科鼎建设项目发布会,全面解读洛科鼎文化理念及设计方案并同步推出学校IP形象"洛小科""洛小文"。

2022年10月22日,学校召开洛科鼎制作学术研讨会。来自河洛文化研究领域、青铜文化研究领域、青铜制作工艺领域的20余位专家学者对洛科鼎结构形态、图样纹饰、铸造工艺等一系列问题展开深入讨论,达成洛科鼎将按照"当代文物"的标准铸造的共识。

2023年6月3日,洛科鼎铸造启动仪式暨寻根溯源活动在灵宝市荆山黄帝铸鼎原遗址举行。学校百余名师生代表在轩辕黄帝铸鼎之处共同见证洛科鼎的铸造启动仪式。

2023年6月13日,举行《洛科赋》《洛科鼎铭》发布会。《洛科赋》与铭文将与洛科鼎同步浇铸。

2023年8月19日,举行洛科鼎浇铸启动仪式。洛科鼎在历经塑形、翻制模型、制作蜡模、制壳、焙烧等工序后浇铸成型。

2023年9月3日,举行洛科鼎置鼎仪式。三十五发礼炮鸣响,三十五载劈波斩浪。河南省委教育工委专职委员吕冰,洛阳市人大常委会副主任宗国明,洛阳市人民政府副市长任丽君,洛阳市政协副主席王燕飞,新安县委书记王智,新安县委副书记、代县长崔占科,中国新高教集团董事长李孝轩,河南科技大学党委副书记、校长孔留安,全国知名考古学家蔡运章,华夏铜艺成型技术研究院院长朱剑甫,洛阳科技职业学院党委书记刘茂钦,洛阳科技职业学院校长刘丽彬共同为洛科鼎揭幕。

附件2

校歌创作历程

校歌是大学文化精神的重要象征,是学校办学理念、校园精神、办学特色的集中呈现。洛科校歌创作历时17个月,历经前期调研、风格研讨、词曲征集、编曲、乐团配器、录音混音等多个环节最终完成。校歌《匠心追梦》是洛科整体形象的音乐表达,是全体洛科人工匠精神的完美诠释,是对学校办学理念、育人特色的高度凝练,是引领大家昂扬进取的精神宣言,完美诠释了洛科的文化自信。

2022年3月,学校高度重视校歌工作,开启初步论证、文化调研等工作。

2022年6月,正式成立校歌工作小组,由宣传中心、团委、学生处、书院、艺术与设计学院、马克思主义学院等专业人员构成。

2022年6月—7月,校歌工作小组多次召开专题会,研究分析百余所高校的校歌,探讨我校校歌词曲风格。

2022年8月,确定校歌词曲创作要求,如歌词内容、乐曲风格、曲式结构、调性调式、节拍节奏等。

2022年8月8日,通过公众号、官网专业论坛等,面向全体师生、校友及社会各界人士正式开启征集活动。截至2022年12月底,共征集210首,其中歌词96篇,曲谱47首,伴奏小样41首,演唱小样26首。经校歌工作小组多轮次筛选及对词曲的二次创作,选定《匠心追梦》为候选校歌。

2023年2月17日—2月24日面向全体教职工、学生以及部分校友广泛征集意见建议,通过数字洛科、OA公告等方式点对点推送

39021人次。

2023年3月31日，在新民学堂举办校歌《匠心追梦》校内发布暨试唱练唱活动，校歌正式与全体师生见面。

2023年7月11日，与河南半音影视制作有限公司签订合同，约定河南半音影视制作有限公司为学校录制校歌《匠心追梦》，包含前奏间奏伴奏创作、配器演唱、制谱转谱、乐器实录、后期混音制作及整体合成等。

2023年7月12日，由河南半音影视制作有限公司牵头，洛阳科技职业学院校长刘丽彬博士统筹，邀请洛阳师范学院音乐学院原院长商丽君教授、河南半音影视制作有限公司音乐总监朱清、学校校歌制作团队成员等进行为期两天的编曲研讨会。本次研讨会确认了校歌制作方向、校歌制作时间进度、交响乐团配置、男女歌手定位、歌曲前奏创意、歌曲尾奏制定、贾湖骨笛引入、低音贝司号进入等事项。

2023年7月14日至7月16日，开始前期统筹工作，如预约乐团、申请贾湖骨笛版权、预约合唱团、预约女歌手、预约男歌手等工作。

本次统筹工作选定河南歌舞演艺集团青年女高音歌唱演员，国家二级演员王圆圆为女生版本的演唱者；河南财经政法大学艺术学院院长，曾获第39届贝里尼国际声乐比赛中国选拔赛银奖的姬海冰为男生版本的演唱者；贾湖骨笛的演奏者为河南博物院华夏古乐团首席演奏家贺小帅。

贾湖骨笛为河南博物院镇馆之宝的榜首，本次录制采用1∶1仿品，完美还原骨笛的声音。

7月17日至7月21日，确定交响乐配器，敲定交响乐配器由木管类、铜管类、弦乐类、特色乐器类（骨笛）、打击乐类构成，共计45人参与整体录制，涉及乐器19种。

7月22日至26日，编制交响乐总谱，含指挥总谱、各乐手分谱、多声部混声合唱谱、独唱谱。

8月4日,召开总谱修改研讨会,参会人员认为配器过于臃肿,建议在配器数量不变的前提下,调整音量比例。

8月5日至7日,分别录制弦乐、木管乐、铜管乐、打击乐并合成交响乐。

8月10日至11日,在河南省歌舞剧团进行四声部录制(合唱录制)。

8月15日,贾湖骨笛录音。华夏初音,跨越古今,这是来自9000年前的声音。我校校歌也成为全国唯一一首引入贾湖骨笛演奏的高校校歌。

8月18日,邀请学校的师生代表前往河南半音影视制作有限公司录制学生合唱版。

8月25日,校歌《匠心追梦》面向社会发布男女合唱、女声独唱、男声独唱、专业合唱、洛科人合唱(教职工代表、学生代表、校友代表共同参与)、伴奏六个版本。

在学校职业教育办学35周年和高职办学10周年到来之际,全体洛科人高亢地唱响洛科校歌,感受校歌精神,传唱校歌旋律,深耕文化底蕴,传承奋斗荣光。

附件3

河洛文化传承与大学校园文化建设研讨会成果选集

学校高度重视河洛文化，重视河洛文化的创新性转化，尤其在育人中的转化，为此，在洛阳社科联、洛阳高校、洛阳市文物局、洛阳市旅发委等的大力支持下，于2023年9月3号，在学校新民学堂隆重举行"河洛文化传承与大学校园文化建设研讨会"，会议收到论文数十篇，现精选出以下5篇，供大家赏析。

1. 在"河洛文化传承与大学校园文化建设研讨会"上的致辞

蔡运章

各位领导、各位老师、同学们：

大家好！

值此金秋收获之际，洛阳科技职业学院举办的"河洛文化传承与大学校园文化建设研讨会"顺利开幕了，我谨代表洛阳河洛文化研究会，向本次盛会表示热烈的祝贺！

"没有高度的文化自信，没有文化的繁荣兴盛，就没有中华民族伟大复兴。"洛阳是著名的十三朝古都。河洛文化是以古都洛阳为中心的黄河与洛河交汇地区古代物质文化和精神文化的总和。它博大精深，源远流长，既是狭义的中原文化，也是中华传统文化的主流和精华，对中国古代政治、经济、军事和文化甚至世界文明，都产生了深远的影响。我们研究、传承河洛文化精神，对于增进民族认同和坚定文化自信，实现中华民族伟大复兴，都具有重要的现实意义和深远的历史意义。

  传承创新河洛文化，弘扬大国工匠精神，是洛阳科技职业学院办学的重要宗旨。贵校充分挖掘中华优秀传统文化和洛阳地域文化的丰富资源，以洛阳出土的"西周兽面纹方鼎"为原型，铸造本校的精神图腾——洛科鼎，"以物载志""以鼎寓意"，来打造大学校园文化建设的精神高地，真可谓独具慧眼，意义深远。

  《说文解字·鼎部》载："鼎，三足两耳，和五味之宝器也。"陶鼎本是中华先民烹饪饭食的重要炊具，早在距今八九千年的裴李岗文化时代就已出现。到距今约4100年前的夏代初年，大禹治水取得成功，建立夏朝，遂"贡金九牧，铸鼎象物"（《左传·宣公三年》）。铜鼎便成为夏、商、周三代的传国重器，也成为华夏文明的重要标志和象征。

  洛阳是《周易》哲学的故乡。《周易·大象传》载："鼎，君子以正位凝命。""正位凝命"是说一个有修养的人士，应当效法铜鼎端庄稳重的精神，凝聚全力完成国家和人民赋予的重要使命。《周易·序卦传》说："革物者莫若鼎。""革"有去旧更新之义。"革故鼎新"是铜鼎的基本功能，也是大学培育人才、坚持守正创新的重要职责。同时，我们常说的"一言九鼎""大名鼎鼎""鼎力相助"诸语，早已根植于我们民族文化的血脉之中。由此可见，把铜鼎作为洛科的重要标志，正是志在传承河洛文化、培育大国工匠的重要体现。

  各位领导，各位老师，同学们！河洛文化历史悠久，底蕴深厚，光辉灿烂。在河洛文化的传承创新的道路上，洛阳科技职业学院坚持守正创新，以时代精神激活优秀传统文化生命力的重要举措值得颂扬。

  三十五载的风雨兼程，使洛科能够立足中原，遍撒硕果，造就精英无数；三十五载的奋发图强，使洛科理实一体，知行合一，喜赢美誉天下！有鉴于此，我们特向洛阳科技职业学院的领导和师生们，表达崇高的敬意！

  祝愿洛阳科技职业学院越办越好！祝愿各位来宾、老师和同学们,工作顺利,身体健康,学业有成!

谢谢大家!

2023 年 9 月 3 日

作者简介:蔡运章,资深研究员(教授)、博导、全国知名考古学家、商周青铜器专家、金文学家,洛阳河洛文化研究会会长、全国先秦史学会副会长,洛阳鼎发掘项目主持人。

2.鼎——中国文明的特有符号

高西省

鼎,是中华民族沿用了几千年的生活用器,更是身份、地位、国家、权威和民族的象征,是中国文明的象征。

距今7000至8000年我们的祖先已发明了陶制的炊具——鼎,夏王朝晚期已使用比较完美的青铜鼎,商周青铜鼎已是祭祀文明、礼乐文明的核心重器。《左传》曰"桀有昏德,鼎迁于商,载祀六百。商纣暴虐,鼎迁于周",标志着鼎由生活器演变为具有权力、国家表征的礼制用器。从古到今几千年的传统器具中,几乎没有哪种器物像鼎一样沿用时间如此之久,其演变不仅是一种器具的变化,更是一部真实确切、有迹可循的中国史。

一言九鼎、大名鼎鼎、革故鼎新、鼎力相助……已深深地根植于我们的民族文化中。鼎已经成为国家和民族的符号。

从考古发现看,偃师二里头王都已发现中国最早铸造的青铜鼎,号称中国第一鼎。商代青铜鼎几乎上升到国之重器的地位,著名的司母戊大方鼎,形体之高大、气势之恢宏、纹样之精美,堪称中国青铜器发展到高峰时期的代表作,但这时的铜鼎并没有凌驾于青铜酒器之上而形成独尊的地位。西周时期周人赋予青铜鼎全新的文化内涵,鼎成为礼乐文明集大成的代表。青铜鼎不仅是生活用品,祭祀祖先的祭器,又是明贵贱、别等级的标识。"王用九鼎八簋,诸侯用七鼎六簋,大夫用五鼎四簋,士用三鼎二簋或一鼎一簋",即"青铜鼎便是政治和权力"。每当悠扬、动听、悦耳的乐声响起的时候,也正是王室、天子,敬天祭祖、宴飨的时刻。"金声玉振""钟鸣鼎食"的乐舞礼乐祭祀盛况导引"众神"首先享用,从而得到众神的眷顾、保佑,使人间为之肃然起敬。

洛阳兽面纹方鼎就是这样一个极具代表性的西周早期王室重器,是东都成周洛邑的标识。著名的西周初年何尊铭文曰:"唯王初迁,宅于成周……"从此"成周"洛阳成为西周王朝统治中国的又一政治、经济、文化中心。考古发现表明,洛阳东郊瀍河两岸分布着大型王室铸铜遗址、贵族墓地及祭祀遗址,这一带当是洛邑成周城所在地。这里历年来出土大批铸造精美的西周青铜器,其中兽面纹方鼎不仅是这些青铜重器中的翘楚之作,而且在中国西周青铜器中也是佼佼者。这件兽面纹方鼎于1977年洛阳瀍河西岸北窑庞家沟王室贵族686号墓出土,现藏洛阳博物馆。高35.3厘米、腹深13.5厘米、口长28.1厘米、口宽21.5厘米,重11.7千克。虽没有商代司母戊大鼎那么宏大凝重,但兽面纹方鼎是一件制作极其精巧、纹样极其流畅、铸造异常考究且罕见的青铜重器。整体呈长方形,立耳,直腹,柱足,腹部正中和腿的上部铸有双角高翘、粗眉、突目的兽面纹,方鼎四角和每面正中竖立着高峻的扉棱。尤为人们称道的是,工匠具有极高超的造型设计、铸造技能,由于采用几十块内外陶范组合浇铸,绝无相同的第二件,而纹样设计采用浅浮雕和高浮雕的交互错落布局,通体又以极工细流畅的云雷纹作衬底,超视角地展现出了兽面纹的狞厉之美,神秘、凝重、肃穆、典雅兼而有之。它那雄奇的方腹、兽面四柱足,稳健、庄重、壮伟,特别是它腹部设计有异常突出的浮雕兽面,巨眼凝视,阔口怒张,獠牙高翘,那夸张的双目,在青铜色泽的衬托下平添了一种神秘感,仿佛在静止状态中能积聚无限的力量，一瞬间就要辐射出无尽的"神力"。这件极力表现肃穆、凝重的兽面纹方鼎仿佛把我们带到了一个遥远的充满宗教气息的年代，在那祭祀舞乐缭绕的宗庙里，钟声锵锵，鼓声隆隆，象征国家王权的九鼎依次排列，从而达到天地人神间的沟通，使人间得到上天和先祖的保佑。这正是西周王室艺匠超强创造力的魅力所在。

洛阳兽面纹铜鼎以其"雄都定鼎地，势据万国尊"的超自然的气势，展现着那个时代的精神和拥有者的王者之尊。当今，立在洛阳科技职业技术学院的方鼎的原型就是洛阳北窑出土的这件兽面纹方鼎。古今辉映，此乃古都洛阳、洛阳科技职业技术学院一件令人敬慕的盛事。

著名美学家李泽厚认为，鼎是中国青铜器中的核心代表，其装饰手法由象征到写实，器物形制由厚重到灵巧，反映出人们对现实生活的肯定和对传统礼法的挣脱。从禹作九鼎的传说，到两周时期鼎立天下的政治理想，青铜鼎承载了中国文明厚重的内涵。透过洛阳兽面纹方鼎及当今巨制洛科鼎，我们似乎可以触摸到洛阳西周时期作为东都"成周"的辉煌，似乎触摸到中国作为礼仪之邦的特有魅力，领略到中国文明独特的神韵和气度。

作者简介：高西省，洛阳市博物馆原副馆长，研究员，硕导，青铜器研究资深专家。洛阳师范学院河洛文化研究中心特聘教授，兼任河南大学历史文化学院教授，广东职业技术大学艺术学院教授。

3. 河洛文化与大学校园文化建设

扈耕田

中国优秀传统文化,是社会主义发展观的重要来源,是中华民族的根与魂。

弘扬中华优秀传统文化,是我国现代化的必然要求,是我们文化自信的根基。弘扬优秀传统文化不仅是大学本身的职能要求,也是新时代赋予我们的新要求。文化传承创新,成为大学底蕴和活力的标志。

一、激发家国同构意识,增强爱国情怀

热爱家乡是人们近乎本能的情感。自古多有诗词表达此种情感,如屈原《哀郢》"鸟飞反故乡兮,狐死必首丘",《古诗十九首》"胡马依北风,越鸟巢南枝",王建《水夫谣》"一间茅屋何所值,父母之乡去不得",等等。

近代以来,人们一直把热爱家乡与爱国直接相联系。张之洞曾说:"爱其土物,乃能爱其乡土,爱其本国。"

这种观念自清末以来,深入人心。《南金乡土志》有云:中华自立国以来,除残虐时代而外,吾先民未有不爱其国者。惟立爱自亲始。爱家必先爱身,爱国必先爱乡。眷怀桑梓,万众一心,大同之景象迄今犹可想见。不知爱家,何由爱乡?不知爱乡,何由爱国?

可见爱家乡教育是爱国教育最亲切、最基础、最重要的实践之一。

习近平总书记在黄河流域生态保护和高质量发展座谈会上的讲话中指出:"我国5000多年文明史上,黄河流域有3000多年是全国政治、经济、文化中心,孕育了河湟文化、河洛文化、关中文化、齐鲁文化等,分布有郑州、西安、洛阳、开封等古都,诞生了'四大发明'和《诗经》《老子》《史记》等经典著作。"

这里指出了河洛文化在黄河文化中的重要地位,所列举的古都、科技、典籍,均与河洛文化密切相关。

著名学者刘庆柱指出:河洛文化不是一般的中国古代区域文化,它是中国古代历史上区域文化中的"核心区域"文化,属于中国古代历史文化中的"根文化"。所谓"核心区域"文化就是影响整个国家的文化,所谓"根文化"就是国家的文化之"根"。去年由全国政协主办的第十六届中国河洛文化研讨会,主题便是"河洛文化——中华民族的根与魂"。

陆游有诗云:"永怀河洛间,煌煌祖宗业。"

河洛地区本身也涌现出了大量爱国人物,他们有着感人的爱国精神,如弦高犒师、班超投笔从戎、马援马革裹尸。还有陈与义等著名的爱国主义诗人。

李贺有诗云:"男儿何不带吴钩,收取关山五十州。"

祖逖闻鸡起舞、刘琨北伐等爱国主义历史事件均发生在河洛地区。

二、培养学生恢宏阔大的气度和志在天下的胸襟

明代史学家、理学家陈建在其《建都论》中云:"夫建都之要,一形势险固、二漕运便利、三居中而应四方,必三者备,而后可以言建都。"而"惟洛阳三善咸备"。

洛阳是古代天字号的城市。夏禹分天下为九州,豫州位于九州之正中。周公定鼎,称洛阳为天中。《新唐书》称"洛水贯其中,以象河汉",则洛河为天河,而其上之桥梁为天津。洛阳是名副其实的天之城。

洛阳居天下之中,嵩山峻极于天,黄河为万水之宗,伟岸壮丽,气象万千。城内伊、洛、瀍、涧纵横交汇,四周江、淮、河、济四渎结脉。禹贡时代即有"浮于洛,达于河"之说。而通过黄河,则可进一步到达全国最为重要的水域。正因如此,中国历史上几个大的动脉、大的交通要道多于此交结。丝绸之路沟通东西、隋唐大运河连接南北,又有万里茶道、万里盐道。这也使洛阳具有了国际范儿。

北魏时期洛阳就已经成为了当时世界最大的城市。唐代诗人韦应物《登高望洛城作》有云:"雄都定鼎地,势据万国尊。"

本人在《河洛文化赋》中有云:粤夫太极初判,天地既分。嵩屋雄峙,河洛骏奔。水浩浩而分四渎,山峨峨而干五云。品物蕃滋而应瑞符,英华滂沛而承天恩。八关拱卫,金汤之固;三星并照,万国之尊!

洛阳为十三朝古都,历代兵家必争之地,繁华与寂寞交织,歌舞同风雨相替,从而被赋予了丰富深厚、复杂多元的历史底色。

自然环境、人文环境,对于人们的性格有着深远的影响。宋代庄季裕云:"大抵人性类其土风。"清代孔尚任云:"盖山川风土者,诗人性情之根柢也。得其云霞则灵,得其泉脉则秀,得其冈陵则厚,得其林莽烟火则健。"

生于洛、游于洛、宦于洛、学于洛者每每能够具有恢宏阔大的胸襟、心系苍生社稷的情怀。

贾谊刚刚二十岁作《过秦论》以对当世者进行告诫。

杜甫有着"会当凌绝顶,一览众山小"的豪情,也有着"感时花溅泪,恨别鸟惊心"的忧痛。

白居易在《寄唐生》中写道:"非求宫律高,不务文字奇。惟歌生民病,愿得天子知。"

大量的咏洛诗文之作,也表现出深刻的历史反思与忧患意识。如司马光《过洛阳故城》云:"若问古今兴废事,请君只看洛阳城。"李格非《洛阳名园记》论:"洛阳之盛衰,天下治乱之候也。……园圃之废兴,洛阳盛衰之候也。且天下之治乱,候于洛阳之盛衰而知;洛阳之盛衰,候于园圃之废兴而得。"

三、培养学生的专业兴趣,激发学生的创新精神

创新和先导性,是河洛文化重要的品格。

以科技而言,周代的嵩山测景台,当年周公于此测日影而定天下之中。

东汉的灵台,张衡于此观测天象,制地动仪、浑天仪。

以陶瓷技术而言,从仰韶到二里头到唐三彩到宋代的钧窑、汝窑,可以说就是一部中国的陶瓷史。

以思想而言,有春秋诸子的老子、孔子、韩非子、列子等,汉代经学古今文经学的大师郑玄等,宋代理学家二程、邵雍等。

以文学而言,有吕不韦、贾谊、阮籍、李贺、刘禹锡、杜甫、白居易、班固等。

以艺术而言,有褚遂良、颜真卿、王铎等。

以政治人物而言,有刘秀、刘庄、武则天、姚崇、狄仁杰、赵匡胤、吕蒙正、文彦博、范仲淹等。

洛阳还是《汉书》《资治通鉴》等史学要籍的诞生地。

四、汲取河洛人文精神,培养健全人格

河洛文化有着开放、包容的特点,对形成健全人格有着重要意义。

历史上河洛地区经常学派纷出,经常性地呈现出百家争鸣、多元共融的态势。《尚书·周书·君陈》载:"尔无忿疾于顽。无求备于一夫。必有忍,其乃有济。有容,德乃大。"

诞生于河洛地区的《周易》,有"地势坤,君子以厚德载物"之说。

老子在洛阳工作和著述,其思想中有上善若水、水利万物而不争等观点。

《汉书·艺文志》所列十家——儒、墨、道、法、阴阳、名、纵横、杂、兵、小说中,其代表人物或追随者多有河洛之士,如老子、邓析子、公孙龙子、苏秦、鬼谷子、韩非子等。这种包容性,赋予了河洛乡贤开放、宽容、谦虚、博大的胸怀。

五、继承先贤优秀品格,提升道德品位

儒家文化是中国文化的核心。河洛是儒家礼乐的诞生地,是儒家六经主要的形成地。经过汉代经学、宋明理学等发展阶段,河洛成为儒家文化重要的发展演进地区。儒家的一个显著的特点,便是对个体道德养成的重视。这也使得河洛地区成为了"道德名区"。

列子在《说符》一文中说"人而无义,唯食而已,是鸡狗也",重申了孟子的重义说。偃师首阳山的伯夷、叔齐墓,田横墓也从不同的角度,诠释了义的含义。

王祥河,又称孝水,有着王祥卧冰的传说。其事于理虽怪诞,但于情则可原。

诚信是儒家核心要义之一。唐王定保《唐摭言》记有裴度诚信的故事。这一故事被关汉卿写成杂剧《山神庙裴度还带》,广为传唱。

六、发挥服务地方社会优势,打造科教特色品牌

社会服务是高校的重要职能之一。对于地方性高校而言,其服务社会的方向应当定位于区域、地方的经济社会发展。地方文化是地方经济发展尤其是文化产业、旅游发展的核心竞争力。因此,通过校园河洛文化氛围的营造,如进行河洛文化进课堂、举办讲座论坛、召开学术研讨会,对地方文化进行引导、宣传,使学生及早了解本地文化,对于增强其服务地方的意识、提高其服务地方的能力有着重要的意义。同样,利用河洛文化研究基地,形成研究团队,有组织地进行科研工作和学术研究,能够更好地得到地方政府的重视,能得到相关产业的认可与支持,这对于学校形成特色文化品牌也有着重要的意义。

目前,洛阳的三所本科高校,都建设有河洛文化相关的基地,并获批了省级研究中心,如河南科技大学的河洛文化研究中心、洛阳师范学院的河洛文化国际研究中心、洛阳理工学院的河南古都文化研究中心、洛学与中州文献研究中心等。

作者简介:扈耕田,文学博士,教授,中国河洛文化研究会常务理事、中国赋学会理事、洛阳理工学院人文与社会科学学院院长等。

4.大学校园文化建设与人才培养

刘丽彬

文化是一个国家、一个民族的灵魂。文化兴国运兴,文化强民族强。没有高度的文化自信,没有文化的繁荣兴盛,就没有中华民族伟大复兴。立足高质量发展新时代,我们思考:办好一所大学,就需要打造大学文化;文化兴校,文化育人。

在教育兴国、教育强国的大背景下,学校要走出一条"洛科模式"的特色职业大学之路,必须塑造独具特色的职业大学文化,用文化引领学校高质量发展,实现为党育人、为国育才,服务社会的远大目标,成为扎根中原大地的高水平职业技术大学。

2014年5月,习近平总书记在北京大学师生座谈会上的重要讲话中指出,办好中国的世界一流大学,必须有中国特色……我们要认真吸收世界上先进的办学治学经验,更要遵循教育规律,扎根中国大地办大学。

2021年4月,习近平总书记在全国职业教育大会上指出,在全面建设社会主义现代化国家新征程中,职业教育前途广阔、大有可为……加快构建现代职业教育体系,培养更多高素质技术技能人才、能工巧匠、大国工匠。

党的二十大报告指出,全面建设社会主义现代化国家,必须坚持中国特色社会主义文化发展道路,增强文化自信,围绕举旗帜、聚民心、育新人、兴文化、展形象建设社会主义文化强国,发展面向现代化、面向世界、面向未来的,民族的科学的大众的社会主义文化,激发全民族文化创新创造活力,增强实现中华民族伟大复兴的精神力量。

河洛文化是中华民族的根文化和中国传统文化的源头,儒学在这里奠基,道学在这里产生,佛学在这里传播,理学在这里萌发,河洛文化的开放性使其在发展进程中不断吸收其他地域文化的长处,使其源远流长而又历久弥新。我们要以守正创新的正气和锐气,守好中华优秀传统文化的"根"和"魂",推动优秀传统文化创造性转化、创新性发展,赓续历史文脉、谱写当代华章。

地处文化古都的洛阳科技职业学院,坚持推进中华优秀传统文化传承发展,落实并发挥高校以文化人、以文育人的重要作用。近年来,学校扎根河洛大地,以独具特色的职教文化、思政文化、书院文化、育人文化,影响每个洛科人的思维与行为,推动建设青年友好型职业大学,努力成为扎根中原大地的高水平职业技术大学。

2021年10月24日,在洛阳市委市政府主办的建设青年友好型城市主题论坛上,我围绕洛阳建设青年友好型城市作了题为《认同、尊重、激活——努力创办青年友好型职业大学》的主题演讲,首次提出了建设"青年友好型职业大学"的办学理念和"认同、尊重、激活"的育人理念。

洛科形成了自己独特的校园文化,贯穿在教学育人的各个方面,如文化理念体系、精神图腾洛科鼎、校歌《匠心追梦》、校赋《洛科赋》、思政平台焦桐大道焦裕禄广场、书院文化等等。

一、职教文化

2021年3月14日,学校发布关于开展学校文化理念研讨及意见反馈的通知,开启全校各部门、二级学院的文化理念征集活动。与此同时,发展规划处于3月24日下午组织召开洛科文化理念系统专项研讨会(分为教职工专场和学生专场)。经过近一个月的征集、讨论,发展规划处认真收集、整理了全部反馈意见、建议,形成了学校的文化理念并在全校范围内发布。

学校的文化理念系统由六个部分组成:宗旨为以父母之心育人,帮助学生成就梦想;愿景是成为扎根中原大地的高水平职业技术大学;核心价值观为以学生为中心,以贡献者为本,组织利益至上;校训为理实一体、知行合一;培养目标为培养厚德博学、内心充盈、敏行善言的高素质技术技能人才;育人模式为学院书院双院育人,政-校-行-企协同育人。

此外,学校重点打造了精神图腾洛科鼎,以"鼎"喻教育之重,以"鼎"喻教师之尊。洛科鼎整体设计采用"1+2"的三位一体模式,即一鼎二浮雕,上传承文化,下服务社会,中间用鼎承接,代表育人育才。洛科鼎选用洛阳鼎作为文化母体,其设计以引领、创新、继承为基本原则,传承经典,铸造经典。洛科鼎具有物理和情感双重属性。在作为实际物体的物理属性上,洛科鼎要能够百年传承,做到大历史观下的历史铭记与一脉相承;在作为象征意义的情感属性上,洛科鼎要成为洛科的精神图腾,让一代代洛科人能够对洛科精神代际传承,生生不息。

二、思政文化

学校积极搭建思政育人平台,先后与新安县委党校、千唐志斋博物馆、新安县全国民主法治示范村刘杨村、隋唐大运河文化博物馆、八路军驻洛阳办事处纪念馆签订思政课实践教学基地合作协议,举行挂牌仪式,用好"社会大课堂",构建"大思政"体系,培养思政教育研究与实践应用的高层次复合型人才、青年后备人才。

洛阳是焦裕禄精神的重要发源地。1953年6月,党组织派焦裕禄同志来到洛阳矿山机器厂参加工业建设,直到1962年6月调往尉氏、兰考,其间他在洛矿整整工作、生活了9年。一个人的精神不是一朝一夕形成的,焦裕禄在洛矿的9年,是焦裕禄精神形成的重要时期。焦裕禄精神孕育形成在洛矿,弘扬光大在兰考。

2022年,是党的二十大胜利召开之年,也是焦裕禄同志诞辰100周年,为推动党史学习教育常态化长效化,传承弘扬焦裕禄精神,洛科积极构建特色鲜明的"大思政"体系,拓宽"三全育人"格局,计划以洛涧大道为主线打造焦桐大道、焦裕禄广场,引导师生从焦裕禄精神中,感悟思想伟力、传承革命精神,让红色基因、革命薪火在洛科代代传承。

2022年9月,学校考察组一行,赴兰考考察学习,受到兰考县委、县政府高度重视,县委相关领导与学校考察组进行座谈,深入交流焦裕禄精神在高校的传承与发扬。学校打造焦桐大道,建设焦裕禄广场,用独特的焦裕禄思政文化引领洛科的高质量发展。

学校依托洛科大讲堂,进一步引导广大教师提升自身思想政治素质、职业道德水平和育人能力,开拓视野、拓宽思路,向榜样看齐,为党育人守初心、立德树人担使命,将思政教育与专业教育有机、有意、有效衔接和融合,更好地落实立德树人根本任务,做学生健康成长的指导者和引路人。

校园文化建设在大学生培养教育中发挥着非常重要的作用,健康的校园文化有助于提高大学生自身教育和自我修养,可以使大学生独特的个性得到充分的发展以适应社会的需要。学校重视校园文化活动的开展,以丰富多彩的活动、仪式、典礼等作为载体,以潜移默化的形式影响着大学生的思维方式、价值观念、行为方式乃至人际关系等等。

三、书院文化

2019年10月,教育部印发《教育部关于深化本科教育教学改革全面提高人才培养质量的意见》。推行书院制是教育部和河南省教育改革重点工作,高校书院制育人模式改革更是被列为河南省2021年教育综合改革重点项目之一。2021年9月,洛科启动书院制改革,组建洛科书院总院。我作了学校实施"三全育人"动员讲话,明确努力方向,洛科全面启动书院制改革。2021年10月21日,河南省委常委、洛阳市委书记江凌一行十余人深入洛科就高等职业教育事业发展进行考察调研,高度评价了洛科书院制改革。2022年11月10日,洛科书院文化发布会在新民学堂举行。总院院长与八大分院执行院长就书院名称、院徽院旗、书院文化内涵进行了解读。2023年3月,学工队伍从学院全面剥离,育人导师、生活导师、学生工作人员进驻书院,书院改革进入实质运行阶段。2023年7月,书院成立职业素养发展中心,聚焦学生的职业综合素质和行动能力培养,书院进入内涵建设新阶段。

洛科书院坚持全面贯彻党的教育方针,落实"立德树人、德技并修"育人目标,秉承"以父母之心育人,帮助学生成就梦想"的办学宗旨,践行"理实一体、知行合一"的校训,坚持"认同、尊重、激活"的育人理念,以思政教育为核心,以技术技能培养为导向,以人文素养培育为基础,以主题工坊为依托,以特色活动为载体,以书院文化浸润心灵,建设青年友好型职业大学,构建"三全育人"新模式,培养厚德博学、内心充盈、敏行善言的高素质技术技能人才,努力成为扎根中原大地的职教书院典范。

四、育人文化

高校是传承文化、创新文化的重要载体,发挥文化育人的作用责无旁贷。通过"以文化人"的育人实践涵养大学生的独特气质,是文化大发展大繁荣的新时代赋予高校的责任和使命,具有明显而深刻的价值意蕴。学校重视以文化的力量激活学生,激发学生的社会责任感、学习的主动性及思维的开放性。

在2020—2021年度无偿献血活动中,学校共有4415名学子捐献176.54万毫升热血,是洛阳市平均献血比例的12.6倍。中国红十字会总会、中央军委后勤保障部卫生局联合下发《关于表彰2020—2021年度全国无偿献血表彰奖励获奖者的决定》(国卫医急发〔2023〕3号),洛科荣获全国无偿献血促进奖。

从2020年开始,学校持续用"六个一"活动来庆祝教师节,激励全体教职工振奋精神、锐意进取,不忘初心,立德树人,为国家培养好德智体美劳全面发展的社会主义建设者和接班人。在教师中涌现了一批以麦陆南、段天豪为代表的优秀教师。2020年,为保证在武汉实习的746名学生的安全,学校成立武汉临时党支部。在学校党委的领导下，2万余名师生在疫情期间"零感染""零疑似"。在7·20郑州特大暴雨中，党员导师段天豪帮助几百名受困群众转移至安全地带、为灾区募集价值共290多万元的各类物资，得到主流媒体报道。

在育人文化的引领下，在对文化进行继承、创新、发展的基础上，近两年学校先后荣获全国机械行业现代机电技术职教集团副理事长单位、新一代信息技术产教融合联盟副理事长单位、全球工匠联盟（亚太区）常务理事单位、UN NARIC中方理事会成员单位、2022年河南省深化创新创业教育示范校、河南省钨钼材料数字成型工程研究中心、中国物流学会产学研基地等，社会影响力不断增强。学校重视加强国际交流与合作，先后与韩国釜山大学、韩国蔚山大学、西班牙穆尔西亚大学、马来西亚城市大学、俄罗斯人民友谊大学等15所大学签署战略合作协议。

高校文化育人是一项复杂的系统工程。高校既要高屋建瓴、顶层设计，也要强化基层落实和线上线下良性互动，通过师生的通力配合和各类资源的无缝衔接，帮助大学生树立正确的世界观、人生观、价值观；需要在挖掘高校文化育人价值意蕴的基础上，谋求可行且有效的实现理路，确保达到"以文传道、以文化人"的目的，培养出更多能够担当时代重任的新时代人才。

优秀传统文化作为中华民族之根基，蕴含着丰富的人文思想、道德资源，是高校文化育人的"必选项"。洛科在满足各专业大学生学习诉求的基础上，结合传统文化开展形式多样、内容丰富的实践活动，让新时代大学生在深切感受传统文化魅力的同时，对蕴含其中的"文化精髓"产生文化共振，全面体现和发挥传统文化的育人价值。

作者简介：刘丽彬，洛阳科技职业学院现任校长、党委副书记。北京大学管理学博士，中华职教社社会服务与办学指导委员会委员，欧美同学会留美分会副会长，中国教育学会会员，中国应用技术大学联盟副秘书长,中国教育战略学会国际教育专委会常务理事,中国教育发展战略学会民办教育专委会常务理事,中国社会科学院研究生院特聘导师,北京联合大学北京现代服务业发展研究院客座教授

5.攻坚克难,打造现代文物精品

朱剑甫

河南华夏铜艺成型技术研究院位于河南省首个国家级经济开发区——郑州经济技术开发区。研究院汇集了一大批技艺精湛、经验丰富的雕塑和艺术铸造技术人才,专业化从事现代铜工艺品、城市雕塑、园林雕塑、校园雕塑、宗教用品和仿古青铜器等铜制艺术品的设计与制作。

研究院下设模型雕塑工作室、3D模型设计室、可溶性材料实验室、中低温材料实验室、高温材料实验室、精密加工实验室、表面精饰实验室、锻铜工作室、金银镶嵌工作室、陶范工艺研究室和两条硅溶胶失蜡铸造生产线。

承中原厚重文脉,传华夏绵长雅韵,河南华夏铜艺成型技术研究院致力于继承和推广传统青铜铸造工艺,凭借视野开阔、思维活跃、技艺高超、立志继承传统又勇于创新的专业人才团队,运用先进的生产设备、材料,坚持传承与创新相融合,设计制作了一大批有着厚重文化内涵、鲜明时代精神、纹饰精美、造型生动的铜艺作品。

有幸承接洛科鼎制作任务,研究院全体员工倍感兴奋。首先统一认识,统一思想,提升站位,担当道义。从贯彻落实习近平总书记关于弘扬传统文化、传承中华文明重要论述,精心打造洛科院文化地标、为教育事业发展和中华文明复兴做贡献的高度,认识和布局洛科鼎的设计和制作工作。

制作洛科鼎,由于其体积庞大,工艺复杂,质量标准要求极高,且

生产时间有限,可谓时间紧,任务重,压力大。加之正值酷暑季节,车间温度高达40多摄氏度,对于华夏铜艺团队又是一个严峻的挑战。面对重重困难,敢于拼搏、善于打硬仗的华夏铜艺人发扬团结协作、勇于创新、精益求精、追求卓越的企业精神,知难而进、奋力拼搏,洛科大鼎制作工作一切按计划有序进行。

7月1日泥稿验收顺利通过,我立即主持两次生产协调会,所有技术骨干、车间主任、项目经理悉数到场,详细分工,责任落实到位。

第一,工艺方面,与会人员各抒己见,从实际出发,认真分析各个生产环节可能出现的问题,坚决杜绝不规范操作而出现失误,一切需要修整的地方必须在蜡模制壳前完成,以保证每个环节零缺陷,确保大鼎一次性浇铸成功。第二,根据校方要求的安装时间,倒推生产制作每个环节时间节点,制定出切实可行的时间表。第三,材料方面,华夏铜艺硅溶胶失蜡工艺制壳材料,通常面层使用棕刚玉砂粉(单价每吨6000元左右),背层使用莫来石砂粉,为使洛科鼎表面纹饰更加清晰完美,决定面层采用价格昂贵的锆英砂粉(单价每吨19000元左右),背层及加固层使用铝矾土砂粉,增加型壳常温强度和高温强度。

战前动员布置结束,一场硬仗拉开序幕。各路人马立即行动,一切工作有序进行。翻制模具正在加紧施工中,制壳材料陆续进库,20吨紫铜材提前到位。

制作蜡模顺利进行,为了防止蜡模因温度过高变形,车间增加大功率制冷设备,工人临时改为早上5点上班,上午10点下班,下午4点上班,晚上8点下班,时间随时调整,人员机动灵活,避开高温时段,又不影响工期进展。

进入制壳工序,大家很清楚,纯粹的硅溶胶失蜡法制壳工艺,目前国内外还没有能够直接一次性做成大于4平方米平面产品的先例。洛科鼎大面分为两块后,每块加上浇铸系统已经接近4平方米,为了保证浇铸成功,技术组连续召开会议,研究对策,最后决定采用了贯穿性内拉和外壁平行加固锁紧相结合的新工艺,确保大鼎壁厚的均匀性。

承荆山铸鼎之遗韵,勤于工,精于技,攻坚克难;扬战天斗地之豪气,战高温,斗酷暑,披星戴月。"自是成竹于胸,所行风雨无阻",敢为善为,决胜只争朝夕。经过研究院全体工程技术人员和工匠们近50天的辛勤努力,厚重儒雅、端庄大气的"现代文物"洛科鼎即将如期完成,九月初将矗立在洛科校园。它必将迎曦戴月、经风耐雨,陪伴莘莘学子、琅琅书声,弘扬中华文明智慧之光。

作者简介:朱剑甫,河南华夏铜艺成型技术研究院董事长,第七届河南省工艺美术大师、铜器制作技艺非遗传承人、高级文物鉴定评估师、中国铸造协会艺术铸造分会理事、河南省铸锻工业协会副会长。

附件4

洛科鼎制作学术研讨会成果选集

为了实现河洛文化中洛阳鼎的萃取与转化,洛阳科技职业学院召开了洛科鼎制作学术研讨会,邀请国内顶级青铜器研究专家蔡运章教授、高西省教授、刘余力教授等到校讲学,讲青铜器,尤其是青铜鼎的前世今生,讨论出土的西周洛阳鼎的文化内涵,分析洛阳鼎到洛科鼎的必然途径。通过深刻的学术研讨,我们厘清了作为文物的洛阳鼎与作为学校精神图腾的洛科鼎的内在逻辑关系,统一了全校师生的思想,解决了铸鼎中的技术难题,为学校精神图腾的打造奠定了雄厚基础。下面选取研讨会交流的一些文章,供大家了解铸鼎过程中的底层积淀。

1. 洛科鼎的文化意蕴

董延寿

在中国的文化器物中,鼎是最具代表性的,它是中华民族博大精深文化的象征。

一、洛科鼎的谋划

2021年4月,全国职业教育大会在京召开,习近平总书记对职业教育工作作出重要指示,强调在全面建设社会主义现代化国家新征程中,职业教育前途广阔、大有可为,要加快构建现代职业教育体系,培养更多高素质技术技能人才、能工巧匠、大国工匠。2022年4月25日,习近平总书记在考察中国人民大学时强调,要扎根中国大地办大学,走出一条建设中国特色、世界一流大学的新路。

在教育兴国、教育强国的大背景下,洛科地处中原大地、文化古都洛阳,立志要走出一条洛科模式的特色职业大学之路,实现为党育人、为国育才,服务社会的远大目标,成为扎根中原大地的高水平职业技术大学。因此,洛科需要打造一个具有深厚文化内涵及独特办学释义的标识物,发挥精神图腾功能,激励一代代洛科人为此拼搏奋斗,砥砺前行。

二、洛科鼎的选择

鼎作为华夏民族的文化瑰宝,是深厚的人文底蕴与精湛的工匠精神之集大成者,深度契合洛科"人文+科技"的校园文化理念。洛科鼎对内将成为激励和引领一代代洛科人砥砺前行的精神图腾;对外将彰显洛科服务于国家战略,践行为党育人、为国育才的教育使命,培养更多的大国工匠、能工巧匠。

在学校发展标识物的选择过程中,我们从"最以学生为中心的大学"、"让每一位学生获得职业成就和人生幸福"、建百年传世大学、建"最受人们尊敬的教育机构"的目标出发,没有选择学生捐赠、校友捐赠、校企合作等方式来获取现成的、没有新意、没有创意、一味模仿的出土器物的原样放大,而是独辟蹊径,执意要"铸"真正反映学校自己办学理念和精神追求的独特的"鼎",并且"以鼎载志","以鼎明志",以"鼎"象征育人,以"鼎"象征我们扎根中原大地办大学,办高水平职业技术大学。

三、洛科鼎的理念

洛科鼎由三个部分组成,包含一鼎(洛科鼎)二浮雕(河图洛书浮雕与丝绸之路浮雕)。

洛科鼎体现的是育人,以科技+人文为背景的高质量育人,培养大国工匠式的技术技能人才,服务国家战略,服务社会需求,服务地方经济,把每一个受教育的学子培养成社会主义事业的合格建设者。河图洛书浮雕体现的"传承文化",是为天,在上;洛科鼎体现的"育人育才",是为人,在中;丝绸之路浮雕体现的"服务社会",是为地,在下;三者在理念内涵和空间结构上,既相互独立,又相互呼应。既是天时地利人和,也是尊天敬地爱人,更是"鼎"天立地育人。

在理念上的"三位一体"(传承文化、育人育才、服务社会),在实践上的"三足鼎立"("鼎"天立地、鼎立中原、鼎新革故),两者一"理"一"实",深度诠释了"理实一体、知行合一"的洛科校训。

洛科鼎及浮雕是一个整体,把扎根中原鼎力办大学,办鼎立中原的高水平职业技术大学,传承优秀传统文化,服务国内国际社会,用"形象"的语言、"艺术"的形式表达了出来。

四、洛科鼎的文化意蕴

洛科鼎选用洛阳鼎作为文化母体,其一是因为洛阳鼎出土于洛阳,是洛阳当之无愧的文化标志,具有专属性;其二是因为洛阳鼎鼎身庄重威严,传达出了"雄都定鼎地,势据万国尊"的气势,是西周铜鼎中极为难得的上乘之作,具有经典性;其三是因为洛阳鼎独特的兽面纹形态,具有独树一帜的视觉美感与历史地位,具有艺术性。洛科鼎的设计是以引领、创新、继承为基本原则,传承经典,铸造经典。

1. 洛科鼎的双重属性

洛科鼎具有物理和情感双重属性。在作为实际物体的物理属性上,洛科鼎要能够百年传承,做到大历史观下的历史铭记与一脉相承;在作为象征意义的情感属性上,洛科鼎要成为洛科的精神图腾,让一代代洛科人能够对洛科精神代际传承,生生不息。

2. 洛科鼎形态

洛科鼎加底座总高5.31米,长3.66米,宽2.77米,是洛阳鼎11倍的等比例放大,鼎内仿西周规制铸有传统金文的96字的《洛科鼎铭》,记载这一学界盛举。在底座上刻有"知行合一、理实一体"的洛科校训及经过精心雕琢的501字的《洛科赋》,采用汉隶字体书写,大气磅礴,古风盎然,又充满新意及浩荡之气。历史与现实,继承与创新,改革与发展,教书与育人,责任与担当,凝合于洛科宝鼎,昭示良多。在整体形态结构上,洛科鼎继承于洛阳鼎,并根据洛科鼎"鼎心、双耳、四足、八棱"的形态赋予洛科专属的文化解读。

(1)鼎心:赤诚之心

赤诚之心,至诚至真,洛科以父母之心育人,帮助学生成就梦想;洛科学子身具浩然正气,心怀家国情怀,是赤子之心。

(2)双耳:科技、人文

科技精神和人文精神是洛科长久发展的两翼,以人文滋养科技,以科技护佑人文,只有二者共同发展,才能带来人才的发展、时代的发展,才能真正推动社会的发展。

(3)四足:厚德、博学、敏行、善言

厚德博学为知,敏行善言为行,知行合一,才能成为高素质的技术技能人才。

(4)八棱:逐梦八方

八卦之数,无穷无尽,寓意从洛科走出的万千学子,走向祖国四面八方,并在社会的各个行业、在国家的各个地方贡献青春力量,奉献技能才学。

3.洛科鼎尺寸

在尺寸数据上,洛科鼎恪守洛阳鼎原始比例,根据学校放置实际环境进行了等比放大。

五、洛科鼎纹样的解读

洛科鼎纹样以唯一性、标志性、可视性为核心原则。鼎身纹样继承西周兽面纹方鼎经典的艺术价值与历史意义,同时在兽面纹中隐藏"洛科"二字,赋予洛科鼎新生之"灵"性。"洛科"两字欲动未动,酝酿着一股蓬勃欲发的洛科精神,这种"不动之动,万象之象"的特质,具有深刻的视觉感染力,是代代洛科人精气神的象征,彰显了洛科锐意进取、憧憬百年的雄心壮志。

1. 洛科之眼——格物致知，志存高远

格物致知：洛科之眼既可仰观于天，也可俯察于地，寓意洛科学子实事求是，从实践中学习，从社会中学习，有追根问底的研究精神，和学以致用的务实之心。

志存高远：志不立，天下无可成之事，虽百工技艺，未有不本于志者。作为一国之青年，要树立浩然长存的恢宏志气，能够立大志、成大才、担大任。

2. 洛科之耳——博闻慎思，兼听明辨

博闻慎思：在当前多元开放、信息过量的时代，洛科学子要保持独立思考的能力，不被时代裹挟，要博闻慎思，发挥主体作用，去探索、去思考，真正做到不忘初心、坚守自我。

兼听明辨：洛科学子要坚持唯物史观，牢记唯物辩证法，明辨是非，追寻真理，树立正确的世界观、人生观、价值观，以明辨指导行为，在实干中成就一番事业。

3. 洛科之角——自强不息，砥砺前行

自强不息：洛科学子要有无所畏惧、自强不息的进取精神，要无畏生活的压力、学习的困难和一时的挫折，传承君子自强之风，傲然挺立，知难而进。

砥砺前行：洛科学子要继承孺子牛、老黄牛的精神，以不怕苦、能吃苦的牛劲牛力，不用扬鞭自奋蹄，继续为中华民族伟大复兴辛勤耕耘、勇往直前，与时代同行，与祖国共进。

4. 洛科之翼——德技并修，奋发向上

德技并修：洛科之翼双翼齐展，既象征着洛科"学院+书院"双院制育人、"政-校-行-企"协同育人的办学模式，也体现了科技与人文交相辉映、深度融合的办学特色。德技并修是洛科校训"理实一体、知行合一"的深度诠释，也体现了职业教育的本质内核，即培养高素质技术技能人才,助力社会发展,服务国家战略。

奋发向上:洛科学子要有拼搏奋进、昂扬进取的精神,要勇担重任,坚定信心,将自身发展融入实现国家发展战略的宏伟事业之中,为社会进步、国家富强做出杰出贡献。

5.华夏之龙——扎根中原,光耀四方

扎根中原:中原是龙的故里,有独特的历史、独特的文化,洛科要成为百年大学,就要深扎根,扎深根,走出一条具有洛科特色,成就百年大学的洛科之路。

光耀四方:龙是中华民族的文化图腾,腾万里,上九天,朝气蓬勃,威武不屈;洛科学子是龙的传人,要有龙的进取精神,成为如龙之才,人人出彩,技能强国,在祖国大地上光耀四方。

六、两大铜浮雕的解读

浮雕元素选用河图洛书与丝绸之路,代表了洛科的文化传承与服务社会的理念。

河图洛书是中华文明的源头,河洛文化是洛阳的文化根脉。根深干壮才能枝繁叶茂,洛科要成为百年大学,唯有扎根传统文化,以创新激发文化活力,走出洛科特色的发展之路,成为扎根中原的高水平职业技术大学。

洛阳是丝绸之路的东方起点,丝绸之路是一条具有深远历史意义的国际通道,是意义重大的中华文化符号,在此基础上诞生的"一带一路"倡议,蕴含着实现中华民族伟大复兴的强国之梦。浮雕中的丝绸之路元素意在激励洛科学子要服务国家"一带一路"倡议,成为堪当民族复兴重任的时代新人,为国家富强、民族复兴做出杰出贡献。

1.河图洛书浮雕

浮雕河图洛书的画面元素均取自经典资料,其中河图洛书排列图形取自陈抟;龙马、神龟形象根据"龙马负图献伏羲""神龟驮书献大禹"的传说结合民间常用形象艺术化塑造;伏羲形象取自伏羲陵庙太昊陵,大禹形象取自其陵寝之地大禹陵。

　　浮雕布局容纳了太极文化,神龟在海,龙马在云,契合阴阳天地之说,也暗合洛科东西校区之布局;曲线内是伏羲创八卦,大禹治水患的神话传说,代表着学以致用、知行合一的古人智慧,意在引导洛科学子做到工学结合、知行合一,以实干之姿服务社会、报效祖国。

2. 丝绸之路浮雕

　　丝绸之路元素也取自经典资料,其中"张骞出塞"取自敦煌莫高窟壁画;丝绸之路路线图取自洛阳博物馆;定鼎门与汉函谷关均取自相关遗址考证形象。

　　浮雕中丝绸之路看似有限,实则仿佛从历史中来,向未来而去,无限衍生。左下是张骞出塞场景,容纳了古人之开创精神,旨在让洛科学子们能够肩负国家历史使命,勇于在行业中开拓创新;右上的定鼎门与汉函谷关,是洛阳文化的代表,同时作为三国联合申遗、入选世界遗产名录的文化遗址,更蕴含有"一带一路"国际合作,服务未来的深刻内涵。

　　洛科鼎及浮雕是一个经过深思熟虑的文化工程,学校组织了三套班子进行深入研究及攻关。一套是学校的工作专班,秉承"理念先导,研究先行"的工作理念,武装思想,研究文化,聚焦需求,拿出方案。一套是顶尖的学术研究专家,同步介入,分析情况,深入研究,优化方案,打造现代文物。还有一套是按程序甄选制作单位,把真正理解教育、技术精湛,能很好领悟学校教育思想并表达到位的优质制作商选出来,共同完成设鼎、铸鼎、置鼎这一重要的文化建设工程。经过我们的坚韧努力,这一愿望达成了!文化关乎国本,文化就是铸魂育人!在新时代的新发展中,我们将踔厉奋发,赓续历史大文脉,谱写育人新华章。

　　作者简介:董延寿,博士、二级教授、硕士生导师。洛阳科技职业学院原副校长,发展顾问。河南省人文学科重点研究基地"河南都城文化研究中心"学术委主任、洛阳理工博物馆特聘研究员,河洛智库专家。河南省学术技术带头人,河南省高校优秀社科专家,河南省三育人先进工作者,河南省劳动模范。

2. 禹铸九鼎与三代王权

蔡运章

公元前2070年,夏禹率领民众,治理洪水成功,建立夏朝。为了加强中央王朝的统治,他把全国划为"九州",并铸造"九鼎"来作为"九州"和"王权"的象征。商周以降,围绕着"九鼎"迁徙演绎出来的许多有趣故事,屡见史书记录。本章谨就夏禹"铸九鼎"及其相关问题,略作考述。

一、黄帝"铸鼎"与铜鼎起源

中国古史传说的黄帝时代,大体相当于距今约5000年的仰韶文化中晚期。这时,中华先民已进入万国林立的城邦时代。若论铜鼎的起源,可以追溯到原始社会末期陶鼎的产生和黄帝"铸鼎"升仙的古老传说。

(一)原始社会晚期的陶鼎

鼎本是中国远古时代煮饭时使用的炊具,也是宗庙祭祀常见的重要礼器。《说文解字·鼎部》:"鼎,三足两耳,和五味之宝器也。"《汉书·五行志》说:"鼎者,宗庙之宝器也。"鼎由最初的炊具,演变为宗庙祭祀的礼器,再发展到国家王权的象征,经历了一个漫长的发展过程。

陶鼎最早出现在距今8000多年的裴李岗文化遗址里。这时,中华先民的原始农业和陶器制造业已初步形成,人们开始烧制各种日用陶器。陶鼎作为烧煮饭食的炊具,便被制造出来。

河南舞阳贾湖裴李岗文化遗址M22出土的陶鼎,为敞口、浅斜腹、圜底，壁胎较厚。下有柱状三足支撑，便于架柴燃火烹煮食物。这种陶鼎的形制，颇为原始实用，可以作为早期陶鼎的代表。

到距今约5000年的仰韶文化中晚期，河南汝州中山寨仰韶文化遗址出土的陶鼎，已演变为敛口、鼓腹、圜底，壁胎较薄。这种形制不但可以使鼎内盛煮更多食物，而且便于聚气保温，可节省柴和烧煮时间，比裴李岗文化的陶鼎显得科学进步。

(二)黄帝铸宝鼎的传说

据《淮南子·原道训》，"黄帝始立城邑以居"。《史记·五帝本纪》载："轩辕之时，神农氏世衰，诸侯相侵伐，暴虐百姓，而神农氏弗能征。于是轩辕乃习用干戈，以征不享，诸侯咸来宾从。"《史记·封禅书》说："黄帝时为五城十二楼。"《史记》中还说：黄帝时有"万诸侯"，乃"置左右大监，监于万国"。这说明黄帝时期，我国境内已进入"万国"林立的城邦社会。

考古发现黄帝时代原始聚落周围的防御设施，已由深陷的壕沟转变为高耸的城墙，这是城市出现的重要标志。湖南澧县城头山发现大溪文化早期到屈家岭文化的古城遗址，距今6000~4800年。河南郑州市西山发现的仰韶文化古城遗址，距今5300~4800年。

相传，黄帝时代已开始铸造铜鼎。《史记·封禅书》载："黄帝作宝鼎三，象天、地、人。"又说："黄帝采首山铜，铸鼎于荆山下。"今河南灵宝市博物馆藏有唐贞观十一年(637年)篆文《轩辕黄帝铸鼎铭碑》。这是目前发现最早记载黄帝铸鼎升仙故事的碑刻文物。

唐代大诗人李白有一首《飞龙引》的琴曲歌辞，来称颂黄帝"铸鼎"升仙的故事。其辞云：

　　黄帝铸鼎于荆山，
　　　　炼丹砂。
　　　丹砂成黄金，
　　　骑龙飞上太清家，

云愁海思令人嗟。

宫中彩女颜如花,

飘然挥手凌彩霞,

从风纵体登鸾车。

登鸾车,

侍轩辕,

遨游青天中,

其乐不可言!

这是李白借黄帝铸鼎升天而写的游仙诗,深受后人的称赞。由此可见,黄帝铸造的"宝鼎",已变为象征和沟通人神的宗教法器。

黄帝铸宝鼎的故事,充满神话色彩。人类真正用金属器具取代石器,应是青铜器出现以后的事情。但是,青铜器的冶炼和铸造,对于远古先民来说,不是一件容易的事。我国发现最早的铜器,是陕西临潼姜寨仰韶文化遗址出土的半圆形黄铜片和小铜管,距今约6500年。而我国发现最早的青铜器具,则是1975年在甘肃东乡林家遗址出土的马家窑文化青铜小刀,距今约5000年。后来的青海齐家文化和山东龙山文化遗址,陆续出现小型的刀、斧、凿、匕、锥、指环和铜镜等物件。

考古发现表明,黄帝时代我国的青铜铸造业,刚进入萌芽状态。目前尚未发当时包括铜鼎在内的青铜容器。然而,我们却可从黄帝"铸鼎"神话传达的信息里,看到黄帝时代鼎已由做饭的炊具,演变为祭祀神灵的重要礼器。这为夏禹"铸鼎象物"的活动,奠定了重要的物质文化基础。

二、禹划九州与"铸鼎象物"

公元前2070年,大禹治水成功,建立夏朝,把全国划为"九州",并铸造"九鼎"来作为"九州"和"王权"的象征,从此拉开了中国古代"王朝"政权的序幕。

(一)禹划九州的政治举措

大禹治水成功而建立的夏王朝(约前2070—前1600),是中国历史上第一个大一统王朝。为了便于行政管理,巩固夏王朝的统治,大禹便把全国划分为九个行政区域。据《左传·襄公四年》记载:

《虞人之箴》曰:"芒芒禹迹,画为九州,经启九道。民有寝庙,兽有茂草。各有攸处,德用不扰。"

"《虞人之箴》"是记载帝王田猎活动的典籍。这是说大禹把全国划分为九个行政区域来进行有效管理,修建九条大道相连接。百姓有安定住所和祭祀的庙堂,禽兽有茂盛的野草来栖息生活。百姓与禽兽各有居住的地方,彼此和谐共存,不相打扰。这就是禹划九州的故事。禹划九州是夏代初年的重大政治举措。

(二)九州的地域和名称

九州的地域和名称,不同典籍的记录,略有差异。《禹贡》中九州的名称和次序为:

冀州

兖州

青州

徐州

扬州

荆州

豫州

梁州

雍州

《尔雅·释地》中九州的名称和次序为:

冀州

豫州

雍州

荆州

扬州

兖州

徐州

幽州

营州

大禹把全国划分为九个行政区划,每个区划名之为"州"。每个州的牧守都由中央王朝派遣任命。这就彻底打破了长期以来的氏族统治,极大地加强了中央王朝的统治权力,开启了中华民族大国治理的先河,具有重要的政治意义。

(三)夏禹"铸鼎象物"

夏禹"铸鼎象物"的故事,见于《左传·宣公三年》载:

昔夏之方有德也,远方图物,贡金九牧,铸鼎象物,百物而为之备,使民知神奸。故民入川泽山林,不逢不若。螭魅罔两,莫能逢之。用能协于上下,以承天休。

大禹用九州贡献的铜铸造了九尊大鼎,并将九州的名义、山川和百物分别铸造在各自的铜鼎上,使广大民众能够了解各地神灵和奸邪的具体状况,用来沟通天地间的联系,从而得到天帝的佑助。这些"图画"就是反映九州名义、山川和百物的"物象"。因此,这九尊大鼎既是夏朝王权统治的有力象征,也是沟通天地神灵的重要法器。

由此可见,夏禹划九州、铸九鼎是夏代初年的重大政治事件。这九尊大鼎既是祭祀和沟通天地神灵的重要礼器,也是夏代王权统治的具体象征。这在中国古代国家政权形成的过程里,具有划时代的政治意义。

三、王朝更替与九鼎迁徙

夏禹铸造的九鼎不但是沟通天地、人神的宗教法器,而且也是九州和夏朝王权的化身,因而也就成为夏、商、周三代王朝更替的传国重器。于是,便演绎出许多"迁鼎""定鼎""问鼎"等有趣故事。

(一)商汤灭夏"鼎迁于商"

商本是居住在黄河中下游地区的一个古老部族。夏代末年,夏桀无道,诸侯叛离。商汤举兵灭夏,建立商朝(约前1600—前1046),迁都西亳(今洛阳偃师区境)。

据《左传·宣公三年》,"桀有昏德,鼎迁于商,载祀六百。"今本《竹书纪年》说:商汤"二十七年,迁九鼎于商邑"。"商邑"即商都西亳。这说明夏朝灭亡,九鼎迁于商都。后来,由于商代王都的变化,九鼎也就随着不断迁徙。

(二)武王克商"鼎迁于周"

公元前1046年,武王克商,建立周朝。周武王为了巩固西周王朝的统治,决定迁都洛邑。《左传·桓公二年》记载:"武王克商,迁九鼎于洛邑。"杜预注:"九鼎,殷所受夏九鼎也。"由此可见,武王灭商后把象征王权的九鼎迁至洛邑,说明他已决定把国都建在这里。

(三)周成王"定鼎于郏鄏"

武王死后,周公继承武王的遗志,营建洛邑,名曰成周。《左传·昭公三十二年》载:"昔成王合诸侯,城成周,以为东都,崇文德焉。"周公营建东都成周城,并以"成周八师"驻守东都,镇抚东方。从此,西周王朝便有了两座都城,西方的镐京为宗周,东方的洛邑为成周。东西两都,邦畿千里,紧密相连,成为统治全国的政治、经济、军事和文化中心。

《左传·宣公三年》说:"商纣暴虐,鼎迁于周……成王定鼎于郏鄏,卜世三十,卜年七百,天所命也。""郏鄏"是洛邑的别称。成王五年,迁都成周城,便在成周宗庙前举行定鼎盛典。四方诸侯,前来朝贺,贡方献物,史称"成周之会"。《逸周书·王会解》记载了这次定鼎盛典。

（四）楚庄王"问鼎"周疆

春秋时期,周天子失去了天下共主的地位。齐、晋两国相继称霸中原,都打着"尊王攘夷"的口号,"挟天子以令诸侯"。

公元前608年,楚国"伐宋,获五百乘"（《史记·楚世家》）。这时,楚国的国力空前强盛,也想北上与晋国争夺霸业。

陆浑戎是居住在今洛阳市嵩县、伊川县境内的少数民族。公元前606年,楚庄王以"伐陆浑戎"为名,"遂至洛,观兵于周郊"。《左传·宣公三年》载:"楚子伐陆浑之戎,遂至于雒,观兵于周疆。定王使王孙满劳楚子。楚子问鼎之大小、轻重焉。"王孙满严辞以对:王权"在德不在鼎","成王定鼎于郏鄏,卜世三十,卜年七百,天所命也。周德虽衰,天命未改。鼎之轻重,未可问也"。这时,东周王室得到北方霸主晋国的支持,威力尚存。楚庄王无奈,只得扫兴而归。

（五）秦兴师"而求九鼎"

战国中期后,秦孝公任用商鞅"修刑变法",奖励农耕和战功,国力日渐强盛。秦国从此不断向东扩张,蚕食关东六国。

《战国策·东周策》记载:"秦兴师临周而求九鼎,周君患之,以告颜率。"颜率"东借救于齐",将九鼎许归齐国。便对齐王说:"夫存危国,美名也;得九鼎,厚宝也。愿大王图之。"齐王大悦,"发师五万人",将以救周。秦国无奈,只得罢兵。

接着,齐王便派人到周王室索要"九鼎"。面对齐国的索求,颜率则谓齐王曰:

昔周之伐殷,得九鼎。凡一鼎而九万人挽之,九九八十一万人,士卒师徒,器械被具,所以备者称此。今大王纵有其人,何途之从而出? 臣窃为大王私忧之。

齐国与周王室相距遥远,特别是位于周、齐中间的韩、魏两国,也都对"九鼎"虎视眈眈。齐国终因无法把九鼎运回本国而空高兴一场。

这则故事生动而有趣味,其真实程度,引起学者们的关注。学者考证后认为,这个故事,当是战国末年纵横家策士编撰的拟托之辞,不足凭信。

(六)秦武王举鼎"绝膑而死"

战国中期后,秦国日渐强盛。到秦武王时(前329—前307),秦国已具备吞并六国的实力。

据《战国策·秦策二》,秦武二年(前309年)武王对甘茂说:"寡人欲车通三川,以窥周室,而寡人死不朽矣。"其秋,秦武王命相国甘茂、庶长封攻伐宜阳。四年(前307年),"拔宜阳,斩首六万"。秦国打通了东向洛阳重要的障碍。公元前307年,秦武王率领大军来到周都王城,便迫不及待地闯入周王室的太庙里,要目睹象征天下王权的九鼎模样。秦武王身体健壮,有力好戏。当时秦国的大力士任鄙、孟说等人皆至大官。秦武王走到象征雍州的大鼎旁边,便心血来潮,要与跟随身旁的孟说比试力气,看谁能把这尊大鼎举起来。秦武王看见孟说用力举起那尊大鼎,也不示弱。当他用尽全力举起大鼎,正要向前走动时,因力不胜负,大鼎忽然跌落,砸在他的大腿上。秦武王惨叫一声,当即倒在血泊里。

秦武王举鼎殒命,是轰动诸侯各国的重大事件。《史记·秦本纪》记载:"王与孟说举鼎,绝膑。八月,武王死。"《史记·赵世家》也说:赵武灵王十八年"秦武王与孟说举龙纹赤鼎,绝膑而死。"

(七)周室灭亡与秦昭王迁鼎

秦昭王时期,秦国继续实施合纵连横的战略,先后击败齐、楚、赵三个劲敌,国土不断扩张,为最终统一六国奠定了坚实的基础。

公元前256年,秦昭王使将军攻西周。西周"尽献其邑三十六,口三万。秦受其献,归其君于周。周君王赧卒,周民遂东亡。秦取九鼎宝器,而迁西周公于单狐"(《史记·周本纪》)。"单狐"在今河南汝州市西北。

由此可见,周王朝(前1046—前256年)终被秦国灭亡。自夏代以来象征王权的"九鼎宝器",也被迁移到秦都咸阳城里(在今陕西咸阳市东北)。从此,秦国便加快吞并六国的步伐。

(八)汉朝建立与"泗水捞鼎"神话

西汉初年,关于九鼎的下落,还出现过一个秦始皇"泗水捞鼎"的离奇故事。

"泗水捞鼎"是西汉统治者特意编造的神话故事。中国古代盛行"君权神授"的观念。秦朝末年,沛县刘邦参加农民起义,最终取得胜利,建立汉朝。为了巩固西汉王朝的统治,刘氏集团编造了诸如刘媪"梦与神遇","已而有身,遂产高祖"以及高祖在丰西泽中"拔剑斩蛇"的神话(《史记·高祖本纪》)。"泗水捞鼎"的故事,乃是"九鼎"具有沟通天地、人神功能传说的升华和延伸。

相传,拥有"九鼎"的资格,关键在于"德"行,九鼎"遭圣则兴"。在西汉统治者看来,秦人暴虐,丧失"德"行,国祚短暂,根本不配据有"九鼎"。江苏"沛县",秦属"泗水郡"、汉属"沛郡"。"泗水"本是汉高祖刘邦发迹的"龙兴"圣地。所以西汉统治者编造出"秦昭王取九鼎"时,"其一飞入泗水"的故事,也就不难理解了。由此看来,"泗水捞鼎"的神话,当是西汉统治者宣扬"君权神授"的产物。

秦始皇派人"泗水捞鼎"的传说,告诉人们秦人无德,自然得不到九鼎,国运也不会长久。颇为有趣的是,在江苏徐州和河南南阳地区出土的汉代画像石里,都发现有"泗水捞鼎"的生动图画。这说明早在西汉初年,九鼎沦没彭城(今江苏徐州市)泗水的神话,就已广泛流行。

南阳汉墓画像砖泗水捞鼎图(南阳市文物考古研究所藏)

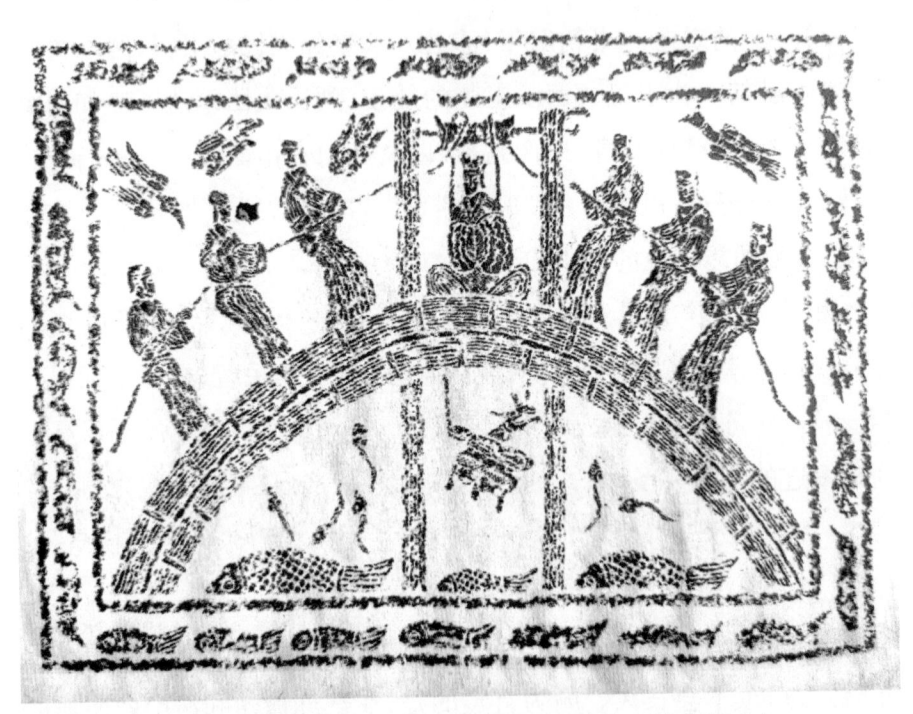

徐州汉墓画像砖泗水捞鼎图(洛阳汉画艺术馆藏拓本)

上述九鼎迁徙和争夺九鼎的故事,具体而生动地说明,九鼎作为沟通人神的礼器和王权的具体象征,在商、周、秦、汉诸代王权更替过程中,占有重要地位。

四、"九鼎"形制与考古发现

夏禹"铸九鼎"的故事,发生在夏代初年。这九尊大鼎的形制大小如何？今天,我们已很难确知。然而,我们却可从夏商周时期的考古发现里,窥见当时铜鼎形状大小的一般状况。

(一)偃师二里头夏文化遗址出土的铜鼎

偃师二里头夏文化遗址是夏王朝的都城。1959以来,考古工作者在洛阳偃师二里头村发现东西长约2400米,南北宽约1900米,总面积约3.5平方千米的二里头文化遗址,就是夏都故城。

青铜器是夏商周文明的典型代表。在二里头遗址宫殿区南约200米处,分布着一座规模巨大的铸铜作坊遗址,面积约1万平方米。这里发现有多座铜器浇铸场以及与铸铜相关的房址、窑址、灰坑和冶铸时留下的大量铜渣、坩埚、陶范等残片,连续使用时间约300年。这是我国目前所知年代最早、使用时间最长的大型铸铜遗址。

二里头遗址出土青铜器具的种类众多。主要有青铜容器鼎、爵、斝、盉、觚,青铜武器戈、戚、镞、钺,青铜工具刀、锛、钻、凿、锥、锯、镢、纺轮、鱼钩,还有青铜乐器铜铃以及铜条、铜牌饰等。这里发现的铜鼎、爵、斝、觚等礼器,是我国目前所见最早的青铜容器。二里头遗址出土的大量青铜礼器,多用于祭祀神灵等,乃是夏王朝具有崇高统治地位的有力体现。

1987年,二里头遗址出土的一件铜鼎,为敛口、折沿、鼓腹、圜底,下有四棱锥形足。沿部两侧有半环状立耳,腹饰带状网格纹,壁胎较薄。口径15.3厘米,通高20厘米。这件铜鼎的形制,由仰韶文化陶鼎演变而来的脉络,清晰可见。这是目前考古发现年代最早的铜鼎。

(三)考古发现的商代铜鼎

郑州商城是商代早中期的都城遗址。近年来,在郑州商城遗址和山西平陆前庄村出土3件商代早中期的大型铜方鼎。其中,1974年,郑州市张寨南街出土一件方形铜鼎,为直口、折沿、方唇,斗状深腹、平底,左右两沿有拱形立耳,圆柱状足。腹饰兽面纹和乳钉纹。口沿长62.5厘米、宽60.8厘米,通高100厘米。

安阳殷墟是商代晚期的都城。自20世纪30年代以来,安阳殷墟出土大量青铜礼器。其中,以1939年安阳武官村北地出土的司母戊大方鼎、1976年安阳小屯村妇好墓出土的司母辛大方鼎和1959年安阳高楼庄后冈祭祀坑出土的戍嗣子圆鼎为代表。

司母戊大方鼎为长方体,折沿方唇,深腹、平底,四柱形足。两侧沿上有立耳,四角有扉棱,四壁周边饰夔龙组成的兽面纹。口径长116厘米、宽79厘米。通高133厘米,重875千克。器形典雅厚重,是目前所知最为重大的商周青铜礼器。

戍嗣子圆鼎为折沿方唇,立耳外侈,深腹圜底。三蹄形足。口沿下饰六组兽面纹,以云雷纹衬底。足上饰兽面纹。内壁铸有铭文3行,共30字。通高48厘米,口径39.5厘米。

(四)西周时期的铜鼎

西周时期的铜鼎,以1972年洛阳北窑西周贵族墓出土的兽面纹方鼎和清道光初年陕西岐山县礼村出土的大盂鼎为代表。这件兽面纹方鼎,口微敛,方沿外折,立耳,长方体,平底。器身四面饰饕餮纹,云雷纹衬底。四角和器腹中央均有扉棱。器身的饕餮纹都以扉棱为中心展开,双目圆突,牛角状粗眉。通高35.3厘米,重11.7千克。

大盂鼎为敛口折沿,立耳外侈,器腹外垂,圜底。三蹄形足。口沿下饰兽面纹,云雷纹衬底。器腹内有铭文18行,共291字。通高102.1厘米,口径78.4厘米。这件铜鼎乃是周康王时记载册命典礼的重器,具有重要的史料价值。

(五)春秋战国时期的九鼎

商周时期,铜鼎不但是"王权"的象征,而且还是"列等级,别贵贱"的宗教礼器。何休《公羊传·桓公二年》注:"礼,祭天子九鼎,诸侯七、大夫五、元士三也。"这说明周天子祭祀和陪葬的礼器,使用的是"九鼎"制度,一般都是"九鼎、八簋"的组合。

周代"天子九鼎"的陪葬制度,尚未得到考古发现的实证。但是,自西周晚期以降,随着"礼崩乐坏"的发生,一些位高权重的诸侯贵族,也开始潜用"九鼎"陪葬。例如,三门峡虢国墓地M2009号、M2001号贵族大墓随葬的铜器,均为"九鼎、八簋"的配置。这两座大墓的主人,分别是虢公长父和虢文公。他们既是虢国的君主,也是西周王室的执政大臣。

1997年,在河南新郑市郑韩故城遗址发掘青铜礼器坎七座,共出土三套成组的"九鼎"文物。其中,在T602k15号长方竖穴土坎里,共发现31件青铜礼器。其中,有铜鼎9件,铜簋8件,铜鬲9件。铜鼎分为东西三排立放在坎的中部和南部,西、中两排每排4鼎,东排西南角仅放1鼎。这九件圆鼎,形制相同,大小错递。均为敛口、方唇、平沿、垂腹,圜底近平,三蹄状足。腹部中间有六道长条形扉棱,将腹部花纹分为六组。腹部中央饰一周淘索纹,上下各饰一周蟠螭纹。其中,最大的口径52.6厘米、通高54.9厘米、重17.17千克;最小的口径45.5厘米、通高47厘米、重12.85千克。这座祭祀坑随葬列鼎的形制,具有春秋晚期的基本特征。

由上所述,夏商周时期,铜鼎的形制有方形,也有圆形,而以圆形居多。商周时期,铜鼎以小鼎居多,也有像司母戊鼎那样的大型铜鼎。从秦武王举鼎的故事看,九鼎里一个鼎的重量,大体是一个大力士能举起来的重量。

五、结语

鼎本是中华先民烹饪食物的炊具。黄帝铸鼎升仙的故事,说明早在原始社会末期,陶鼎已由一般的炊具演变为权力的象征和沟通天地、人神的宗教礼器。夏禹划九州、铸九鼎的重大政治举措,使九鼎成为九州和王权的基本象征。因此,九鼎就逐渐演变为夏、商、周、秦诸代王朝更替的传国重器。这就是"铸鼎""迁鼎""定鼎""问鼎""求鼎""举鼎""捞鼎"等有趣故事,不断发生的重要原因。

由此可见,夏禹"铸九鼎"相关问题的澄清,对研究华夏文明的形成以及夏、商、周、秦、汉时期的宗教信仰和王权传承等问题,都具有重要的参考价值。

作者简介:蔡运章,资深研究员(教授)、博导、全国知名考古学家、商周青铜器专家、金文学家,洛阳河洛文化研究会会长、全国先秦史学会副会长,洛阳鼎发掘项目主持人。

3.传承与创新:从洛阳鼎到洛科鼎

刘余力

四大文明古国的古代文化中,青铜文化都十分发达,中国古代青铜文化则是世界青铜文化的翘楚。在世界范围内,青铜器都是文明的象征。衡量一种古代文化是否进入文明阶段,青铜器是一个重要的标志。在重视文明起源和形成的时代,青铜器越发受到重视,成为学者研究的焦点和大众追捧的对象。

洛阳鼎全称为"西周兽面纹方鼎",它是迄今为止洛阳地区出土的唯一一件西周时期的青铜方鼎,具有极强的辨识度。又因它在成周(西周时期的东都,位于洛阳)铸造,是洛阳地区铜鼎的代表,故人们又亲切地称它为洛阳鼎。在种类繁多的青铜器中,铜鼎是数量最多、地位最高的器类。如果说青铜文化是古代文化最绚丽的一支,那么铜鼎文化就是青铜文化的杰出代表。

目前所发现的最早中国古代青铜鼎,是偃师二里头遗址出土的夏代铜鼎。鼎为盆形,双立耳、三锥足,饰方格纹,造型简单、古朴。商代早期,在夏代圆鼎的基础上创造出方鼎,杜岭方鼎是这一时期方鼎的典型代表。此鼎出土于河南郑州杜岭张寨前街,长方体,双立耳、四柱足,饰兽面纹和乳钉纹。从夏代的圆鼎到商代的方鼎,铜鼎的功能一直在传承,但器形产生了跨越式的变化,从圆形发展到方形。这种变化不仅是外在形状的变化,更是内在铸造技术的一次巨大革新。西周早期的洛阳鼎,在继承商代方鼎的基础上,又产生了新的变化。器形更显灵动,纹饰更加华丽生动。云雷纹衬底,四面饰兽面纹,兽面纹旁边辅以夔纹,然后用扉棱装饰。

从夏代的圆鼎到西周时期的兽面纹方鼎,从简单的方格纹到繁复的四重纹饰,青铜器设计理念、青铜器铸造技术都在传承中不断提高。西周时期在继承夏商时期青铜技术的基础上,推陈出新,将青铜铸造技术提高到了一个新的高度,达到中国古代青铜文化的高峰。

洛阳鼎出土于西周时期的都城,是西周时期最先进文化的代表,具有重大的历史价值和科学价值。洛阳鼎为西周时期洛阳本地铸造,又是西周时期最先进生产力的代表,具有重大的经济价值和艺术价值。洛阳科技职业学院传承中国古代青铜文化,在洛阳鼎的基础上铸造洛科鼎,就是传承西周时期的都城文化,传承河洛地区的先进生产力。

习近平总书记多次强调文化的传承与创新。2017年10月18日,习近平总书记在十九大报告中强调:加强文物保护利用和文化遗产保护传承。2022年10月16日,习近平总书记在二十大报告中进一步强调:坚持创造性转化、创新性发展,以社会主义核心价值观为引领,发展社会主义先进文化,弘扬革命文化,传承中华优秀传统文化。2023年6月,习近平总书记在文化传承发展座谈会上再次强调:中国文化源远流长,中华文明博大精深,只有全面深入了解中华文明的历史,才能更有效地推动中华优秀传统文化创造性转化、创新性发展。

洛阳科技职业学院以洛阳鼎为原型,铸造洛科鼎以物载志、以鼎寓意,以洛科鼎为文化符号,打造文化高地,独具慧眼,具有重要意义。河洛文化底蕴深厚、历史悠久、光辉灿烂,洛阳地区可利用的古代遗产很多,如瓷器、玉器、唐三彩等。如要选出既能代表河洛地区优秀的古代文化,又完美契合洛科的办法理念的文化遗产,非洛阳鼎莫属。

第一,青铜文化是古代文化的杰出代表,洛阳鼎是身份、地位、权力的象征，是一种高级文化的代表，与洛阳科技职业学院追求卓越的目标暗合。

第二，俗语"十鼎一方"，说的是十件铜鼎中最多只有一件方鼎，可见方鼎少见。洛阳鼎的稀缺性与洛阳科技职业学院独辟蹊径的办学理念吻合。

第三，青铜鼎从实用的角度来看，是一种高级炊器，用来烹鱼肉，可以调和五味。洛阳科技职业学院广纳天下英才，用独特的办学理念培养学生，与铜鼎调和五味的功用殊途同归。

第四，铸造一件精美的青铜鼎，如洛阳鼎，从冶铜、塑模、翻范、浇铸到器物成型，有很多道工序，需要长时间的精雕细琢，只有精益求精才能臻于至善。这种精神正是洛阳科技职业学院一直践行的工匠精神。

从洛阳鼎到洛科鼎，不仅是文化的传承，更是文化的创新。洛科鼎在吸收洛阳鼎的艺术精华、继承洛阳鼎的文化元素基础上，进行创新。一是突出洛阳鼎的主题纹饰，赋予洛科鼎文化内涵。鼎中心代表赤诚之心，双耳象征科技与人文，四足寓意厚德、博学、敏行、善言，八棱暗指逐梦八方，将洛科精神完美地呈现于铜鼎之上。二是在鼎身上铸造铭文，赋予洛科鼎灵魂。通过铭文将铜鼎的外形与内涵有机融为一体，洛科鼎从而有了灵性，并承担起新时代的使命。

从夏代圆鼎到商代方鼎，从商代方鼎到洛阳鼎，从洛阳鼎再到洛科鼎，每一次华丽转身，都将中华文化的传承与创新特质体现得淋漓尽致。传承与创新，正是中华民族自强不息、中华文化繁荣昌盛的根本。

作者简介：刘余力，洛阳理工学院教授、博士，硕导，西周青铜器研究专家，河南省教育厅学术技术带头人、洛阳市优秀中青年专家。

后记

悠悠华夏千古,脉脉文明永续,依靠的正是文化的传承和教育的延续。教育是国之大计、党之大计。培养什么人、怎样培养人、为谁培养人,是高等教育、职业教育应思考的重大问题。

洛科在构建文化体系的实践中,深刻认识到教育工作者的使命所在,以高度的社会责任感,精心打造独具特色的洛科文化体系,就是把中华民族的源头文化河洛文化与大学校园的文化建设结合起来,萃取河洛文化精髓,用于构建洛科文化体系。

本书就是把洛科用优秀文化精髓为党育人、为国育才方面所做的工作原原本本地告诉大家,把文化理念、精神图腾、校名校徽、校赋校歌、"力量大厦"、书院文化、思政引领、仪式典礼、品牌活动、校长讲话集锦、河洛文化传承与大学校园文化建设研讨会成果等方面的内容展示出来,可能有些不足,可能有些疏漏,但这是我们实实在在干出来的,是实践中的东西,是在以行动践行党的二十大精神,落实文化聚魂使命。

文化实践的探索是艰难的,但我们"理念先导、研究先行",紧紧围绕习近平总书记"举旗帜、聚民心、育新人、兴文化、展形象"的要求,聚精会神挖掘优秀文化遗产中的宝贵财富,以文化人,以物载志,古为今用,师古寓今。如我们借鉴洛阳出土的西周青铜重器洛阳鼎,经过改造升华,注入时代元素,赋予育人内容,形成了全新的洛科鼎。洛科鼎,河图洛书、丝绸之路浮雕等体现了高职院校的功能定位。诸如此类,洛科校徽的创作、《洛科赋》的创作、洛科校歌的创作等,都体现了对优秀传统文化的萃取及在新的时代背景下的运用。

编写本书的过程也是学习提高的过程,实践中我们深刻认识到,中华优秀传统文化创造性转化、创新性发展,对于高校极为重要,是办好人民满意的高等教育,办好新时期的高职教育的重要抓手,尤其是洛科地处千年帝都、文化圣城洛阳,值得研究、值得借鉴、值得转化的东西太多了。在中华民族伟大复兴的新征程中,弘扬光大中华优秀传统文化中的育人价值,凝聚莘莘学子的青春力量,既是责任,更是使命。

我们还感悟到,大学是传播知识、创造文化、培养人才的重要场所,是推进国民教育的主要阵地,是引领和传播社会文明思潮的战略制高点。因此,用社会主义核心价值体系引领发展,推动大学校园文化创新性建设,把社会主义核心价值观内化为广大师生的思维习惯,外化为广大师生的自觉行动,任重道远,我们将一如既往,砥砺前行!

文化滋养心灵,文化涵育德行。习近平总书记在党的二十大报告中指出:全面建设社会主义现代化国家,必须坚持中国特色社会主义文化发展道路,增强文化自信,围绕举旗帜、聚民心、育新人、兴文化、展形象建设社会主义文化强国,发展面向现代化、面向世界、面向未来的,民族的科学的大众的社会主义文化,激发全民族文化创新创造活力,增强实现中华民族伟大复兴的精神力量。

洛科将以习近平新时代中国特色社会主义思想为指导,落实立德树人根本任务,推动以文化人、以文育人工作向纵深发展,不断增强师生文化自信,在成为扎根中原大地的高水平职业技术大学的征程中,弘扬中华优秀传统文化,打牢师生文化根基,培养德智体美劳全面发展的社会主义建设者和接班人,谱写新时代中原更加出彩的绚丽篇章,为实现中华民族伟大复兴的中国梦贡献洛科人的磅礴力量。

2023年11月6日